Les deux premières livraisons réunies, prix exceptionnel. **10 CENTIMES**

LES COMPAGNONS DE RAVACHOL

RÉCIT AUTHENTIQUE
D'APRÈS DES DOCUMENTS RECUEILLIS PAR

PIERRE DELCOURT & J. H.

René MOROT, Éditeur
Paris — 40, rue Laffitte — Paris

LES **COMPAGNONS**
DE
RAVACHOL

RÉCIT AUTHENTIQUE

D'APRÈS DES DOCUMENTS RECUEILLIS PAR

PIERRE DELCOURT & J. H.

René MOROT, Éditeur

PARIS — 40, RUE LAFFITTE — PARIS

1892

4-92 1075. — PARIS, TYPOGRAPHIE MORRIS PÈRE ET FILS
Rue Amelot, 64

LES COMPAGNONS DE RAVACHOL

Il écarta violemment les deux poignets de Ravachol.

LES COMPAGNONS DE RAVACHOL

CHAPITRE PREMIER

L'Ame de l'Anarchie

A la tombée du jour, un homme remontait assez rapidement la rue Lafayette, marchant, la tête penchée, et paraissant fort préoccupé.

Au moment où il arrivait au carrefour de la place Cadet, il dut s'arrêter quelques secondes, sur le trottoir, pour laisser passer une voiture de place renfermant un voyageur, et reprit sa route.

Aussitôt, le voyageur, se penchant par la portière, parla au cocher, rapidement, lui indiquant l'individu.

La voiture, changeant alors de route et modifiant son allure, suivit lentement le chemin parcouru par l'homme.

Ce dernier dépassa le boulevard Magenta, allant toujours droit devant lui, et arriva au coin du faubourg Saint-Martin.

Là, il parut hésiter une seconde, regarda autour de lui, et se remit en marche, toujours suivant le même chemin.

La nuit était venue, sombre.

Du point où l'inconnu s'était arrêté, à l'extrémité de la rue Lafayette, les boutiques sont peu nombreuses et assez mal éclairées; les passants y sont rares, même le jour.

A ce moment, et principalement sur le trottoir suivi par l'homme, il n'y avait que de rares promeneurs.

Le voyageur de la voiture frappa au carreau ; le cocher s'arrêta.

Il descendit alors vivement, son argent à la main, régla le prix de sa course, et s'élança prestement du côté de l'inconnu.

Ce dernier longeait, à cet instant, un long mur, et demeurait presque invisible ; il était seul sur le trottoir.

Le voyageur du fiacre activa sa marche, si bien qu'en quelques pas il se fut rapproché de celui qu'il suivait.

Il s'arrêta alors, regarda attentivement autour de lui, constata que personne autre que l'inconnu n'était à portée de sa voix, et lança cet appel :

— Ravachol !

L'inconnu tressauta tout d'abord, comme sous l'effet d'une décharge électrique. Instinctivement, il mit la main dans sa poche, en retira un revolver, le brandit et se retourna.

Il aperçut le voyageur qui s'était arrêté et le considérait.

Ravachol, irrité, alla droit à lui, l'arme braquée sur ce personnage, et dit, d'un ton rauque :

— C'est vous qui venez de crier : Ravachol ?

— Oui, répondit le voyageur, d'une voix absolument calme. Je ne me suis pas trompé. Vous êtes bien Ravachol.

— Qu'en savez-vous ?

— Votre attitude en ce moment, à défaut de votre trouble à l'instant où ce nom a frappé vos oreilles, suffirait à me convaincre.

— Et si vous vous trompiez ?...

— Tarare !... je suis certain d'être en présence de Ravachol... J'ai à vous parler...

Ravachol, car c'était réellement lui, eut un regard soupçonneux pour cet inconnu, en même temps qu'un sentiment de crainte le fit, à nouveau, se retourner et considérer la rue, à droite et à gauche.

Ils étaient seuls.

— Je ne suis pas un homme de police, reprit l'étranger, à qui le mouvement de Ravachol n'avait pas échappé. Vous n'avez rien à craindre de moi.

— Que voulez-vous ?... Me parler ?... Comme cela, dans la rue, en de telles conditions !... D'abord, je ne vous connais pas... Et puis, je ne m'appelle pas Ravachol... Si je me suis retourné en entendant prononcer ce nom... c'est que... c'est...

— Quoi ?... Quelle crainte pourriez-vous avoir ?... Celle qu'on arrêtât en vous l'assassin de l'ermite de Chambles ?

Ravachol crispa ses doigts sur son revolver, pendu au bout de son bras, et fit le geste de relever cette arme.

— Allons, continua l'étranger, toujours froid, rentrez ce joujou. Cela fait trop de bruit et attirerait sur vous l'attention... En vérité, je ne reconnais pas votre prudence habituelle... Le poignard agit sans fracas... Un revolver !... vous êtes fou !

Et, passant son bras sous celui de Ravachol, il entraîna ce dernier, absolument abasourdi et remettant machinalement son arme dans sa poche.

— Où alliez-vous ? demanda l'étranger.

Ravachol, tiré de cet état passager d'étonnement, à cette question, tressaillit et essaya de dégager son bras ; il n'y put parvenir.

— Où je vais ? dit-il alors, mais...

— Il suffit. Je n'insiste pas. Ce n'est point par curiosité banale que je vous ai posé une pareille question, mais seulement pour savoir si vous êtes pressé...

— Assez... et...

— Baste ! vous aurez le temps de m'écouter.

Tout en parlant, les deux hommes avaient continué leur marche, ou plutôt l'étranger avait entraîné son compagnon assez rapidement.

Ils étaient arrivés au boulevard de la Villette, qu'ils traversèrent pour s'engager dans la rue Secrétan.

A cet endroit, les lumières étaient revenues, nombreuses, éclairant vivement ce carrefour ; les passants aussi avaient reparu.

Ravachol, bien que suivant avec répugnance son conducteur, se rendit compte de la différence de lieu.

Autant était solitaire la partie de la rue Lafayette qu'ils venaient de quitter, autant ce coin du boulevard de la Villette était bruyant.

Il considéra alors son compagnon ; jusqu'à ce moment, il n'avait pu l'examiner que très vaguement et, aux vives clartés des candélabres électriques, il aperçut un visage glabre, aux traits rudes, aux yeux brillant d'une farouche lueur.

L'homme, de taille élevée, paraissait âgé d'une cinquantaine d'années. Il était vêtu tout de noir, le corps recouvert d'un long pardessus, fermé hermétiquement et serré, à la taille, par une double patte ; un chapeau de soie le coiffait, laissant apercevoir quelques boucles de cheveux blancs.

Cet homme lui était absolument inconnu.

Ravachol réfléchit qu'une lutte ou même une discussion présenterait de sérieux inconvénients, en un endroit aussi fréquenté.

Même, quelques minutes auparavant, dans la partie déserte de la rue Lafayette, il n'avait osé trop s'insurger contre une reconnaissance aussi désagréable qu'inattendue ; il devenait puéril de songer à se révolter avec bruit.

Mais, quel était cet homme ?

Comment le connaissait-il ?

Il n'avait pas l'allure d'un policier.

Que voulait-il ?

Cette manière de l'aborder, cette façon bizarre d'entrer en relations, ce calme, ce ton hautain pour lui parler, tout cela l'intriguait autant qu'une semblable rencontre le contrariait.

Mais, puisque, à son examen, ce compagnon impromptu autant que désagréablement accepté, n'était pas, en apparence du moins, quelque policier dont il avait trop sujet de se méfier, le mieux était encore de l'accepter, momentanément.

Toutes ces pensées, Ravachol les formula, le temps qu'il mit à examiner l'étranger, durant leur traversée du boulevard de la Villette.

Et, comme si l'homme de la voiture eût semblé lire en l'esprit de son voisin et voulu lui laisser toute tranquillité de songer à l'aise, il demeura silencieux durant ce temps.

Les deux hommes entrèrent dans la rue Secrétan.

Ils coudoyaient de trop près les passants pour pouvoir aisément converser.

L'étranger se borna donc à serrer davantage le bras de Ravachol, tout en hâtant le pas.

Cependant, celui-ci ne pouvait demeurer un temps très long à réfléchir sur un même sujet. Moins préoccupé que son compagnon d'être entendu de la foule, il voulut parler, questionner ce personnage qui semblait surgi de terre.

Mais, l'étranger répondit brièvement :

— Tout à l'heure !... Plus loin, quand nous aurons dépassé le marché.

— Mais enfin, où allons-nous ?... Aux Buttes-Chaumont ?

— Non !... On y pourrait trop aisément nous écouter.

— Alors ?

— Silence !

Force fut à Ravachol, bien malgré lui, d'imiter le mutisme de son conducteur, ce qu'il fit en maugréant fort.

Enfin, les deux hommes dépassèrent la rue de Meaux, et filèrent le long du marché.

— Ici, on est plus à l'aise pour causer, dit l'étranger, tout en continuant sa marche.

— Ah ! vous me direz...

— Ce que je veux de vous ?

— Oui.

— Et d'abord, pour bien vous apprendre à quel point je vous connais, je vais vous rappeler certains faits, d'ordre intime, qui peut-être vous étonneront, mais qu'il me faut bien évoquer.

Ravachol eut un mouvement.

— Rue Lafayette, j'ai parlé de... votre... affaire de Chambles ; elle n'est qu'un incident dans votre existence. Vous avez d'autres peccadilles à votre actif : le *petit Bon Dieu* et sa bonne, les deux femmes de Saint-Étienne, le vieil agriculteur et sa femme ; quelques vols, bien d'autres choses encore... de la fausse monnaie...

— Vous en savez trop !... Tonnerre !... Et...

— Veuillez donc ne pas m'interrompre : ce sont autant de titres à mon estime. Pourquoi êtes-vous à Paris ?

— Mais...

— Oui, je sais ce que vous allez me dire... une excuse... un mensonge... Vous avez quitté Saint-Étienne pour échapper à la direction des compagnons !

— Je...

— Après l'assassinat de l'ermite, il vous a fallu verser la presque totalité de l'argent volé au vieillard entre les mains des directeurs du mouvement anarchiste, à Saint-Étienne. Cela vous a été des plus désagréables...

— Ah ! à la fin !... vous...

— Vous voulez bien travailler pour le parti, mais aussi il conviendrait beaucoup mieux à votre tempérament de demeurer libre de vos actions et surtout de conserver devers vous le produit de vos crimes. Obéir vous déplaisait. Vous préfériez procéder seul. Les maîtres compagnons de Saint-Étienne vous gênaient fort. Vous vous êtes dit qu'à Paris, noyé dans la masse, vous agiriez plus à l'aise. J'ai suivi vos agissements depuis longtemps, je vous sais par cœur. Or, j'ai besoin d'un homme ; vous me paraissez être celui qui me convient le mieux. Le hasard m'a fait vous rencontrer aujourd'hui. Je profite de la circonstance.

Ravachol avait écouté, plus patiemment, cette dernière partie du discours de son compagnon.

A ce moment, ils étaient arrivés rue de Mexico, c'est-à-dire en une voie absolument déserte, où facilement il lui était possible de reprendre ses projets de lutte contre ce personnage mystérieux.

Ce qu'il venait d'entendre avait encore ajouté à sa colère d'être reconnu. Et, circonstance aggravante, l'homme survenu aussi inopinément, était autrement dangereux par ces déclarations, et une connaissance aussi approfondie de sa vie intime.

Ravachol ne pouvait se soumettre à une telle sujétion. Outre qu'il semblait importer à sa sécurité de ne point se livrer au premier venu, ce qu'il venait d'entendre ajoutait encore à sa fureur.

En se voyant seul, avec son compagnon, en un endroit aussi désert que la rue de Mexico, il se décida à se débarrasser de lui.

Mais, à l'instant qu'il allait tenter de mettre son projet à exécution, l'étranger, s'arrêtant devant une porte donnant accès sur un terrain vague, l'ouvrit, à l'aide d'une clef qu'il tira de sa poche, s'effaça et poussa Ravachol à l'intérieur.

C'était un pré, bordé assez loin par une maison semblant inhabitée, derrière laquelle s'élevaient des cheminées fumantes d'usines.

L'étranger ferma la porte et s'avança dans le terrain vague.

Mais, à peine avait-il fait quelques pas que Ravachol, trouvant l'instant propice pour se débarrasser de ce personnage gênant, tira de sa poche un long couteau catalan, l'ouvrit prestement et se précipita sur l'inconnu, en s'écriant :

— Vous avez raison, le revolver fait trop de bruit !... Avec cela, on n'entendra rien !

Et il saisit si brusquement son compagnon à la gorge, que ce dernier en perdit son chapeau qui alla rouler à quelques pas de là.

Mais, au grand étonnement de Ravachol, l'homme lui prit brusquement les deux poignets, les écartant d'un geste rapide, avec une force dont on ne l'aurait pas cru capable, et le désarma avant qu'il eût eu le temps de résister.

Alors, le saisissant à la nuque, il le souleva de terre, comme il aurait fait d'un enfant, le tint, une seconde, en l'air, et le força à s'agenouiller, en disant, toujours de sa même voix calme :

— Allons donc ! Maître Ravachol, vous voulez rire ! De telles manières !... Quand je vous prouve, par notre présence en ce lieu, que vous n'avez rien à craindre de moi.

Ravachol stupéfait, presque anéanti d'une telle secousse, regardait, effaré, cet homme dont la force extraordinaire ne semblait nullement concorder avec l'âge qu'il paraissait avoir.

Furieux et confus à la fois, il comprit l'inutilité d'une lutte et, quelle que fût sa déconvenue, il s'inclina, quoique la rage au cœur.

— Eh bien! dit-il, vous m'avez roulé!... Vous êtes content? Qu'est-ce qu'il vous faut?

— Relève-toi et écoute, lui dit l'homme, tutoyant subitement son ennemi terrassé.

Ravachol obéit, se frottant l'échine, rudement froissée au contact de la main de son adversaire.

— Je t'ai dit tout à l'heure, reprit ce dernier, qu'il me fallait un homme, que je le cherchais, et qu'enfin je croyais l'avoir trouvé en toi...

— Oui.

— A Saint-Étienne, tu n'étais pas en ton milieu. Sans t'en douter, tu as judicieusement agi en venant à Paris. Au surplus, je t'y aurais amené, si tu avais persisté à demeurer là-bas... Mais tu as disparu si inopinément, qu'il m'a fallu te rechercher... Le hasard, ce soir, m'a servi et...

— Ah ça! fit Ravachol, repris de son calme et décidé à l'obéissance désormais, qui donc êtes-vous?

L'étranger ne répondit pas à cette question et poursuivit :

— Je te destine à de grandes opérations, ici. Paris!... Ah! quel excellent terrain!... en attendant l'exploitation des autres!... Je te promets qu'on parlera de toi, autrement qu'on ne l'a fait pour tes dernières prouesses... Tu vas m'aider dans la haine immense que j'ai vouée à tout ce qui vit par la richesse et la jouissance!

— Votre haine contre les bourgeois!... J'en suis.

— Les bourgeois!... Oui, c'est le mot! Ils sont devenus des bourgeois!... Ils ne rêvent plus qu'appétits bourgeois!... Rois, princes, nobles, politiques... bourgeois, tous!... Oh! le jour viendra bien où l'explosion générale les anéantira tous!... Et ce jour... quel sera mon bonheur!

Ravachol, à l'audition de ces étranges paroles, avait soudain oublié son ressentiment et sa défiance contre l'étranger.

Il semblait ravi de l'entendre exprimer de tels sentiments et le considérait, autant que l'obscurité le permettait, avec une profonde admiration, cherchant à lire au mieux sur sa figure.

— Ah! voilà qui est parlé! s'écria-t-il, au comble de l'enthousiasme. Oui, je suis prêt à vous obéir, si c'est pour marcher dans de pareilles idées. Mais, ah çà ! Qui donc êtes-vous ? Vous savez mon nom ; je peux bien connaître le vôtre...

— Ce ne serait pas une raison... Et d'abord, mon nom ne t'apprendrait rien, bien que tu l'aies peut-être entendu prononcer par des compagnons anarchistes.

— Cependant : On aime à savoir à qui on a affaire !

L'inconnu haussa légèrement les épaules.

— Comment je me nomme ? Dowpotchine.

— Dowpotchine !... Vous !... C'est vous qui êtes !... Oh ! je vous connais de nom ! depuis longtemps... Dowpotchine !... J'ai le bonheur de vous voir !... Savez-vous que vous êtes un fier homme !...

Dowpotchine eut un étrange sourire.

— Oui, c'est moi, Dowpotchine, celui qu'on pourchasse partout ! L'homme expulsé de chaque pays et qui bientôt, si cela continuait, ne saurait où reposer sa tête !... Mais, ne parlons point de ce sujet..... Ah ! tu me connais..... Tu comprends que je peux avoir besoin de tes services !

— Oh ! oui !

— J'ai, en effet, le désir d'employer des hommes de ta trempe, de les diriger, d'imprimer une savante conduite à leurs agissements.

Je ne peux te dire les raisons qui m'empêchent de manœuvrer moi-même.

Des intérêts, si puissants, sont entre mes mains que je n'ai le droit de risquer, non pas même de perdre la vie, mais d'être emprisonné.

L'heure est venue de terroriser le monde des bourgeois et des jouisseurs, à quelque nationalité qu'ils appartiennent ; de révéler à l'Europe la puissance du parti anarchiste et de faire parler la dynamite !

Paris d'abord, puisque nous ne pouvons rien faire, pour l'instant, en Russie et en Allemagne, quoique, cependant, je prépare à Berlin une agitation populaire, pour tâter le terrain.

Je connais celui de l'Espagne, maintenant. Nous nous sommes attaqués aux bourgeois ; bientôt nous nous adresserons à leurs magistrats, à leurs Parlements ; je peux te dire les noms des compagnons, spécialement chargés par moi de faire sauter le palais des Cortès.

C'est : un Français, Jean-Marie Devac, dit Deboche, et un Portugais, Ferreira.

— Je connais Deboche, interrompit Ravachol, c'est un gaillard !... On peut compter sur lui.

LES COMPAGNONS DE RAVACHOL

Il venait d'achever la préparation d'une bombe, quand celle-ci éclata

— Ne t'ai-je pas dit que je savais choisir mes auxiliaires?
— Mais, ce ne sera pas commode d'arriver au palais des députés espagnols.
— Je le sais. Deboche et Ferreira ont toute latitude.

Après, viendra le tour de la Chambre des Lords!.... Je ne néglige pas l'Italie..... Mais revenons à la France..... Je te l'ai dit, il me faut employer des instruments, me servir d'auxiliaires. Je les choisis après mûr examen. Tu es un de ces instruments, car j'ai su t'apprécier.

Au surplus, si par une erreur inhérente à la nature humaine, je me trompe, ou plutôt si l'homme, désigné par moi, me trompe, j'ai tôt fait de le supprimer. Souviens-toi de Pawdleski. Mais écoute!

— Parlez! Je suis prêt à vous obéir.
— Eh bien! voici mes instructions. J'ai choisi exprès cet endroit pour converser avec toi à cause de son isolement; nul ne peut nous entendre ou nous épier, et ce que j'ai à te dire est si grave!

. . . .
. . . .

La conversation entre les deux hommes fut longue.

Deux heures après, Ravachol et Dowpotchine se dirigeaient vers la porte, percée dans la clôture du terrain vague. Au moment d'y arriver, Dowpotchine s'arrêta.

— N'oublie pas, dit-il, notre rendez-vous de demain, rue de la Rivière, à Saint-Denis, chez le compagnon Lamberti, le coiffeur. Je t'ai indiqué le mot d'entrée.

— Je n'aurai garde de l'oublier.
— Va!...

Ravachol serra la main de Dowpotchine, ouvrit la porte et disparut.

Doupotchine, demeuré seul, se croisa les bras et regarda fixement l'endroit par où s'était éloigné le compagnon anarchiste.

— Oui, murmura-t-il, c'est de cette manière qu'il faut lutter!... Ah! vous m'avez foulé aux pieds!... Je suis votre maître malgré tout!... Et j'ai la patience!... Je ne vous crains!... Qui peut-on atteindre? mes instruments! Qu'importe! je les change à ma volonté.

Et il s'éloigna à son tour.

Nous devons, avant de poursuivre ce récit, faire connaître, brièvement quel était ce Dowpotchine, l'âme de l'anarchie, personnage absolument authentique et vivant à l'heure où nous écrivons. Sa révélation nous a été faite, par un pur hasard, grâce à la découverte fortuite de documents émanant d'une source des plus autorisées.

Notre récit est si vrai, les détails que les lecteurs trouveront tiennent si peu à l'invention, que pour donner une seule preuve de la véracité de nos dires, nous pouvons affirmer qu'à l'heure présente, Dowpotchine, arrêté mystérieusement, quelques jours avant Ravachol, a été transféré dans une maison de fous, pour éviter le colossal scandale de son procès, dont les éclaboussures rejailliraient jusqu'au pied d'un trône royal, ami de la France.

Comme le compagnon anarchiste l'avait constaté, c'était réellement un homme âgé d'une cinquantaine d'années, fortement charpenté, la figure portant très nettement la caractéristique des races slaves.

Son œil, bleu foncé, avait une dureté de regard extraordinaire et ses cheveux blancs encadraient bizarrement son visage, toujours frais rasé, aux traits fortement accentués.

On disait Dowpotchine issu de sang royal, plus que royal même.

On ajoutait, qu'en sa jeunesse, il avait été la victime d'une odieuse persécution, qu'il avait couru risque de la vie après avoir perdu tous ses biens, par la jalousie des membres de sa famille.

On parlait également d'une histoire de jeune fille, qu'il avait follement aimée, laquelle, un jour, enlevée violemment, était devenue la victime des outrages d'un haut, très haut personnage, un de ces puissants devant lesquels il n'y a qu'à s'incliner... ou à devenir criminel de lèse-majesté.

On ajoutait enfin que la bombe, ayant tué un empereur, avait été quelque peu fabriquée par Dowpotchine.

C'était la vérité. Il avait failli même perdre la vie à cette occasion. Très versé dans la science de la chimie, après avoir longuement et tout spécialement étudié les explosifs, il s'était mis à fabriquer ces engins terribles, employés en premier, par les nihilistes.

Un jour, qu'il venait d'achever la préparation de l'une des bombes destinées au czar Alexandre II, celle-ci éclata subitement, le projetant violemment à terre, au milieu d'un nuage de fumée.

Dowpotchine échappa, comme par miracle, à la mort, et en fut quitte pour de légères blessures.

Chassé par les siens, dépouillé, vilipendé, frappé dans ses plus chères affections, ce dernier s'était révolté contre la société dirigeante.

Du reste, les divers gouvernements, pour se défendre contre ces attaques, mais connaissant le mystère de sa naissance, et n'osant le déférer à leurs tribunaux, par peur du scandale, s'étaient contentés de l'expulser; une fois, déjà, en Allemagne on s'était borné à l'enfermer comme fou.

Depuis de longues années, il manœuvrait au mieux pour l'élaboration de ses projets.

Les documents dont nous avons parlé nous apprendront, par l'action même du personnage, combien étaient fondées les préoccupations des diverses polices, touchant Dowpotchine.

CHAPITRE II

Ravachol assassine un Agent de la Sûreté.

En lisant ce titre chapitre, nos lecteurs pourraient croire à un récit fantaisiste.

Il est cependant exact, si nous en croyons les documents que nous avons en mains et si on s'en rapporte à une déclaration formelle de Ravachol dans un de ses interrogatoires, déclaration qu'on avait prise d'abord pour une fanfaronnade, mais qui, malheureusement, semble aujourd'hui être réelle, bien qu'on n'en ait pu vérifier matériellement l'authenticité.

La préfecture de police n'ignorait pas la disparition de cet agent qui, noté comme coureur de femmes, avait, à plusieurs reprises, fait déjà différentes fugues. On avait cru simplement à une nouvelle escapade.

Le surlendemain de cette étrange rencontre entre Dowpotchine et Ravachol, ce dernier se dirigeait vers la gare du Nord, où il allait prendre le train tramway de six heures, devant le conduire à Saint-Denis.

Il se rendait chez le coiffeur Lamberti.

Ravachol suivait cette même rue Lafayette, non inquiet, mais très attentif et soupçonneux, considérant chaque passant en dessous, avec une extrême attention, craignant, en un mot, d'être reconnu et suivi.

Jusqu'alors, il n'avait rien remarqué d'insolite.

Soudain, à la hauteur de l'église Saint-Vincent-de-Paul, il se retourna brusquement, au milieu de la place, et aperçut, à quelques mètres derrière lui, un homme dont la tournure le frappa.

— Oh! oh! murmura-t-il, on dirait... Voyons donc!

Il reprit sa route, sans affectation, arriva au boulevard Magenta et, au lieu de se diriger vers la gare, tourna à gauche.

L'homme le suivait toujours.

Ravachol prit la première rue à gauche, la seconde à droite, retomba sur le boulevard ; toujours le même personnage était sur ses talons.

— Pincé ! murmura-t-il... Il faut que je le perde !... Il est cependant indispensable que je prenne le train de six heures ! On m'attend, là-bas !

Sous l'empire d'une inspiration subite, il se mit inopinément à courir, traversa la chaussée, enfila la rue de Maubeuge, longea le mur de la gare du Nord et arriva sur le boulevard de la Chapelle, où il fit un crochet et vint se réfugier à l'encoignure de la rue des Charbonniers.

Là, tapi à l'abri d'une maison, il regarda.

L'homme avait disparu.

Ravachol poussa un soupir de satisfaction, quitta son poste d'observation et revint prestement à la gare, assez à temps pour monter dans le train.

A son débarquement à Saint-Denis, il chercha dans la foule des voyageurs et ne vit pas celui qu'il redoutait avec tant de raison.

— Cherche ! mon bonhomme ! songea-t-il, tu ne te doutes pas que je suis à Saint-Denis !

Et, il sortit de la gare, se dirigeant hâtivement vers la rue de la Rivière, située près de la Seine.

Il arriva bientôt à la maison du rendez-vous.

C'était un hôtel meublé, de très modeste apparence, coupé en deux par l'allée, à droite de laquelle était la boutique du coiffeur Lamberti, un maigre établissement que l'Italien dirigeait seul. De l'autre côté du corridor, se trouvait un petit magasin d'épicerie et de fruiterie.

Au moment où Ravachol entrait dans l'allée, il se retourna une dernière fois, et poussa un juron de colère.

Il venait d'apercevoir, à une centaine de mètres, l'individu qu'il croyait avoir si bien dépisté.

On ne pouvait s'y tromper ; l'homme l'avait vu pénétrer dans la maison.

Il était trop tard pour reculer,

Mais alors, sous l'empire d'une idée soudaine, Ravachol s'élança dans l'allée, s'arrêta devant une porte donnant accès sur l'arrière-boutique du coiffeur, l'ouvrit vivement et courut à Lamberti, seul en ce moment.

Il l'entraîna dans le fond de l'arrière-magasin.

— Je suis filé, dit-il hâtivement.

Le coiffeur pâlit.
— Filé ! dit-il. La police ?
— Oui !
— Jusqu'ici ?
— Oui.
— On t'a vu entrer ?
— Dans le corridor. On ignore que je suis chez toi. Tu vois bien que je suis entré par l'arrière-boutique ! Mais, regarde au dehors ; tiens ! c'est ce particulier, en faction dans la rue.

Et, Ravachol montra au coiffeur, à travers les carreaux séparant la boutique de l'arrière-magasin, celui qui l'avait suivi.

— Ah ! c'est cet individu !
— Oui.

Au même moment, l'homme en question, qui semblait avoir pris une décision soudaine, quittait le trottoir, sur lequel il stationnait, et se dirigeait vers la boutique du coiffeur.

— Est-ce qu'il viendrait ici ? murmura ce dernier.
— Mais oui !

En effet, le personnage, inquiétant les deux anarchistes, lequel n'était qu'un inspecteur du service de la sûreté, avait réfléchi, à la vue de l'établissement de coiffure, qu'il lui serait sans doute aisé de mieux surveiller Ravachol, à l'intérieur de ce magasin. En outre, sous prétexte de se faire raser, il pourrait probablement faire causer le coiffeur, et habilement le questionner sur les êtres de la maison.

Mais, Lamberti et Ravachol avaient également deviné ce plan. Ils se poussèrent du coude, se regardant de façon significative.

— Eh ! fit Lamberti, tu as compris ?
— Parbleu ! il vient ici, comme client, pour être moins remarqué, et surtout dans l'espoir de te faire parler !

Il m'a vu entrer... Il s'imagine bien que je ne viens pas en cette maison dans une intention banale... Il s'enquerra, cherchera et découvrira que c'est ici qu'est installé notre atelier d'engins explosifs.

— Tu as raison, c'est grave ! Il faut parer le coup.

Evidemment, si on le laisse sortir d'ici, tout est perdu, demain la police y sera ; notre atelier anéanti, Dowpotchine pincé, toi-même coffré... Comment faire ?

Ravachol eut un regard sinistre.

— J'en ai refroidi bien d'autres! dit-il, d'un ton farouche. Ce n'est pas celui-ci qui m'effrayera!... Et puis, un policier!... Le pire de nos ennemis!

Et, Ravachol se pencha à l'oreille de Lamberti.

Celui-ci écoutait, souriant d'un atroce sourire.

— Per Baccho! comme c'est cela! s'écria-t-il... Eh! oui, je... rien de plus sûr...

Puis, s'interrompant :

— Mais, si nous nous trompions, s'il n'appartenait pas à la police...

— Peuh!...

— C'est facile de tuer quelqu'un, en paroles, reprit Lamberti, mais quand il s'agit d'exécuter la chose, c'est moins aisé... et puis, il y a le cadavre, dont on ne se débarrasse jamais convenablement... Je suis prêt à agir, sans hésitation, s'il s'agit réellement d'un policier, car alors je défends ma propre existence. Ça, c'est la lutte!... J'irais avec moins de cœur si c'était un simple curieux...

— Baste!... De quoi se mêle-t-il, à me suivre?

— Du reste, j'ai un moyen de savoir... sois tranquille.

— Pas d'hésitation! Il ne faut point oublier que si ce particulier arrive à posséder le secret de notre gîte, nous sommes tous perdus!.. Et, il ne tarderait pas à l'apprendre, si nous le laissions opérer tranquillement; il a trop bien éventé notre piste.

— Si c'est un policier, et je le saurai, tant pis pour lui!

— Ne te préoccupe pas du corps... Je vais attendre le coup, ici; si par hasard tu le manquais, j'accourrais!

La conversation fut interrompue par la venue du personnage préoccupant si fortement les deux anarchistes.

Comme pour donner raison aux prévisions de Ravachol et de Lamberti, le policier, après avoir rapidement examiné la façade de la maison, s'était presque aussitôt avancé vers la boutique de Lamberti.

L'Italien et Ravachol s'interrompirent au moment où l'inconnu mettait la main sur le bec-de-cane de la porte.

— Va, dit à voix basse Ravachol.. Il mord à l'hameçon! Sois prudent!

— N'aie pas peur.

L'homme appuya sur le bec-de-cane, poussa la porte et entra.

Il parut très satisfait de voir la boutique sans clients, et se dit qu'il pourrait causer sans crainte d'indiscrétion.

Lamberti se précipita au-devant du client avec toutes les marques de la plus obséquieuse politesse, augmentées encore pour la circonstance.

Le coiffeur s'était donné une figure si franchement commerciale, que le nouveau venu n'eut, pas une seconde, le moindre doute sur son compte.

Lamberti, empressé auprès de l'arrivant, se mit en devoir, avant toute chose, de le débarrasser du pardessus qu'il portait, lui enleva son chapeau et sa canne, et, quoique tenant, d'une main, ces trois objets, de l'autre, il présenta un siège à l'homme, en l'invitant à s'asseoir devant une table chargée de tout l'appareil capillaire.

Le client s'assit

Lamberti courut alors accrocher chapeau et pardessus à une patère, mais il le fit si maladroitement qu'il laissa tomber le vêtement.

— Imbécile que je suis! s'écria-t-il. Ce n'est rien, monsieur, un simple coup de brosse. Je veux, de suite...

L'étranger protesta, mais, sans prendre garde à ses observations, le coiffeur, ramassant le pardessus, alla et vint de par la boutique, comme en quête d'une brosse, en disant :

— Où est-elle?... où l'ai-je mise?... Ah! dans le fond!

— J'ai le temps! dit complaisamment l'homme, ne vous donnez pas la peine...

— Non! Non!...

Au fond, enchanté d'avoir rencontré un coiffeur aussi disposé à l'amabilité, le client comptant bien le faire aisément causer, laissa agir Lamberti et ne voulut point contrarier son zèle.

Il se carra dans son siège et attendit paisiblement que le coiffeur eût réparé le désordre du pardessus.

Lamberti s'était vivement précipité dans l'arrière-boutique.

A peine hors de la vue de l'étranger, il fouilla précipitamment dans la poche du vêtement, et en tira un portefeuille qu'il tendit à Ravachol.

Pendant que ce dernier l'ouvrait, le coiffeur muni d'une brosse, et revenu devant la porte séparant les deux pièces, enlevait ostensiblement la poussière avec un soin minutieux, tout en lorgnant, du coin de l'œil, son compagnon.

Ravachol tira du portefeuille, tout d'abord, une carte rouge d'inspecteur du service de la sûreté et la montra à Lamberti; puis, avec une exclamation sourde, il prit connaissance d'un papier qui n'était autre que le libellé de son propre signalement, à lui Ravachol,

Lamberti, se rapprochant de son complice, put alors constater, à son tour, la valeur des deux pièces.

— Bien ! murmura-t-il, il n'y a plus à hésiter !

Il replaça le portefeuille dans la poche du pardessus et revint dans la boutique où, de l'air le plus souriant, il accrocha le vêtement auprès du chapeau, en disant :

— C'est fini ! Il n'y a plus la moindre tache de poussière. Je suis à vous, monsieur. Les cheveux ou la barbe ?

— Rasez-moi.

Le coiffeur commença ses premiers préparatifs, puis s'interrompant tout à coup, il s'écria.

— Quelle porte ! elle ne ferme pas ! Il vient un air !

Il alla, alors, sans affectation, à la porte, l'ouvrit sous prétexte de faire manœuvrer la serrure, retira prestement le bec-de-cane extérieur, qu'il mit dans sa poche, et la referma.

Il était certain, désormais, de ne pas être dérangé.

Le client n'avait remarqué aucun détail de cet incident.

Le coiffeur revint à l'agent, et commença à lui savonner les joues, tout en causant de choses et d'autres.

L'inspecteur du service de la sûreté, ravi, se mit à son tour à parler, sans laisser encore soupçonner le rôle qu'il voulait jouer, puis, par d'habiles transitions arriva à mettre la conversation sur les anarchistes.

A ce mot, Lamberti poussa les hauts cris, s'exclamant, proférant toutes les injures les plus hyperboliques contre ces gens, qui, disait-il, devraient monter tous à l'échafaud.

En parlant, il achevait d'affiler son rasoir sur la patte de cuir.

L'agent, très attentif aux paroles du coiffeur, s'apprêtait à poser sa première question, touchant les habitants de la maison.

Il n'eut pas le temps d'ouvrir les lèvres.

Lamberti d'un geste aussi rapide que l'éclair, enveloppant, en quelque sorte de son rasoir, le cou du malheureux, venait de le trancher profondément et sectionner, net, l'artère carotide !

L'agent ne put même faire un mouvement de défense !

Un flot de sang s'échappa de cette horrible blessure, pendant que le coiffeur, pour ne pas être atteint, se reculait, laissant sa victime rendre le dernier soupir en de vagues convulsions d'une suprême agonie.

Ravachol n'avait perdu aucun détail de cette épouvantable scène.

Il apparut aussitôt, en s'écriant :

— Très bien !. je n'aurais pas mieux fait ! Ne perdons pas de temps !...

Il s'approcha du malheureux agent, dont le sang, presque entièrement échappé aux premiers jets, ne coulait plus qu'à peine, et constata, du premier coup d'œil, qu'il était mort.

Alors, faisant signe à Lamberti, occupé à tremper soigneusement son rasoir dans un vase rempli d'eau tiède.

— A l'ouvrage ! dit-il, portons-le de l'autre côté !

Les deux hommes prirent le cadavre avec précaution, pour ne point recevoir d'éclaboussures, et s'empressèrent d'aller le déposer dans l'arrière-boutique.

Lamberti, muni d'un seau, empli de sciure de bois, revint épandre ces résidus sur la mare de sang épanché à terre, pendant que Ravachol, à grand renfort d'eau, épongeait soigneusement tous les endroits plus légèrement atteints.

Il ne fallut pas moins d'un quart d'heure aux deux bandits pour enlever les dernières traces de leur crime, dans la boutique.

Il ne restait plus, comme témoin de cet assassinat, qu'une place noirâtre, à l'endroit où le sang de l'agent avait séjourné en plus grande abondance.

Lamberti regardait cette place, en fronçant le sourcil.

Ravachol se mit à rire.

— Je devine ton souci, dit-il, tu te demandes si cette marque ne pourrait être suffisamment indicatrice pour te faire reconnaître comme l'auteur de la disparition... Rassure-toi. Je sais un moyen des plus simples d'effacer à jamais cette tache. Attends-moi, je vais à l'atelier.

Ravachol sortit, en effet, et revint presque aussitôt, tenant à la main un flacon renfermant un liquide onctueux.

Il déboucha la fiole, se pencha vers le parquet, et versa le liquide, acide des plus violents, sur la partie tachée de sang.

L'acide mordit aussitôt le bois, de telle façon, qu'en deux minutes, il eut été impossible à l'expert le plus exercé en chimie, de pouvoir affirmer que ce parquet avait absorbé du sang humain.

On reprit minutieusement l'examen de la boutique, et, tout endroit enduit de taches douteuses fut aussitôt imprégné de cet acide.

— C'est fini, dit Ravachol, plus rien à craindre, de ce côté. A l'autre maintenant !

Les deux hommes passèrent dans l'arrière-boutique, recouvrirent soigneusement le cadavre, déposé dans un coin, et gagnèrent une troisième chambre, mitoyenne à cette dernière.

Ils se trouvèrent dans une sorte d'atelier, muni d'un fourneau à plusieurs compartiments, et garni d'ingrédients de toute nature, d'objets divers, d'outils, de pièces de fer, les unes fraîchement travaillées, les autres à peine ébauchées.

Des cornues, des ballons de verre, des chalumeaux, bref, un matériel de chimie, relativement assez complet, ajoutaient encore à l'aspect pittoresque de cet atelier où semblaient être réunis divers corps de métiers.

C'était le laboratoire destiné à la fabrication des engins explosifs et à l'étude des matières capables de mieux faire éclater ces engins destructeurs.

— Qu'allons-nous faire de ce corps? demanda Lamberti.

— Tu t'embarrasses de peu!

— Non. A la rigueur, la Seine est à côté, et, cette nuit...

— Ce serait malin!... Pour qu'on le retrouve!

— Que nous importe?

— Non pas! Le cadavre d'un homme assassiné, quand il est découvert, peut toujours être considéré comme le plus mauvais témoignage contre celui qui a commis le coup!... Tu as beau avoir de la finesse dans l'esprit, tu n'es pas encore très pratique.

— Alors?

— On ne trouvera jamais le macchabée!

— Où allons-nous le cacher?

— Dans ta cave.

— Dans ma cave!

— Oui, dans une fosse assez profonde que, sans plus tarder, nous creuserons. Il sera là aussi tranquille qu'en un cimetière. Le sol des caves n'est pas remué tous les jours; celui de la tienne restera vierge de la pioche tant que la maison durera... Il y a le temps d'ici à ce qu'on la démolisse. Allons! au travail.

Tout en parlant Ravachol avait pris deux pioches et deux pelles.

Muni de ces instruments, il revint dans l'arrière-boutique, où se trouvait une trappe conduisant à la cave, à un caveau plutôt, appartenant au magasin.

Cela simplifiait énormément la besogne des deux bandits qui eurent promptement creusé une fosse de deux pieds de profondeur.

Mais soudain ils entendirent au-dessus d'eux un bruit insolite et inattendu qui les fit se redresser violemment, frémissants d'épouvante.

LES COMPAGNONS DE RAVACHOL
Par Pierre Delcourt et J. H.

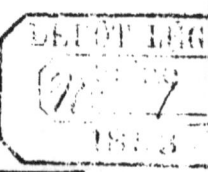

Dowpotchine demeura impassible, mais sa compagne tressaillit.

(Reproduction interdite.)

René MOROT, Éditeur, 40, rue Laffitte, Paris.

Ravachol et Lamberti abandonnèrent précipitamment leur travail et s'empressèrent de remonter.

On frappait à coups répétés contre la porte donnant accès sur l'allée.

Les deux anarchistes se regardèrent, inquiets.

Les coups se firent entendre à nouveau, plus pressés.

— Qui donc peut ainsi frapper? dit à voix basse Ravachol.

Comme pour répondre à cette question, on entendit de l'autre côté de la porte une voix appelant :

— Lamberti ! c'est moi.

Le coiffeur eut un mouvement et poussa un soupir de soulagement.

— Dowpotchine ! s'écria-t-il, je craignais que ce fût un voisin

— Ma foi ! il vaut mieux, en effet...

— Voilà ! s'empressa de crier le coiffeur.

Et il courut ouvrir.

C'était, en effet, Dowpotchine.

Mais il n'était pas seul, une femme l'accompagnait, assez coquettement vêtue, coiffée d'un chapeau mou qui, recouvrant des cheveux courts, lui donnait un aspect masculin.

— Tu as été long à ouvrir, fit Dowpotchine en s'avançant.

— J'étais à ma cave, répondit le coiffeur, en fermant avec précaution la porte derrière la femme, pénétrée à la suite de Dowpotchine.

— C'est donc pour cela que ta boutique est fermée à l'extérieur ?

— Oui... oui...

Dowpotchine aperçut Ravachol.

— Te voici ; c'est bien.

Son œil soupçonneux examina les deux hommes. Ravachol était calme mais Lamberti paraissait fort troublé.

Dowpotchine fronça imperceptiblement le sourcil.

— Le bec-de-cane enlevé à la porte de la boutique, songea-t-il, le temps qu'ils ont mis à m'ouvrir... Que faisaient-ils?

Et considérant à nouveau, fixement, le coiffeur, il dit d'un ton bref :

— Ah! tu étais à ta cave... Sans doute Ravachol se trouvait en ta compagnie?

— Oui... Il... balbutia Lamberti.

Ravachol, haussant les épaules, fit un pas vers Dowpotchine, et d'un ton traînard :

— Est-il bête, cet Italien, dit-il, d'avoir peur de vous expliquer!...

Et se retournant vers le cadavre, le montrant de la main.

— Nous nous occupions de cela!

Dowpotchine et sa compagne firent un pas en avant et aperçurent alors le cadavre que les deux complices les empêchaient de voir.

Dowpotchine demeura à peu près impassible. Mais, sa compagne tressaillit, eut un geste de profonde pitié et murmura :

— Encore un crime!... Encore un malheureux à qui vous avez ôté la vie!...

Si bas que ces paroles eussent été prononcées, Dowpotchine les entendit.

Il haussa les épaules et se tourna vers la femme, avec un sourire railleur aux lèvres.

Puis, s'adressant aux deux anarchistes, d'un ton calme :

— Quel est cet homme? demanda-t-il.

— Un inspecteur de la Sûreté, répondit Ravachol. Il m'a suivi de Paris jusqu'ici.

Et rapidement, il raconta à Dowpotchine ce qui s'était passé.

— Parfait, dit Dowpotchine. Vous avez sagement agi et rendu un grand service à notre cause. Vous ne pouviez, en effet, lui laisser connaître le secret de cette retraite. L'idée de l'enfouir dans la cave est excellente; je vais vous aider à terminer ce travail. Nous avons à parler ce soir de choses sérieuses, ne perdons pas de temps. D'autres compagnons doivent nous rejoindre.

Pendant qu'il parlait, la femme, qui semblait fort émue, s'était assise.

Dowpotchine la regarda à nouveau, avec son même sourire railleur.

— Tu vas nous éclairer, Lamberti, jusqu'à ta cave; allume une autre lumière pour madame, qui demeurera ici à garder ce corps.

Et se tournant vers sa compagne, il ajouta d'un ton sardonique :

— Je suppose que vous n'aurez pas peur, Émeline.

— Non, Dowpotchine, répondit-elle d'une voix douce, je n'ai nulle crainte des morts. Je suis seulement attristée d'un meurtre, peut-être inutile.

— Vous en parlez à votre aise, un mouchard! Et puis, qu'est-ce donc qu'une existence humaine, quand nous devons en sacrifier tant à la réalisation de notre œuvre !

— Ne seriez-vous pas plus forts par l'expansion de l'idée! Cette humanité qui souffre, pensez-vous la régénérer en versant le sang? Toute nature animée n'a-t-elle donc pas sa seule raison d'être dans la vie elle-même? Cet homme n'est plus, il a cessé à jamais de jouir des bienfaits de l'existence, il est perdu pour toujours à l'humanité. Il ne reste rien de lui, rien, absolument rien; car si sa chair ne vibre plus, c'est que son cerveau est éteint sans rémission. Il n'y a pas de vie future. Que m'importe la transformation des molécules de ce cadavre si elles ne doivent reconstituer un autre homme! Laissez donc vivre. Elle est si courte, la vie !

— Nous ne nous comprendrons jamais, Émeline, dit Dowpotchine, c'est justement parce que la vie est courte, qu'il faut en jouir par tous les moyens que donnent l'intelligence, la force et l'audace. Tant pis pour les faibles !

Pendant cet échange d'observations philosophiques, Lamberti avait allumé une seconde lampe.

Dowpotchine fit un signe bref aux deux hommes.

Le coiffeur, sa lumière à la main, reprit le chemin de la cave, marchant le premier.

Ravachol le suivit et, derrière lui, Dowpotchine ferma la marche.

Arrivés dans le caveau, les trois hommes se remirent à creuser la fosse, tant et si bien qu'en un temps assez court ils l'eurent approfondie suffisamment pour n'avoir pas à craindre les émanations putrides du cadavre.

Ravachol et Dowpotchine s'empressèrent alors de remonter. Ils prirent le corps de l'inspecteur par la tête et les pieds, le transportèrent à la cave, le firent glisser dans la fosse et comblèrent soigneusement celle-ci.

Ils ne se bornèrent pas à ce seul soin.

Ils tassèrent avec patience la terre et la rendirent assez dure.

— Il faudra, plusieurs jours, dit Dowpotchine, renouveler cette opération pour que le sol ait partout sa même homogénéité...

Quelques secondes après, les trois hommes étaient de retour dans l'arrière-boutique.

La porte du caveau fut refermée.

Il était désormais impossible de trouver trace de l'inspecteur de la Sûreté !

CHAPITRE III

Une Expérience avortée

Au moment où ils rentraient dans la boutique, on frappait à la porte de l'allée.

Émeline se disposait à aller ouvrir, mais Dowpotchine écarta sa compagne et vint en son lieu et place tourner la clef de la serrure.

Deux hommes et une seconde femme attendaient derrière la porte.

Dowpotchine eut un imperceptible mouvement de contrariété à la vue de cette femme.

Il la salua néanmoins d'un gracieux sourire et serra la main de ses deux compagnons.

— Bonjour Legrand, dit-il, bonjour Vanoff, bonjour Marthe

Cette dernière tendit la main à Dowpotchine et pressa la sienne amicalement, sans paraître aucunement remarquer le regard singulièrement perçant de Dowpotchine.

Ces nouveaux venus, qui ont joué un rôle prépondérant dans toutes les explosions des anarchistes et représentaient, avec Dowpotchine, l'élément dirigeant, ont si bien échappé aux investigations de la police, qu'à peine celle-ci connaît leurs noms depuis quelques jours.

Vanoff, comme s'il était chez lui, avait pris, à peine entré, une des lumières et s'était aussitôt dirigé vers l'atelier.

Chacun le suivit immédiatement.

Legrand et Ravachol vinrent examiner attentivement une cornue, pendant que Vanoff et Lamberti préparaient différents récipients.

Les deux femmes suivaient curieusement, du regard, ces opérations.

Dowpotchine avait allumé un réchaud à essence sur lequel il venait de placer un ballon de verre rempli à moitié d'une matière grisâtre. Vanoff apporta la cornue auprès du ballon et la mit en communication avec celui-ci, au moyen d'un tube de verre recourbé.

Ravachol s'étant dirigé vers un assez gros mortier fixé solidement dans un coin de l'atelier, avait commencé à mélanger, avec un soin extrême, plusieurs poudres.

Chacun gardait le silence en accomplissant sa besogne respective qu'il semblait avoir reprise tout naturellement après un moment d'interruption.

Pendant quelques instants, ce silence ne fut troublé que par le léger crépitement de la matière grisâtre du ballon, échauffée à la flamme du réchaud, et les coups de limes de Legrand et de Lamberti sur des pièces de fer qu'ils façonnaient.

Ce fut Dowpotchine qui le rompit le premier.

— Cette expérience réussira-t-elle? dit-il.

— Espérons-le, fit Vanoff.

— Il serait temps, ajouta Legrand.

— Bah ! ricana Ravachol, si elle ne réussit pas on en tentera d'autres.

— Non pas, répliqua vivement Dowpotchine, c'est la dernière.

Tous regardèrent, étonnés, ce dernier.

— La dernière ! fit Vanoff. Et nos projets ?

— Je ne les oublie pas.

— Alors ? demanda Legrand.

— C'est justement pour ne pas tarder à les mettre à exécution que je viens vous proposer de ne plus faire d'expérience après celle-ci.

— Je ne comprends pas, dit Ravachol.

— Parce que tu es l'un des derniers venus, répliqua Dowpotchine. Tu n'es pas suffisamment au courant.

Alors, abandonnant quelques instants la surveillance du ballon, il vint s'adosser à l'établi et, considérant ceux qui l'entouraient, il dit, toujours de sa voix calme, en s'efforçant d'en atténuer le caractère hautain :

— Compagnons, c'est surtout pour toi, Ravachol, que je parle, depuis plusieurs mois, nous cherchons inutilement cet explosif capable, sous le plus petit volume, de produire la plus grande force d'expansion, et surtout un détonateur certain.

Nous ne l'avons pas encore trouvé.

Toi, Vanoff, et moi, nous espérons en cette composition à laquelle nous donnons tous nos soins en ce moment.

Mais si nos efforts n'aboutissent pas, pouvons-nous patienter encore ?

— Il est de fait que le temps s'écoule vite, sans que nous fassions grande besogne, dit Vanoff.

— Et nos camarades, condamnés par les magistrats de Paris, attendent la vengeance, fit Legrand.

— La vengeance ! murmura Marthe, en faisant tous ses efforts pour demeurer calme.

— Certes, reprit Dowpotchine, il faut venger les compagnons iniquement condamnés par les infâmes bourgeois. Il faut faire un exemple, frapper ceux qui nous attaqueront.

Nous devons commencer par les magistrats, et choisir en premier, l'homme qui a présidé la cour d'assises et condamné nos amis.

Après lui, l'avocat général.

Puis le juge d'instruction.

Les autres suivront. D'autres encore, en attendant la grande date du premier mai prochain, jour qu'il faut mettre à profit.

Mais nous tardons... nous tardons trop.

— Est-ce notre faute ? dit Vanoff, nous ne possédons pas la force nécessaire.

— Nous nous la procurerons autrement, répondit Dowpotchine.

La conversation fut interrompue par la reprise des expériences.

Depuis plusieurs jours, en effet, Dowpotchine, aidé de Vanoff, étudiait une combinaison pouvant donner d'excellents résultats.

Justement, la veille, Ravachol mis au courant de ces travaux, avait fourni un conseil qu'on mettait à profit en ce moment.

Un temps assez long s'écoula, pendant lequel la matière grisâtre du ballon de verre passa tout entière dans la cornue.

Dowpotchine fit alors chauffer celle-ci quelques minutes en la remuant légèrement. Il la retira ensuite de la flamme avec précaution, et vint la vider lentement dans le mortier où Ravachol avait mélangé différentes poudres.

Il sortit de la cornue un liquide jaunâtre, légèrement sirupeux qui, mélangé avec les poudres, produisit une pâte assez consistante.

Dowpotchine la laissa refroidir graduellement après quoi il la versa dans une autre en fer-blanc.

— Cette quantité est suffisante, dit-il, pour nous donner l'effet désirable à notre expérience. Ce ne peut produire grand bruit.

Il disposa alors un ressort d'horlogerie au-dessus de la boîte, plaça une mèche d'amadou sous un briquet devant être frappé par le ressort, mit ce dernier en mouvement et s'éloigna.

Il sortit ensuite de l'atelier suivi de tous, et referma la porte.

On attendit impatiemment quelques minutes.

Soudain un bruit sourd se fit entendre.

Chacun se précipita aussitôt pour voir les effets de l'explosif.

Mais un cri général de désappointement se fit entendre.

La boîte de fer-blanc était intacte ; au-dessus d'elle s'élevait seulement un nuage de fumée.

— Allons, dit Dowpotchine, il faut y renoncer. Ecoutez-moi. Il sera encore plus rapide, par quelques moyens que ce soit, de nous procurer de la dynamite.

— C'est facile à dire, fit Vanoff.

— Bah ! nous trouverons, reprit Dowpotchine, sans nous éloigner beaucoup. Dans les environs, autour de Paris, dans le département de Seine-et-Oise, il existe de nombreuses industries se servant de dynamite ; il s'agit de découvrir quelque dépôt assez considérable. J'ai déjà des renseignements assez précis. Je vous propose donc de nous mettre en campagne. Les compagnons vont se partager la besogne. Toi, Vanoff, tu chercheras dans les environs de Versailles ; toi, Legrand, tu visiteras la banlieue de Sceaux ; Isambert recueillera des renseignements par ici ; Ravachol ira à Soisy-sous-Etiolles. Un compagnon m'écrit pour m'annoncer qu'il y aura sous peu à Soisy un dépôt important de dynamite.

— Convenu, dit Vanoff.

— Il faut nous hâter. A propos, l'un de vous connaîtrait-il, par hasard, Chaumantin ?

— Moi, s'écria Ravachol, je connais Chaumantin, et ceux de sa bande : les frères Mathieu, Simon, Béala...

— Oui. Ils ne sont pas seuls, il y a encore Chalbret, Faugoux, Van Déel, et les frères Etiévant.

— C'est bien cela.

— Voulez-vous les voir ?

— Non, pas pour l'instant. Je les emploierai plus tard à une autre cause. Ce sont des hommes énergiques qu'on pourra aisément utiliser.

— Qu'allons-nous faire ce soir ? demanda Vanoff.

— Nous séparer, répondit Dowpotchine, maintenant que nous sommes fixés sur notre dernière expérience. Demain, que chacun se mette en route, j'avertirai Isambert. Aussitôt un dépôt découvert, prévenez-moi par le moyen usité. Je vais vous remettre à chacun l'argent nécessaire.

Et s'adressant à Lamberti :

— Apporte la caisse, dit-il.

Le coiffeur rentra dans l'arrière-boutique, s'en vint à un angle de la pièce, se baissa et, à l'aide d'un ciseau pris dans l'atelier, se mit à lever une des lames du parquet.

Un trou béant apparut.

Déposant son ciseau à terre, il enleva trois autres lames avec les mains, plongea le bras dans le trou élargi et attira à lui un petit coffret en fer, qu'il emporta dans l'atelier et posa sur l'établi.

On fit cercle autour du coffret.

Dowpotchine tirant de sa poche un trousseau de clefs, en choisit une petite, l'introduisit dans la serrure et attendit.

Le coffret était, en outre, muni de deux boutons à alphabet.

Vanoff s'approcha à son tour, tourna l'un des boutons, jusqu'à une lettre sur laquelle il mit le pouce pour que nul ne la vit ; Legrand vint ensuite opérer de la même manière sur le deuxième bouton.

Dowpotchine fit alors jouer la clef.

Le coffret était ouvert.

Il était à moitié plein de monnaie d'argent et d'or.

Legrand et Vanoff brouillèrent leur alphabet et s'écartèrent.

Dowpotchine puisa dans le coffret et remit à chacun des trois hommes une somme de cent cinquante francs en argent et en or.

— N'oubliez pas nos habitudes, dit-il, de ne montrer de pièce d'or qu'à bon escient.

La distribution des sommes terminée, le coffret fut refermé avec les mêmes précautions que pour l'ouvrir.

Lamberti le remporta dans l'arrière-boutique, le replaça dans sa cachette, remit les lames du parquet en ordre, balaya sur elles une couche suffisante de poussière pour dissimuler son œuvre et revint à l'atelier où nul n'avait même bougé.

Cette manière de conserver les fonds de la société était fort ingénieuse. Ainsi qu'on vient de le voir, Lamberti en était le dépositaire, mais seul et sous sa responsabilité il connaissait le secret du lieu où ils reposaient ; Dowpotchine pouvait ouvrir la serrure, mais la présence de Legrand et de Vanoff était indispensable, car eux seuls connaissaient le jeu des alphabets.

En réalité, le coiffeur eût pu dérober l'argent des compagnons; mais comme il risquait sa vie à ce jeu, il n'avait garde d'y penser.

Vanoff, Legrand et Marthe partirent les premiers.

Dowpotchine, Emeline et Ravachol prirent congé de Lamberti quelques minutes après, pour ne pas éveiller l'attention des voisins pouvant s'étonner de voir sortir une société trop nombreuse de la maison.

Le coiffeur ferma sur eux la porte de la boutique.

Mais, à peine seul, un frisson le prit par tout le corps.

Instinctivement, il fit retraite vers sa boutique, tout troublé, une sueur froide au front, tenant sa lampe d'une main tremblante.

Lamberti venait de se rappeler le mort !

Mais, dans le magasin, il reprit un peu de calme, posa la lampe sur une tablette, s'assit et murmura :

— J'ai bien fait, cependant, de le tuer !... Il nous aurait perdus tous !... Et elle avec eux !... Elle !...

LES COMPAGNONS DE RAVACHOL
Par Pierre Delcourt et J. H.

Ravachol, caché dans le double plafond, suivait les détails de la perquisition.

CHAPITRE IV

Soisy-sous-Étiolles

Dowpotchine et ses compagnons, au lieu de prendre le chemin de la gare, se dirigèrent vers la ville.

Ils passèrent le pont du canal et gagnèrent la place aux Gueldres où ils prirent le tramway devant les conduire à Paris, sur la place Clichy.

A cette heure de la soirée, la voiture n'avait que peu de voyageurs.

Les trois personnages s'installèrent à l'intérieur, dans un coin et, comme ils étaient éloignés des autres voyageurs, ils purent causer en toute sécurité.

— J'ai préféré ce mode de locomotion au chemin de fer, dit Dowpotchine placé entre Émeline et Ravachol, parce que j'ai des raisons de ne pas revenir à Paris, en compagnie de Marthe.

— Toujours vos doutes, dit Émeline. Quelles craintes pouvez-vous avoir? N'est-ce point moi qui ai affilié Marthe Ricard à la Société?

— Des doutes... Non. Aurait-elle assisté à notre entretien de ce soir si même mon esprit était incertain?... Ce n'est point la raison qui m'a empêché de revenir à Paris en sa compagnie.

Et, d'un geste machinal, il passa la main sur son front.

En même temps il murmura assez bas pour n'être pas entendu :

— C'est étrange !

Puis reprenant à voix haute, presque exalté, contrairement à son habitude de calme.

— Des doutes ! Émeline, que non pas !

— Alors ?

— Je ne peux vous dire.

— Je n'insiste pas si c'est un secret, bien que peut-être il soit le premier pour moi qui me suis associée à votre œuvre.

Dowpotchine réprima un geste nerveux, et se tournant vers Ravachol, d'une voix saccadée :

— Tu partiras demain à la première heure ; c'est sur toi que je compte le plus pour la découverte d'un dépôt de dynamite ; hâte-toi, il me tarde de reprendre la lutte violente .. Il y a, par Dieu ! trop de temps que je demeure calme... Ce n'est pas mon rôle.

Dowpotchine resta quelques secondes, silencieux, réfléchissant, l'esprit tendu.

Soudain, il éclata de rire, d'un rire nerveux, étrange à donner le frisson, tant il était bizarrement modulé.

Et, comme se parlant à lui-même, d'un ton farouche :

— Oui, la lutte... La lutte contre l'humanité tout entière ; la lutte sans rémission !... Eh ! qu'ai-je donc à penser à autre chose !... Suis-je fou ? ou bien... Allons donc, j'oublie peut-être qu'on me nomme Dowpotchine !... Je ne me souviendrais plus du passé !... Une femme ! je n'en ai connu qu'une, et...

Son œil eut une lueur sanglante, ses mains se crispèrent, un rictus vint contracter les coins de sa bouche.

Ravachol écoutait avec stupéfaction ces paroles saccadées sans les comprendre, regardant, effaré, cet homme qui lui semblait plus grand que tous les autres.

Emeline, au contraire, considérait avec un sourire triste son compagnon et prenait le soin de ne point paraître l'entendre, ou tout au moins d'attacher peu d'importance à ce qu'il disait.

Sans doute savait-elle le sens de ces mots.

Pendant un certain temps, le voyage se fit silencieusement.

Dowpotchine était tout à ses réflexions.

Ravachol songeait à son rôle et au moyen de le remplir au mieux des intérêts de l'anarchie.

Emeline rêvait en regardant par échappées Dowpotchine.

Ce dernier reprit enfin la parole et, redevenu absolument calme, s'entretint avec ses compagnons de différents détails relatifs à certains projets dont le lecteur verra l'éclosion au cours de ce récit.

Place Clichy, ils descendirent tous les trois de voiture et se séparèrent.

Ravachol, après le départ de ses compagnons, demeura assez indécis.

Il allait et venait sur le terre-plein du boulevard.

Il songeait de nouveau à la commission dont l'avait chargé Dowpotchine, et cherchait le meilleur moyen de la bien remplir.

Ravachol ruminait donc un plan capable d'amener au plus vite le meilleur résultat.

Tout en arpentant le terre-plein, il monologuait.

— Soisy-sous-Étiolles... Qu'est-ce que c'est que ce pays? C'est près de Corbeil, je crois... Oui, je me souviens, il y a des compagnons qui ont travaillé aux carrières..

Il s'interrompit et poussa une légère exclamation.

— Mais Faugoux va pouvoir me renseigner! Le trouverai-je chez lui maintenant? Oui. Dans tous les cas, on me dira où il est.

Ravachol abandonna aussitôt le boulevard, revint place Clichy et se dirigea vers le bureau des tramways d'Asnières.

Il attendit quelque temps la voiture et y monta.

Il descendit à l'église de Clichy, tourna à gauche et prit la rue de Neuilly.

Après avoir marché quelques centaines de mètres, il entra dans une ruelle malpropre et s'arrêta enfin devant une maison sordide où il pénétra.

Au troisième étage, il heurta, de façon particulière, à une porte qu'on vint ouvrir aussitôt.

Le palier était plongé dans la plus entière obscurité.

Ravachol, par ce fait, ne pouvant être reconnu, s'empressa de décliner son nom.

— Ah! c'est toi, fit une voix d'homme, entre.

Une minute après, l'anarchiste s'asseyait sur une mauvaise chaise dépaillée, au milieu d'une chambre mal éclairée, mais de manière suffisante pour permettre d'apercevoir le parfait désordre y régnant.

— Tu ne m'attendais pas ce soir, Faugoux? dit Ravachol.
— Non.
— Tu es seul?
— Oui, la ménagère est chez une voisine.
— Tant mieux, on pourra causer à l'aise.
— Tu as donc quelque chose de sérieux à me dire?
— Oui. J'ai un grand projet qui, s'il réussit, aura pour résultat de donner un rude coup aux bourgeois.
— Ah! oui, les bourgeois!... Mais ils sont les plus forts!

Ravachol se leva, prit une pause, et d'un ton emphatique, accompagnant ses paroles de grands gestes, répondit, pour se bien poser aux yeux du compagnon, sur l'esprit duquel il avait un grand empire par l'effet de ses déclamations :

— La société est absolument pourrie !

Il y a dans les ateliers, au milieu des champs, au fond des mines, des créatures humaines qui peinent et qui souffrent, sans aucun espoir d'arriver à posséder un jour même la millième partie du produit de leur travail !

Ces malheureux ont des femmes qui meurent de faim, des enfants qu'ils ne peuvent élever, faute de pain!...

A côté de toutes ces affreuses misères, les bourgeois gras et repus se vautrent dans l'orgie et répondent par des rires méprisants aux pleurs des meurt-de-faim !

Quand tous les exploités de ce monde comprendront qu'ils ne peuvent s'affranchir du joug de leurs exploiteurs que par la violence et qu'ils auront le courage d'employer les moyens que la chimie met à leur disposition pour ruiner et anéantir leurs oppresseurs, ce jour-là, la vieille société bourgeoise s'écroulera, et l'anarchie triomphante s'établira sur ses ruines!

Fangoux avait écouté, bouche béante, la déclamation de l'énergumène.

Il la trouvait admirable en tous points et s'imaginait que nul n'eût été capable de mieux parler.

Aussi applaudit-il frénétiquement quand Ravachol eut terminé.

Ce dernier sourit orgueilleusement.

— Oui, reprit-il en s'asseyant, voilà ce qu'il faut faire.

— S'il y en avait beaucoup comme toi, les bourgeois ne seraient pas longtemps à sauter !

— Ne t'inquiète pas, nous y arriverons plus tôt que tu ne crois.

Et prenant tout à coup un air modeste, il ajouta :

— Heureusement, je ne suis pas seul à savoir agir. J'ai fait la connaissance de Dowpotchine, un type... je ne te dis que cela. Avec lui ce que ça va marcher ! Mais je suis venu pour autre chose. Tu connais Soisy-sous-Étiolles ?

— Oui, j'y suis allé plusieurs fois voir Chalbret, Van Déel et les frères Etiévant quand ils travaillaient aux carrières.

— Je les connais bien, moi aussi. Justement, je causais d'eux tout à l'heure avec Dowpotchine.

— Pourquoi me demandes-tu cela ?

— Il paraît qu'on emploie pas mal de dynamite à Soisy-sous-Étiolles et qu'il doit y en avoir un dépôt.

— Ah ! je comprends, c'est pour...

— Tâcher de le découvrir et emporter le plus possible de cartouches.

Fangoux battit des mains.

— Tonnerre ! C'est bien ça, on va commencer la danse.

— Oui, quand nous aurons la dynamite.

— Et tu as compté sur moi pour te la faire découvrir ?

— Oui.

— Il vaudrait mieux que tu voies les autres.

— Pourquoi cela ?

— Mais, parce qu'ils connaissent mieux le pays que moi, et surtout l'endroit où les entrepreneurs déposent les cartouches.

— Tu as raison. Cependant, il serait dangereux d'aller nous promener là-bas à plusieurs; on nous remarquerait. A deux c'est suffisant.

— Eh bien, prends Chalbret avec toi. Il est justement mon voisin.

— Allons le trouver.

Ravachol se leva.

Faugoux prit son chapeau.

Un instant après, les deux hommes étaient hors de la maison.

Ils n'eurent pas à sortir de la ruelle, Chalbret demeurait dans l'immeuble mitoyen; ce dernier anarchiste n'était pas à son domicile, sa femme indiqua le cabaret de la *Roue-qui-Tourne*, situé non loin du pont d'Asnières, sur la route des tramways, un peu après l'église, et déclara qu'on y trouverait son mari certainement.

Faugoux et Ravachol s'éloignèrent et se dirigèrent rapidement vers le cabaret de la *Roue-qui-Tourne*.

C'était un établissement en planches établi sur pilotis dans un terrain en contre-bas de la rue, un de ces cabarets interlopes à l'aspect repoussant, maigrement meublé de quelques mauvaises tables souillées de graisse, et d'une demi-douzaine de chaises dépareillées. Un comptoir de rebut, à moitié brisé, supportait quelques bouteilles de mauvais alcools, un broc à moitié empli d'un atroce vin et des verres que la serviette n'avait jamais touchés.

Derrière ce comptoir trônait un géant femelle, très moustachu, aux appas effrayants, à l'impassibilité remarquable.

Le cabaret de la *Roue-qui-Tourne* ne contenait qu'une dizaine de consommateurs, aux mines patibulaires, aux vêtements en désordre, n'ayant aucune relation, même éloignée, avec l'élégance.

Ils étaient attablés ensemble et causaient à voix basse.

Ravachol et Faugoux entrèrent et, du premier coup d'œil, ayant aperçu Chalbret au milieu du groupe, se dirigèrent aussitôt vers lui.

L'anarchiste et ses compagnons avaient levé la tête, d'un même mouvement, au bruit de la porte s'ouvrant, et regardé avec un vague sentiment d'inquiétude les nouveaux entrants.

A la vue des deux hommes, ils se rassurèrent.

— Eh Chalbret! dit Faugoux, je t'amène le camarade, parce qu'il a à te parler, nous venons de chez toi.

Chalbret se leva alors, en disant à ses compagnons de table :

— Excusez, une affaire.

— Non, non, s'empressa d'interrompre Ravachol, en forçant Chalbret à reprendre place sur son siège, ce n'est pas pressé et puis ça n'a rien de sérieux, je suis venu plutôt pour te serrer la main.

Et, à son tour, il s'assit en faisant signe à Faugoux de l'imiter.

Ce dernier, habitué à trouver toujours au mieux les actes de Ravachol, n'insista pas davantage et obéit.

En effet, à cette heure de la soirée, il importait peu à Ravachol de causer de son affaire à Chalbret plus tôt ou plus tard. Et puis il ne voulait pas avoir l'air de se méfier des compagnons de l'anarchiste ou de les froisser par un semblant de suspicion s'ils étaient eux-mêmes anarchistes.

Au cas contraire, il lui plaisait fort de profiter d'une occasion excellente de faire du prosélytisme. Il reprit alors son air emphatique, commanda une tournée et, sans préambule, recommença ses tirades, avec un succès dont sa vanité fut agréablement touchée.

Néanmoins, bien qu'il fût certain d'être entre amis, il ne jugea pas à propos de divulguer la cause de sa venue au cabaret de la *Roue-qui-Tourne*.

La conversation se continua donc sur les données générales de l'anarchie et Dieu sait de quelle manière fut traité le monde des bourgeois.

Enfin, Ravachol, après avoir réglé le prix des consommations, se leva, serra la main à ses nouveaux camarades et sortit du cabaret en compagnie de Faugoux et de Chalbret.

Une fois dehors, il quitta le bras de ce dernier et se dirigea vers la Seine, en disant :

— Nous serons mieux pour causer que chez toi, devant ta femme.

— Oh ! rien à craindre d'elle.

— Ça ne fait rien, j'ai pour principe de me méfier des femmes. Et cependant le diable sait que je ne leur boude pas.

— On dit aussi, ricana Chalbret, que tu ne te mets pas pour rien du rouge sur les joues.

— Eh bien, quand ça serait, riposta Ravachol.

— Oh ! moi, ça m'est égal. Il paraît que tu as quelque chose à me dire ? Tu aurais pu parler devant les camarades, mais c'est ton affaire.

Les trois hommes étaient arrivés sur le quai.

Ils longèrent la berge.

Enfin, après un court instant de marche, Ravachol trouva l'endroit propice pour parler.

Rapidement, sans s'égarer dans des digressions inutiles, il mit Chalbret au courant de ses intentions.

Celui-ci avait écouté avec une profonde attention, sans l'interrompre.

— Parbleu ! il y a longtemps que nous aurions dû faire cela, dit-il.

— Si tu crois que c'est commode, dit Faugoux.

— Et de plus, reprit Ravachol, ça présente des inconvénients.

— Lequel ? demanda Chalbret.

— Celui d'éveiller l'attention.

— Il est évident, continua Faugoux, qu'on ne détourne pas des cartouches de dynamite sans que les propriétaires s'en aperçoivent.

— Et ils piaillent comme des volailles, reprit Ravachol, les bourgeois apprennent le coup, et à leur tour, poussent des cris d'oiseau qu'on va égorger. Et tout le tralala Alors ça n'en finit plus...

— Il est vrai, dit Chalbret, que j'ai travaillé dans la forêt de Sénart aux carrières, plus près de Tigery que de Soisy-sous-Etiolles. Mais je connais Soisy très bien et tous ces pays, Corbeil, Petit-Bourg, Etiolles, Ris.. Oui, il se peut très bien qu'il y ait un dépôt de dynamite à Soisy, car c'est le centre des carrières.

— Alors je peux compter sur toi pour me conduire là-bas, puisque Faugoux ne connaît pas bien le pays ?

— Oui.

— En ce cas nous partirons demain matin à la première heure, ce n'est pas loin d'ici à Corbeil...

— Nous n'irons pas jusqu'à Corbeil, nous descendrons avant, à Evry-Petit-Bourg; c'est la station la plus proche de Soisy-sous-Etiolles.

— Tu connais les heures des trains?

— Oui. On partira à huit heures et on arrivera à neuf heures à Evry.

— Alors, convenu. Je rentre à Paris. Je ne vous reconduis pas jusqu'à votre maison, je ne veux pas manquer le dernier tramway, ramenez-moi au pont. Demain à la gare de Lyon, sans faute?

— N'aie pas peur. Seulement je n'ai pas d'argent, je te préviens.

— Tu seras avec moi. D'ailleurs, voici, en cas d'accident sur ton chemin.

Et Ravachol mit dans la main de Chalbret deux écus de cinq francs.

Les trois hommes rebroussèrent chemin et revinrent hâtivement au pont.

Le tramway de Gennevilliers débouchait à cet instant.

Ravachol n'eut que le temps de jeter un dernier adieu à ses camarades et de s'élancer dans la voiture.

Place Clichy il descendit, prit le boulevard, s'engagea sur le pont Caulaincourt, suivit la rue de ce nom, contourna le derrière de la butte Montmartre jusqu'à la place de l'Abreuvoir, grimpa la rue Girardon, tourna à gauche et arriva rue Cortot.

Il s'arrêta devant la maison située au coin de cette rue et de la rue des Saules, tira une clef de sa poche, ouvrit la porte et pénétra vivement à l'intérieur.

Ravachol était arrivé au logement que Dowpotchine lui avait commandé d'habiter depuis la veille. C'était un petit rez-de-chaussée composé de deux pièces : la première servant de cuisine et de chambre à Ravachol, la deuxième, dans le fond, était occupée par Béala et sa maîtresse, tous les deux anarchistes violents et n'attendant que l'occasion pour passer de la théorie aux actes.

Ravachol les appela à mi-voix à travers la cloison, mais n'ayant pas obtenu de réponse il se coucha aussitôt.

Cette maison n'avait pas été choisie sans motifs par Dowpotchine comme repaire de ses meilleurs lieutenants.

Il avait été séduit par la position stratégique de l'immeuble. Située, nous l'avons dit, rue Cortot, à l'encoignure de la rue des Saules, et faisant retrait sur cette dernière, la maison permettait, en cas de filature, d'être tournée.

Si Ravachol venait par le haut de la rue Cortot, il passait devant sa maison sans s'y arrêter et disparaissait brusquement au tournant de la rue des Saules.

Au contraire, s'il venait par cette dernière, il avait le temps, une fois entré rue Cortot, de pénétrer chez lui et de refermer la porte avant qu'on fût arrivé sur ses traces.

La maison offrait un autre avantage, très précieux également. En bordure sur la rue Cortot, elle était suivie d'un jardin mitoyen à un terrain vague, par où, en cas de danger, on pouvait s'enfuir.

Le lendemain matin, à six heures, Ravachol dormait encore à poings fermés, lorsqu'il fut réveillé violemment par Béala qui faisait irruption dans sa chambre.

— La police !... Ravachol !... voilà la police !... on vient perquisitionner !

LES COMPAGNONS DE RAVACHOL
Par Pierre Delcourt et J. H.

Ravachol serra convulsivement la main, prêt à faire feu.

(Reproduction interdite).

Liv. 5

Prends vite toutes les affaires et disparais par la trappe! Tu n'as que le temps; ils sont allés chercher un serrurier pour forcer la porte du jardin. J'ai fait le mort à leurs sommations d'avoir à ouvrir.

Ravachol, déjà debout, s'habillait en deux tours de main, puis, après avoir jeté un rapide coup d'œil autour de lui, pour s'assurer qu'il ne laissait aucun indice qui pût le trahir, il traîna au milieu de la pièce la table, posa sur celle-ci l'unique chaise et, aidé de Béala, grimpa lestement sur cette échelle improvisée.

Le plafond qui séparait le rez-de-chaussée du grenier, était composé de planches de sapin assez grossièrement travaillées, comme dans la plupart des anciennes auberges de village. Ces planches s'appuyaient de soixante en soixante centimètres sur des solives en saillie.

Ravachol, qui, la veille, avait assisté à une répétition de la scène qu'il aurait à jouer en cas d'alerte, appuya de la main sur une planche du plafond qu'il fit glisser aisément sur les poutrelles, formant ainsi une ouverture de soixante-quinze centimètres carrés.

Cette ouverture donnait accès à une cachette très ingénieuse imaginée par Dowpotchine et pratiquée entre le plafond apparent et le plafond réel, et qui, haute de quarante centimètres, permettait tout juste à un homme couché de demeurer, dans les perquisitions les plus minutieuses, aussi introuvable que les papiers de toute sorte, les armes, les produits chimiques, etc., dissimulés dans le même endroit.

Béala ferma la trappe derrière Ravachol, remit à leur place la table et la chaise et se glissa dans le lit de Ravachol pour pouvoir en expliquer la tiédeur.

Le policier le plus retors n'eût pu imaginer ce truc du plafond; d'autant plus que la trappe, non secrète celle-ci, qui donnait de la pièce voisine dans le grenier, au moyen d'un escabeau fixe, n'avait que l'épaisseur d'une planche ordinaire et de même le plafond de cette pièce. Dans le grenier, il n'y avait absolument rien et l'on avait eu soin de faire joindre assez mal les lames du parquet pour qu'on vît, à travers les rainures, la lumière dans la chambre de Béala, ce qui, du premier coup, enlevait l'idée de sonder ce parquet transparent.

Il eût fallu un œil bien exercé pour remarquer que le plafond de la chambre de Ravachol était de quarante centimètres plus bas que celui de la pièce voisine.

Béala était à peine dans le lit, que la porte de la maison, simplement fermée au pêne, s'ouvrait pour laisser passage à deux gardiens de la paix, précédant un commissaire ceint de l'écharpe tricolore, un secrétaire, deux inspecteurs de la Sûreté, et un serrurier.

Béala manifesta la plus grande surprise de cette visite inattendue, jurant ses grands dieux qu'il ne connaissait que vaguement des anarchistes.

Mais le commissaire ordonna de tout fouiller dans la maison malgré les protestations de Béala.

Bien entendu, ces recherches n'aboutirent à rien. Le commissaire était loin de se douter que Ravachol caché dans le double plafond, suivait de l'oreille tous les détails de la perquisition.

— N'est-il pas venu un homme ici hier soir vers onze heures? demanda le magistrat.

— Il en est venu plusieurs, reprit Béala, des camarades qui me cherchent de l'ouvrage.

— Et Ravachol? Celui-là vous cherche-t-il de l'ouvrage? Il a des chances d'en procurer à Deibler en vous embauchant dans sa bande.

Béala fit mine de frémir à cette menace et répondit avec tout son sang-froid.

— Connais pas de Ravachol.

— Vous mentez! Il est venu ici hier.

— Ravachol, vous dites, ne serait-ce pas un sobriquet?

— Vous ne voulez rien dire, c'est bon. Il viendra bien un jour où vous vous déciderez à parler.

Cette seconde chambre est-elle habitée ?

Une voix féminine répondit de l'autre côté, demandant qu'on attendît un instant pour lui permettre de s'habiller.

Quelques minutes après, le commissaire interrogeait de même la maîtresse de Béala, mais sans plus de succès.

Les deux inspecteurs montèrent par l'échelle pour examiner le grenier, mais ils eurent vite fait de se convaincre que toute perquisition serait superflue dans cette pièce, basse, mal éclairée, et n'offrant aucun recoin où l'on pût cacher quoi que ce fût.

La perquisition n'avait donc amené aucun résultat et le commissaire ne se gênait pas pour en marquer son mécontentement. Aussi, pour ne pas partir bredouille, fit-il main basse sur quelques numéros du *Père Peinard*, sur une bouteille d'un acide, qui lui parut sans doute anarchiste, et sur deux enveloppes de lettres trouvées, mais sans les lettres, dans la poche de Béala.

Puis il fit demi-tour et disparut suivi de ses gens. Derrière eux, Béala alla refermer la porte du jardin ; puis, rentrant dans la maison, il s'occupa de placer au milieu de la première pièce la table surmontée d'une chaise, pour délivrer Ravachol qui fut bientôt à terre.

— Ils auront beau être malins, dit-il en leur montrant le poing, nous avons plus d'un tour dans notre sac !

Puis, ils se mirent à causer de l'expédition projetée de Soisy-sous-Étiolles.

— C'est très beau de nous en aller là-bas. En apparence, rien de plus simple. Oui, mais il faut prendre le chemin de fer, c'est-à-dire se montrer dans une gare. Eh ! eh ! nous savons un peu notre métier...

Une gare ! un nid à mouchards...

Diable ! hier soir je n'ai pas pensé à cela, dans le feu de la conversation, j'ai oublié d'avertir Chalbret. Comment faire ?

Il n'y a pas que la gare. Nous allons déboucher dans un petit pays où on nous remarquera aisément en notre qualité d'étrangers.

Ce n'est pas nécessaire de montrer nos vraies têtes, pour qu'on les reconnaisse plus tard, si on peut réussir.

Ravachol grimpa alors sur la chaise, tira du faux plafond une malle assez grande, mais absolument plate...

Elle était remplie d'effets mélangés en un désordre peu artistique, fouillis de chaussures, de chapeaux, de pantalons, de cottes et de bourgerons, de gilets en laine et en drap, de paletots, de blouses, de cravates, de vestes.

Ravachol pêcha dans cet amas, un pantalon, une cotte de velours de coton, un gilet de laine et une veste en drap gris; une blouse longue, blanchâtre et parsemée de taches de plâtre; une casquette de soie et un chapeau mou.

Il endossa le pantalon de velours de coton, le gilet de laine, la veste et se coiffa de la casquette.

Il vint ensuite se camper devant la glace de sa cheminée, prit sur le marbre une petite boîte en bois, l'ouvrit et en tira une sorte de pommade rouge avec laquelle il se farda les joues.

D'une autre boîte de plus grande dimension, il tira une fausse moustache et se l'appliqua adroitement sur la lèvre supérieure.

Il prit une deuxième moustache de couleur différente et la plaça dans la poche de sa veste, fit un paquet de la blouse et du chapeau, les réduisant au plus petit volume, et les enveloppa dans un vieux journal.

Après avoir serré la main de Béala, qui avait été en reconnaissance examiner la rue, l'anarchiste sortit, son paquet sous le bras, remonta la rue des Saules, déboucha sur le versant sud de la Butte, descendit la rue de Ravignan, déboucha à la place des Abbesses au moment où l'horloge de la mairie sonnait huit heures.

A la station des voitures deux fiacres attendaient déjà.

Ravachol monta dans l'un deux et indiqua au cocher la gare de Lyon.

Une demi-heure après, il faisait arrêter au coin de la prison de **Mazas**, ne voulant pas apparaître en voiture à la gare même, descendait, son paquet sous le bras, et réglait le cocher.

L'anarchiste, se dandinant légèrement, gravit, sans se presser, la rampe conduisant au départ, et parvint à l'entrée de la salle des Pas-Perdus.

Au premier coup d'œil, il aperçut Chalbret assis sur un banc dans un coin isolé.

Ravachol sourit.

— Nous allons voir, se dit-il, s'il me reconnaît, ça servira d'expérience.

Sans affectation, après s'être promené en long et en large, deux ou trois fois, il vint se planter devant Chalbret, sous le prétexte de lire les affiches au-dessus de sa tête.

Le compagnon ne prêta qu'une médiocre attention à sa personne.

Ravachol, très satisfait de l'expérience, se reprit à sourire, et jeta un regard circulaire autour de lui.

Ils étaient bien seuls en cette partie de la salle.

Alors, se rapprochant un peu, il dit, rapidement, sans cesser de lire attentivement la publicité collée sur le mur.

— Ne bouge pas, n'aie pas l'air étonné ; je vais m'asseoir près de toi, sans te parler, comme si je ne te connaissais pas. Tu vois le paquet que j'ai sous le bras, je le mettrai entre nous. Tu glisseras ta main contre moi ; j'y mettrai une fausse moustache. Tu te lèveras alors en emportant le paquet. Tu iras au côté des hommes, tu t'enfermeras et tu passeras sur ton vêtement la blouse renfermée dans le papier. Tu te coifferas du chapeau qui est avec la blouse.

Reviens au bureau, prends ton billet pour Evry et n'aie pas l'air de me connaître.

Il faut même monter chacun dans un compartiment différent, on se retrouvera à Petit-Bourg, en dehors de la gare

Chalbret, après le premier mouvement de surprise inévitable, avait écouté, impassible, ces recommandations.

Quand Ravachol eut terminé, il se borna à répondre :

— C'est bien... Convenu. Vas-y.

Ravachol s'assit alors, très naturellement, aux côtés de Chalbret, en plaçant le paquet comme il l'avait dit, et sans avoir l'air de prêter d'attention à son voisin.

Rapidement, la fausse moustache passa des mains de l'anarchiste dans celles du compagnon.

Ce dernier prit le paquet et s'éloigna.

Quelques minutes après, il réapparaissait dans la salle des Pas-Perdus dans sa nouvelle transformation, et allait prendre la queue au guichet des billets.

— Il est intelligent, songea Ravachol, en suivant du regard Chalbret, moins que Gustave, cependant on en fera tout de même quelque chose. Si Mathieu connaissait Soisy-sous-Etiolles, je l'aurais emmené, mais il sera de la seconde fournée.

Et, se levant à son tour, il se dirigea vers le guichet.

A neuf heures cinquante-cinq, le train s'arrêtait à la gare d'Evry-Petit-Bourg.

Les deux anarchistes en descendirent et sortirent de la station sans paraître se connaître.

A quelques centaines de mètres plus loin, ils se rejoignirent.

Les compagnons marchant d'un pas rapide, ne tardèrent pas à arriver à Soisy.

En chemin, ils s'étaient préoccupés du meilleur moyen d'être renseignés, et avaient décidé, avant tout, de se rendre à une carrière où ils espéraient rencontrer un compagnon anarchiste nommé Prosper.

Ils s'arrêtèrent enfin à l'entrée de ce chantier et cherchèrent, de l'œil, à l'intérieur.

— Je le vois ! s'écria Chalbret, attends-moi.

Abandonnant aussitôt Ravachol, il pénétra dans la carrière et arriva droit à Prosper.

Ce dernier, à la vue de Chalbret, poussa une exclamation de surprise.

— Tonnerre ! si je pensais te voir aujourd'hui, dit il. Tu viens pour t'embaucher ?

— Non. J'ai à te parler. Il y a un camarade qui nous attend à l'entrée du chantier.

— Eh bien, ça me va. Je n'ai pas vraiment le cœur à l'ouvrage ce matin. Le patron m'embête !

Et il lança violemment son marteau à terre.

— Tu as raison. L'homme doit être libre. C'est toujours les mêmes qui exploitent les autres ; il faut que ça finisse ! Viens, on déjeunera ensemble.

Prosper, un grand et vigoureux gaillard, que le travail n'eût pas dû effrayer, se leva, plein de nonchalance, mit les mains dans ses poches, et, levant insolemment la tête, comme pour narguer le contre-maître, installé à quelques pas de là, quitta sa place et fit signe à Chalbret de le suivre.

— Eh bien ! quoi ! fit le contre-maître, et la besogne ?

— Ce sera pour un autre jour, répondit Prosper.

Et, haussant les épaules, il s'éloigna.

Prosper, présenté à Ravachol, fut rapidement mis au courant des intentions des deux compagnons.

— De la dynamite ? répondit le carrier, vous avez de la chance, il doit en arriver aujourd'hui même à Soisy, pour la carrière. Et puis, vous savez, un joli ballot, nous ne pourrions pas enlever tout cela à nous trois !

— Aujourd'hui ! fit vivement Ravachol. A quelle heure ?

— Cette après-midi.

— Sais-tu où on la remisera ?

— Parbleu ! au dépôt de M. Hardincourt.

— Tu vas nous le montrer.

— Avec joie. Mais dites donc, nous pourrons nous arrêter chez le père Rigodon; c'est justement sur notre chemin.

— Le père Rigodon? demanda Ravachol.

— Oui, répondit Chalbret, je me rappelle, un camarade... Il en est!... On peut se déboutonner devant lui.

— C'est à son cabaret que se réunissent les vrais compagnons, dit Prosper.

Tout en parlant, les trois hommes s'étaient éloignés du chantier.

Ravachol réfléchit quelques secondes aux paroles des deux hommes.

— Tant mieux! dit-il soudain; oui, car nous aurons besoin, avec les autres, d'un coin où l'on pourra se retirer, avant et après le coup.

Quelques instants après, les anarchistes pénétraient au cabaret du père Rigodon.

C'était un établissement sans apparence, tout petit, formé d'une salle basse dénuée de tout luxe.

Le père Rigodon, un vieux malpropre, à la figure chafouine, aux yeux méchants, aux joues mal rasées, s'en vint aussitôt saluer Prosper et ses compagnons.

Avons-nous besoin d'ajouter que la présentation de ces derniers eut lieu immédiatement et que, sans préambule, Ravachol s'entendit au mieux avec le père Rigodon, un anarchiste des plus violents.

Après s'être désaltérés, Ravachol et Prosper sortirent du cabaret pour se rendre au dépôt de M. Hardincourt; Chalbret attendit, en compagnie du père Rigodon.

Ravachol, toujours prudent, avait prétendu que deux hommes attirent moins l'attention que trois, et obligé Chalbret à demeurer au cabaret, son aide n'étant pas nécessaire pour la reconnaissance du dépôt.

Les deux anarchistes ne tardèrent pas à revenir; Ravachol savait, maintenant, le lieu précis du dépôt de M. Hardincourt.

A sa vue, Chalbret, occupé à jouer aux cartes avec le père Rigodon, l'interrogea vivement.

— Ça y est! répondit Ravachol. Nous n'avons plus qu'à attendre la voiture... je veux être absolument certain de l'arrivée de cette dynamite et de son déchargement. Prosper nous avertira quand elle sera remisée.

Les anarchistes commencèrent une interminable partie, sans pour cela perdre de vue la rue, l'œil constamment au guet et l'oreille tendue.

Mais, la journée s'écoula sans que la dynamite tant attendue fît son apparition, la nuit vint et aucune voiture ne passa sur la route.

Ravachol, très étonné, regardait tour à tour Prosper et le père Rigodon.

Que signifiait ce retard? Prosper était-il même certain de ses renseignements? M. Hardincourt attendait-il réellement de la dynamite?

Les trois hommes durent passer la nuit chez le père Rigodon.

Le lendemain, ce dernier, plus à même que Prosper d'aller aux nouvelles sans éveiller la méfiance, courut se mettre en quête de renseignements.

Il revint bientôt et annonça que M. Hardincourt, pour des raisons ignorées, avait fait remiser sa dynamite en un autre endroit, inconnu.

Ravachol poussa un juron de désappointement, et questionna le cabaretier sur les environs de Soisy et même l'arrondissement de Corbeil.

Le vieux hocha la tête.

— Vous n'avez rien à faire de ces côtés, répondit-il, en dehors de Soisy-sous-Etiolles; vous perdriez votre temps. Puisque M. Hardincourt a fait déposer sa dynamite en un coin où on ne peut la trouver, le mieux pour vous est d'attendre qu'il en amène à nouveau par ici.

— Eh bien! répliqua Ravachol, nous allons retourner à Paris. Dès que cette dynamite sera arrivée, Prosper avertira Chalbret, par un mot jeté à la poste.

Il régla la dépense, serra la main de Prosper et du père Rigodon, et, en compagnie de Chalbret, revint à Paris.

De leur côté, Isambert, Legrand et Vanoff, malgré l'activité et le soin apportés par eux à chercher quelque dépôt de dynamite, n'avaient rien découvert, et ne tardèrent pas, eux aussi, à revenir à Paris.

Quelques semaines s'écoulèrent.

Un matin, Chalbret accourut rue Cortot; il venait de recevoir de Prosper une lettre, lui annonçant que, depuis la veille, le dépôt de M. Hardincourt était amplement garni de dynamite. L'anarchiste invitait ses amis à ne point perdre de temps.

Ravachol et Chalbret, en ce temps d'attente, avaient mûrement préparé l'enlèvement de la dynamite, à Soisy-sous-Etiolles ; ils savaient en quelles conditions agir.

Leurs auxiliaires, avertis et prêts à se mettre à l'œuvre, n'attendaient que le signal.

— Préviens, de suite, les compagnons, dit Ravachol à Chalbret ; nous partons ce soir pour Soisy, par le train de huit heures. Tu sais où les trouver ?

— Oui, répondit Chalbret. Faugoux est mon voisin, Gustave et Isidore Etiévant sont à Clichy, Van Déel habite, Levallois. . A propos, il ne faut pas compter sur Bordier ; il ne peut pas ou ne veut pas agir.

— On s'en passera... Béala, non plus, ne peut venir nous aider... Donc à ce soir, avec les outils... Au revoir !

Chalbret prit congé.

Le même soir, la bande se trouvait à la gare du chemin de fer de Lyon, sans que les anarchistes parussent se connaître les uns et les autres.

Ils se dispersèrent dans les différents compartiments et ne se réunirent qu'à Evry-Petit-Bourg, hors de la station.

Encore, ne se rassemblèrent-ils pas et marchèrent-ils, à certaine distance les uns des autres, chacun se guidant sur celui le précédant immédiatement.

LES COMPAGNONS DE RAVACHOL
Par Pierre Delcourt et J. H.

Padlewski, indigné, lui brûla la cervelle.

(Reproduction interdite.)

Liv. 6.

RENÉ MOROT, Éditeur, 40, rue Laffitte, Paris.

Ravachol tenait la tête. Il était vêtu en bourgeois, d'une redingote noire et coiffé d'un chapeau haut de forme, pour en inspirer, disait-il en riant. A Soisy, Ravachol se dirigea directement vers le cabaret du père Rigodon, et ayant constaté l'absence de tout client, sauf de Prosper, il entra, suivi peu après, de la bande entière.

Comme il était trop tôt pour agir, on s'attabla et on but, on joua pendant que Ravachol s'entretenait avec le père Rigodon et Prosper au sujet de la dynamite.

Enfin, Ravachol donna le signal du départ, en disant :

— Je vais de l'avant, avec Van Déel ; dans dix minutes, Chalbret emmènera Faugoux ; Prosper avec Gustave et Isidore, partiront les derniers, un quart d'heure après.

Ravachol se leva, prit dans un coin de la salle un sac que Chalbret y avait déposé, le jeta sur son épaule et sortit, en compagnie de Van Déel.

Les deux hommes traversèrent le bourg de Soisy, et longèrent la route, quelque temps encore.

Ils tournèrent ensuite sur leur gauche, prirent un chemin de traverse, pénétrant dans la forêt, firent quelques pas et s'arrêtèrent.

L'encoignure formée par l'angle de la route et de ce chemin, représentait une sorte d'éperon, élevé de quelques mètres, au-dessus duquel s'élançaient les ramures d'un bouquet de bois.

C'est à l'abri de ce taillis qu'était dressé le dépôt de dynamite de M. Hardincourt, une baraque en planches de peu d'élévation, n'ayant d'autre ouverture qu'une porte.

Ravachol et Van Déel gravirent la pente de l'éperon.

Ils arrivèrent en quelques enjambées sur la crête, se glissèrent à travers le taillis et s'arrêtèrent, après avoir filé d'arbre en arbre, devant le baraquement.

Ravachol se débarrassa de son sac, le jeta à terre, l'ouvrit et y prit deux tiges de fer, d'un assez gros diamètre, pouvant se joindre par un pas de vis pour former une seule barre, et devenir une véritable pince-monseigneur. En quelques pesées habiles, il eut tôt fait de fracturer la porte du dépôt.

Les compagnons pouvaient enlever à leur aise la dynamite.

Ces derniers, arrivés au baraquement, Ravachol divisa leur besogne de telle façon, qu'en un temps très court, chacun eut emporté la part de dynamite fixée par avance.

Le retour devant s'effectuer de la même manière que le départ, et avec des intervalles identiques, Ravachol prit les devants, en compagnie de Van Déel.

Sans se préoccuper de refermer la porte du dépôt, il remit le sac à Chalbret, prit sa part de dynamite et se glissa au milieu du taillis pour regagner le chemin conduisant à la route.

Les deux compagnons allaient atteindre ce chemin lorsque, soudain, un bruit de pas de chevaux se fit entendre à proximité des deux hommes.

— Chut! fit, à voix basse, Ravachol, ce bruit!... des chevaux!... Seraient-ce les gendarmes!... Tonnerre!... arrête-toi.

Il se débarrassa prestement de son fardeau, prit un revolver dans la poche de son pantalon, fit signe à Van Déel de ne point bouger, et lentement, avec une très grande adresse, s'avança jusqu'au bord de l'éperon, le descendit sans bruit, et, marchant à pas de loup, le revolver braqué, il tendit la tête.

Ravachol ne s'était pas trompé.

Au même instant, deux gendarmes à cheval apparurent. À l'entrecroisement des deux routes, ils s'arrêtèrent, hésitant quelques secondes entre les deux chemins, et fouillant machinalement le taillis du regard.

Ravachol, effacé derrière un arbre, crut qu'il était découvert. Il serra convulsivement la crosse de son revolver, et tendant le bras, avançant la tête pour mieux ajuster, il s'apprêta à faire feu.

Mais, à cet instant, l'irrésolution des gendarmes prit fin; rendant la main à leurs chevaux, ils reprirent leur marche en avant et disparurent au tournant de l'éperon, sans s'être doutés du terrible danger qui les avait menacés quelques secondes.

Ravachol avança prudemment jusqu'à la pointe de l'éperon, tendit la tête et les suivit du regard, son arme toujours braquée, jusqu'à ce qu'ils se fussent perdus dans l'obscurité.

Cet événement retarda le retour de toute la bande, qui ne se trouva réunie chez le père Rigodon qu'une heure plus tard.

On passa la nuit au cabaret du vieil anarchiste.

Le lendemain, par différents trains, les compagnons revinrent à Paris, passèrent heureusement leur dynamite à l'octroi, et, selon les instructions de Dowpotchine, instructions transmises par Ravachol, chacun alla se débarrasser de son fardeau à Saint-Denis chez Lamberti, qui se trouva avoir en dépôt quatre cent trente cartouches de dynamite.

Dowpotchine avait désormais, en sa possession, la terrible force nécessaire à ses projets de destruction !

Et aussi, il tenait en main Ravachol, c'est-à-dire l'homme capable d'entreprendre les opérations les plus audacieuses !

L'anarchie allait bientôt provoquer la terreur dans les esprits.

CHAPITRE V

Emeline

Nous allons revenir de quelque temps en arrière, et raconter différents incidents qui s'étaient accomplis, entre la période de recherches à Soisy-sous-Etiolles et celle d'action, c'est-à-dire l'enlèvement de la dynamite.

Plusieurs jours après son voyage infructueux, Ravachol, énervé par l'inaction, était sorti, un matin, se dirigeant, très soucieux, vers le domicile de Dowpotchine, ou, pour dire vrai, vers l'un des logements de ce dernier, le seul qu'il connût.

Dowpotchine, en effet, n'était pas homme à se livrer entièrement à qui que ce fût. Malgré son estime pour Ravachol, il ne lui aurait rien révélé de sa vie intime.

Au surplus, ce logis, situé rue Saint-Lazare, au coin du passage Tivoli, était la demeure officielle de Dowpotchine, le lieu où les compagnons devaient lui écrire, pouvaient le rencontrer.

Ravachol escalada les trois étages conduisant à l'appartement, frappa deux fois, sonna, puis frappa une nouvelle fois. A ce signal convenu, Dowpotchine lui-même vint ouvrir.

— Ah ! c'est toi, fit-il, simplement, en introduisant le compagnon dans une pièce assez grande, encombrée de livres, de journaux, de revues.

A un petit bureau surchargé de papiers, Emeline, assise, était occupée à écrire.

A la vue de Ravachol, elle leva la tête, une seconde, salua l'anarchiste, et continua son travail

Dowpotchine présenta un siège à Ravachol et prit place au bureau, vis-à-vis Emeline.

— Je viens un peu causer avec vous, puisque, en ce moment, nous n'avons rien de nouveau et qu'il faut attendre une lettre de Prosper.

— Oui... ce retard m'ennuie fort... Mais qu'y faire ?... Il nous est impossible d'utiliser les cartouches de grisoutine, apportées de Saint-Etienne ! C'est pour cela même que je tiens tant à me procurer de la dynamite. Nous ne pourrions suffisamment fabriquer de nitroglycérine... Mais, quelle curieuse figure tu as !...

— J'ai... j'ai, répondit d'un ton un peu embarrassé Ravachol, que... j'ai envie de lâcher Paris et l'Europe.

— Hein ! exclama Dowpotchine.

Emeline, que la conversation, jusqu'alors, n'avait pu gêner dans son travail, s'arrêta et leva la tête, regardant, étonnée, le compagnon.

Dowpotchine fixa son œil perçant sur Ravachol.

— Ah! fit-il, tu veux abandonner la partie?

— Non, répondit vivement l'anarchiste, mais seulement changer de milieu. J'ai envie d'aller en Amérique. On y peut mieux travailler à l'aise.

— Est-ce pour cela, demanda froidement Dowpotchine, que tu as envoyé Chaumantin à Saint-Etienne, y chercher les trois mille francs déposés par toi chez un prêteur sur gages?

Ravachol tressaillit vivement et regarda, avec une profonde stupéfaction, Dowpotchine.

— Comment savez-vous?... exclama-t-il.

— Ne t'ai-je déjà pas dit, et répété, que je n'ignore rien de ce qui peut m'être utile? Mon regard s'étend non seulement ici, mais partout, en ce monde!

— Mais... balbutia presque Ravachol, ce n'est pas fuir que d'aller en Amérique, où je rencontrerai d'autres compagnons travaillant pour notre grande cause.

— C'est fuir! dit, d'une voix calme, Emeline, prenant à son tour la parole et considérant froidement Ravachol. C'est fuir! qu'échapper à la mission qu'on vous assigne!

Dowpotchine vous a choisi pour opérer ici, à Paris, et non point en un autre endroit!

Savez-vous s'il n'a pas, en ces lieux, les instruments nécessaires? Êtes-vous capable de comprendre même ses raisons d'agir à votre sujet?

Ravachol écoutait, avec profond étonnement, ces paroles tombant mesurées, comme des gouttes d'eau glaciale, sur sa tête. Il considérait, presque avec un sentiment de frayeur, cette femme, dont l'impassibilité le frappait avant tout.

— Vous êtes une femme, vous, répondit-il, vous n'avez pas souffert comme moi de la vie, et, vous ne pouvez guère comprendre le découragement qui me prend parfois.

— Ravachol, répondit Emeline, la lâcheté, l'injustice, l'infamie de la société m'ont autant déchirée que vous et pourtant, moi une femme, je ne suis pas près d'abandonner la lutte. Il est temps que vous sachiez qui je suis, et que je vous fasse connaître les causes qui m'ont révoltée contre la société et m'ont rendue nihiliste !

Vous me direz ensuite, si je n'ai pas de puissantes raisons de vouloir la transformation équitable de cette société.

Ravachol écouta avec un sentiment de profonde curiosité.

— Je suis Russe, reprit Emeline.

Mon père, un petit employé de l'État, veuf depuis de longues années, m'avait élevée avec le plus grand soin. Il me fit donner une instruction complète et n'eut pas lieu de regretter ses soins et ses dépenses.

J'achevais mes études à Moscou quand mon père mourut, me laissant seule, sans fortune, sans famille et sans soutien.

On citait ma beauté. Les fils des bourgeois et des nobles m'accablaient de leur empressement quand je sortais, et chaque fois que j'étais mêlée à la société. Leurs pères, plus discrets, mais corrompus davantage, m'importunaient plus encore.

J'étais seule en ce monde, vous ai-je dit, sans autre conseil que ma conscience.

A l'école de médecine, dont je suivais les cours, j'avais remarqué, parmi les étudiants les plus intelligents, un jeune homme, appartenant à la plus riche noblesse de la ville. On l'appelait Michel Zélaïef.

Il me fit une cour assidue, mais de la façon la plus honnête. J'éprouvais un grand charme auprès de lui, si bien ses pensées paraissaient conformes aux miennes.

J'avais grande pitié de tous ceux qui souffrent, et ma philosophie était celle du bonheur universel. Je me complaisais à rêver une humanité, instituée de telle façon que chacun dût éprouver, sa vie durant, la somme de bonheur à laquelle il avait droit de par son intelligence et son talent. Je rêvais l'alliance du fort et du faible, toujours dans l'intérêt de ce dernier !

Je rêvais la disparition de l'exploitation humaine, la fin des misères, l'accroissement des joies !

Je rêvais plus de justice dans la répartition des jouissances de l'homme !

Michel paraissait partager entièrement mes idées. Il m'écoutait avec un enthousiasme qui touchait mon cœur. Sans y prendre garde, je me laissai aller, si bien que je m'aperçus un jour de mon amour pour le jeune homme.

Il me promit le mariage, m'assura de son violent désir de m'épouser, m'exprimant, en termes touchants, son bonheur de m'avoir pour compagne à jamais, et, en même temps, il m'avoua qu'il lui faudrait lutter contre sa famille.

Mais cela ne l'inquiétait guère ; il était sûr du résultat. En attendant, il lui fallait dissimuler, sous peine de tout gâter par une trop grande impatience. Oh ! il m'aimait, n'aurait d'autre femme que moi ! Mais son amour devait avoir lieu en grand mystère, quelque temps encore.

J'ignorais la vie ; je crus Michel. Je l'aimai et tombai dans ses bras !

Il ne semblait pas qu'Emeline parlât d'elle-même, tant sa voix était calme, le ton de ses paroles froid, presque dédaigneux.

— Malheureuses jeunes filles, continua-t-elle, que celles laissées au hasard de la vie par la mort impitoyable de leurs parents ! Elles ne savent ! Et cependant leur cœur est si plein qu'il déborde à la première effusion !

Combien d'âmes délicates savent s'apitoyer et comprendre leur sort !

Hélas ! il semble que les mains ne se tendent vers elles que comme des serres d'oiseaux de proie, pour les déchirer !

Qui donc m'aurait conseillée ? Qui m'aurait ouvert les yeux sur celui que j'aimais ?

La société me regardait passer indifférente, préoccupée de ses seuls appétits grossiers et s'inquiétait peu de la chute d'un de ses membres.

Bien loin de me conseiller, de me guider dans les premiers pas, elle était prête à m'accabler !

Hélas ! je devins mère, et mis au monde une fille !

Dès cet instant, Michel m'abandonna; j'appris bientôt qu'il allait se marier avec une riche héritière, noble comme lui.

Ma douleur et mon indignation furent grandes. J'allai au palais de la famille Zélaïeff, on me chassa à coups de fouet! J'écrivis à Michel et lui reprochai son parjure, lui parlai de sa fille et ne lui cachai nullement le mépris que j'éprouvais de sa conduite.

Le lendemain, des gens de police vinrent m'arrêter chez moi. On fouilla les meubles et on prétendit y avoir découvert une très grande correspondance nihiliste. J'ignorais presque ce nom et ne compris pas, tout d'abord, quand on me présenta cette correspondance ; je me contentai de ne pas vouloir la reconnaître, sans pouvoir m'expliquer comment elle se trouvait chez moi.

On ne tint nul compte de ma déclaration, et après m'avoir injuriée grossièrement on me conduisit en prison avec ma fille. Là, on me donna vingt-cinq coups de knout et on me jeta dans un cachot infect.

Le lendemain, malgré mes prières et mes supplications, on ne me donna qu'un peu de pain noir et de l'eau. Et j'allaitais mon enfant !

Le surlendemain, sans que j'eusse vu personne, on me sortit de prison, après m'avoir attaché les pieds par une chaîne, assez longue pour me permettre de marcher, et on me jeta sur une charrette couverte d'un peu de paille.

J'étais transportée en Sibérie avec mon enfant !

Au bout de huit jours, ma pauvre petite fille mourait de faim et de froid !

Jugez de ma douleur! je restais les yeux hagards, serrant convulsivement le corps froid de mon enfant dans mes bras, me refusant à la croire morte !

Je la berçais lentement, la couvrant de mon mieux, l'embrassant à tout instant, et, dans mon affolement, lui parlant, l'appelant des noms les plus doux.

Hélas ! Elle ne me répondait pas !

Alors, mes gémissements redoublaient, mon corps était secoué davantage de frémissements; mes larmes, un instant taries, coulaient plus fortes. De ma gorge s'échappaient des râles de douleur.

Morte!... ma pauvre petite était morte!... ma seule affection venait de disparaître! Elle, qui m'attachait seule à la vie!... Elle était morte!... tuée par son père!...

J'éprouvais de telles souffrances que le conducteur du convoi eut pitié de moi et donna l'ordre d'arrêter vingt-quatre heures en cet endroit; il ne pouvait faire plus.

On enterra ma pauvre petite fille au coin de la route !

Je demeurai longuement agenouillée sur le rebord de la tombe, mes mains tendues vers la terre fraîchement remuée, comme pour en arracher le pauvre petit corps, et ne me relevai que sur le signal du départ.

Quel déchirement de quitter à jamais cet endroit, sans avoir la consolation qu'ont toutes les mères de pouvoir à leur aise aller porter des fleurs sur la tombe de leurs enfants. J'embrassai la terre, une dernière fois, cueillis une fleur, poussée là, et brisée par la douleur, je tombai évanouie !

On me remit, inerte, sur la charrette. Plusieurs jours, je fus entre la vie et la mort. Heureusement, un vieillard, transporté également, à qui son âge avait fait accorder le bénéfice de la charrette, me prit en pitié et me soigna le mieux qu'il put.

Je revins à moi, et alors ce fut à l'âme qu'il parla! à l'âme et au cerveau.

Il m'apprit qu'il était nihiliste. Il savait la cause réelle de mon arrestation et me la fit connaître.

Jusqu'alors, dans l'horreur de ma position, je n'avais point encore songé à m'expliquer mon état; je croyais à une épouvantable méprise, mais à une méprise.

Le vieillard haussa doucement les épaules, pendant qu'un sourire triste effleurait ses lèvres; ce fut d'une voix désenchantée qu'il m'apprit la vérité.

L'auteur de mon arrestation et de ma transportation en Sibérie, n'était autre que Michel Zélaïeff !

Le misérable et sa famille, plus criminelle encore, effrayés de mes démarches, craignant le scandale, mais par dessus tout méprisant profondément ma situation et repoussant avec horreur l'idée d'une mésalliance, avaient imaginé de me dénoncer comme nihiliste ! A l'appui de leur entreprise, ils avaient fabriqué la correspondance trouvée dans l'un de mes meubles !...

Michel n'avait vu en moi qu'un jouet !... Maintenant qu'il cessait de plaire, il le brisait !

Ces paroles du vieux nihiliste transformèrent mes esprits. Je fus prise immédiatement d'une profonde affection pour ceux qui souffrent, ou, à dire vrai, mes anciennes pensées de fraternité universelle, un instant assoupies, me revinrent.

Mais, également, j'éprouvai une haine profonde pour l'injustice, et je me résolus de la combattre par tous les moyens.

Je me liai avec le vieux nihiliste, qui se prit fort d'affection pour moi, et, heureux de mon savoir, voulut l'augmenter encore.

C'était un grand savant et un profond philosophe.

Il m'enseigna, durant ce long voyage, car on nous conduisait par étapes jusqu'à la frontière chinoise de la Corée, il m'enseigna, dis-je, les grandes lignes de tout ce que j'ai appris depuis, me fit connaître les hommes, leur bas égoïsme et m'inculqua les grands principes dont je possédais déjà les termes généraux. Quand nous arrivâmes enfin à notre destination, je n'avais plus qu'à mûrir ses leçons, à les méditer.

Le vieux nihiliste mourut quelque temps plus tard, mais avant de sommeiller pour toujours, il put me remettre une lettre, et me dire :

LES COMPAGNONS DE RAVACHOL
Par Pierre Delcourt et J. H.

Tu as quelque chose là!... au cœur...

(Reproduction interdite.)

— Enfant, garde précieusement ce papier. Si tu t'échappes d'ici, va à Genève, à l'adresse écrite sur l'enveloppe de cette lettre, et remets celle-ci à l'homme dont tu lis le nom ; il me remplacera auprès de toi, plus efficacement, car il est puissant, puissant à faire trembler les trônes et les sociétés. Va le rejoindre, enfant ; tu lui seras peut-être de quelque aide.

Je portai les yeux sur la suscription de la lettre, et lus :

Dowpotchine, rue d'Uri, 12, à Genève.

Le vieux nihiliste ferma les yeux à jamais.

Au bout de quelques mois, je pus m'évader et parvenir, Dieu sait au prix de quelles souffrances, à Genève, où je rencontrai Dowpotchine.

Vous voyez, Ravachol, quelles raisons j'ai de vouloir, non pas seulement haïr les classes bourgeoises, mais transformer leur esprit.

Et vous, vous voulez abandonner la lutte !...

— Mais, non ! encore une fois ! puisque je... En Amérique, n'y a-t-il pas des anarchistes, comme en Europe ?

— Oui, répondit Dowpotchine. Mais dans une société comme la nôtre, chacun a son rôle.

Je t'ai dit, tout à l'heure, que mon regard s'étendait de par le monde et que ma main pouvait guider ou arrêter quiconque, en quelque lieu que ce fût. Tu n'as peut-être pas compris la portée de ces paroles.

Elles signifient que je possède un pouvoir à peu près sans limites sur ceux de notre cause. Je t'ai choisi, entre beaucoup, pour accomplir certains actes, réglés déjà à l'avance, en mon esprit, actes conformes à tes idées et destinés à réveiller quelque peu l'apathie sociale. Par ce fait, je t'ai donc accordé quelque confiance ; je peux alors m'exprimer librement devant toi.

Les idées d'Emeline sont les miennes, avec cette différence que si elle hait la société dirigeante, moi je l'exècre ! Que si elle veut convaincre par le raisonnement et l'apostolat, je veux terroriser par l'audace ! Que si, prise d'une pitié suprême pour toute animalité, elle répugne à détruire, je suis prêt à sacrifier des milliers d'existences pour la régénération sociale !

Moi aussi j'ai souffert, cruellement, plus encore qu'Emeline. J'ai éprouvé toutes les tortures de l'âme, autrement terribles que celles du corps ! J'ai vu de plus près les appétits bestiaux des grands de la terre, leur sauvagerie, sous l'enveloppe polie qui leur sert de masque, l'aberration de leurs esprits, leurs désirs immodérés, mobiles de toutes leurs actions ! Et je les hais, ces grands, ces bourgeois, ces possesseurs de la fortune publique !

Je les hais, parce qu'ils n'emploient la puissance de leurs noms, de leurs richesses, de leurs situations qu'à la satisfaction des sens ! Ils sont les conquérants constants d'un peuple constamment vaincu : les pauvres, les déshérités !

Peut-être un jour te dirai-je mon histoire.

Je suis homme !... La nature m'a heureusement doué du cerveau capable de concevoir grandement et de l'énergie nécessaire à l'exécution de mes conceptions !

J'ai voulu me venger ; j'ai agi !

A cette heure, je suis l'âme, entends-tu, d'une immense société étendue sur l'univers, poussant ses rejetons sans trêve et ne souffrant nullement de quelques branches coupées çà et là ; le tronc est trop vivace !

Cette association, je la dirige dans l'ombre ! Tu es l'un de ses membres, et si je te parle ainsi, c'est assurément que je n'éprouve nulle crainte de trahison de ta part.

Arrêté, tu pourrais gloser à volonté sur mon compte ; je n'en ai cure !

Je t'ai choisi, je le répète, pour travailler à Paris. Encore une fois chacun à son rôle bien défini. En Amérique, j'ai des hommes qui suivent mes instructions, ils n'ont pas besoin de ton aide. Si, au contraire, je t'ai choisi pour travailler ici, c'est que je considère tes services comme parfaitement utiles. En ce cas je ne peux admettre ton départ.

Si tu passais outre, ma main ne serait pas longtemps à l'atteindre.

Tu te souviens de Pawdleski et du général Séliverstoff, le dernier que nous ayons atteint, parmi nos ennemis, en attendant les autres.

— Ah ! oui.

— Le général Séliverstoff était un des adversaires les plus acharnés des nihilistes russes, et de plus un de ceux ayant aidé à mon malheur. Ne pouvant l'atteindre en Russie, je profitai de son séjour à Paris pour lancer sur lui Pawdleski, une de ses anciennes victimes. Pawdleski ne manqua pas son coup, il parvint jusqu'au général Séliverstoff, qui prononça lui-même son arrêt de mort en lui faisant la honteuse proposition d'entrer parmi ses mouchards; Padleswki indigné l'abattit d'un coup de revolver. Grâce à notre concours, il put s'évader dans les conditions que tu as connues. Je trompai, du reste, facilement la police, par le moyen que j'employai pour l'exécution de cette évasion, et sus la faire opérer sans paraître m'en mêler.

Tu n'ignores pas que Pawdleski s'enfuit aux Etats-Unis. Je vais te prouver l'étendue de mon pouvoir.

Pawdleski, hors de danger, eut soudain la pensée d'échapper à mon autorité... il se croyait hors de portée et s'imaginait s'être dérobé pour toujours, et conserver ou détruire les pièces très importantes qu'il s'était procurées sur mes indications.

Je l'ai fait tuer par un détective, un de mes hommes qui ne l'a quitté d'un instant; dès mon signal, il lui a brûlé la cervelle. C'est ainsi que je traite les rebelles! On a cru à un suicide. Non, c'était une exécution !

Ravachol considérait Dowpotchine avec une terreur qu'il ne cherchait pas à cacher.

— Vous !... Pawdleski !... C'est vous qui !...

— Oui. Veux-tu partir en Amérique malgré ma volonté ?

— Non !... Ah ! mais non, répondit vivement Ravachol, sans prendre la peine de déguiser son effroi.

— En vérité je ne sais quelle mouche t'a piqué.

— Si vous croyez que c'est amusant de vivre à Paris, avec cette police...

— Allons donc! on dirait vraiment que tu en as peur ! Je te connais trop pour ne pas savoir combien peu tu t'en soucies... Sans doute as-tu une autre cause...

Et Dowpotchine regarda fixement Ravachol.

Celui-ci tressaillit profondément, mais malgré son trouble, il essaya de faire bonne contenance, et ses yeux, un instant, purent supporter l'éclat de ceux de Dowpotchine.

A la fin cependant, il détourna la vue, incapable de résister plus longuement.

— Je... ne sais pas... ce que vous voulez dire!...

Dowpotchine, un étrange sourire aux lèvres, toucha du doigt la poitrine de Ravachol en disant :

— Tu as quelque chose là!... au cœur... Tu éprouves un sentiment qui t'étonne sans doute, et sous son empire tu agis à la façon d'un enfant.

Ravachol s'était reculé, stupéfait, considérant avec des yeux presque hagards cet homme capable de lire si intimement dans son âme.

Il avait dit vrai !

Oui, le terrible anarchiste, l'homme aux conceptions hardies, capable de tous les crimes, inaccessible à la pitié ou au remords, avait senti vibrer son cœur et courbé un instant la tête sous l'empire d'un sentiment tout nouveau pour lui.

Ravachol tout d'abord ne s'était guère ému des personnalités féminines. Il n'y avait attaché d'autre importance que celle du plaisir passager.

A cet égard ses mœurs ne laissaient pas que d'être fort relâchées ; la chronique ajoutait même qu'elles dépassaient les limites de la bienséance et se piquaient d'éclectisme touchant le genre de ses relations.

Il semblait donc étonnant à quiconque connaissait Ravachol, que ce dernier éprouvât l'influence d'un tel sentiment.

Et cependant c'était la vérité.

Depuis la fameuse soirée passée chez Lamberti, après l'assassinat de l'inspecteur de la sûreté, Ravachol avait senti son cœur agité de façon étrange et indéfinissable.

La cause de cet état psychologique n'était autre que Marthe Ricard dont la beauté extraordinaire avait vivement impressionné Ravachol.

Ce dernier, sous l'empire de son émotion, s'était tout d'abord agité confusément, sans pensées déterminées. Puis peu à peu sa situation s'était mieux dessinée, et maintenant, il connaissait exactement son état. Mais, phénomène spécial chez un être aussi peu sentimental que Ravachol, ce dernier éprouvait comme une tristesse indéfinissable, un vague de l'âme et une timidité vraiment extraordinaires.

Dès l'instant qu'il sentit son amour pour Marthe, au lieu d'avoir l'unique pensée de le déclarer, il s'effraya, devint plus hésitant chaque jour et tout timide.

Lui, l'homme aux passions effrénées, il eut peur de cet amour.

Peut-être au fond, mais inconsciemment, il pressentit un danger à s'abandonner ainsi à un pareil sentiment Et peut-être, également, sous l'étreinte de pareilles pensées eut-il l'idée de partir, de s'éloigner, au moins un temps assez long pour oublier.

Et Dowpotchine l'avait deviné !

Cet homme était véritablement extraordinaire de lire ainsi au fond des cœurs.

Ravachol cependant ne voulut pas prendre Dowpotchine comme témoin de l'état de son cœur. Sa fierté se révoltait. Aussi répondit-il :

— Quelque chose là ? mais... eh bien, quand cela serait !

— Tu oublies ton rôle d'anarchiste... pour lequel il faut aux compagnons, une entière liberté d'action. Nul de nous n'a le droit de se laisser aller à des sentiments capables de gêner ses actes ; l'amour doit être banni de nos cœurs. Tout homme qui aime devient un mauvais instrument.

— Mais...

— Il en est ainsi cependant. Je ne saurais admettre qu'on agisse l'esprit troublé par des idées en dehors de l'idée commune...

— Encore une fois...

— Je t'ai dit quelle était ma puissance. Faut-il te répéter que ta vie est entre mes mains?

Ravachol eût un mouvement de révolte.

— Ah! mais, dit-il, jusqu'à ce jour je t'ai obéi, parce que tu me paraissais... cependant l'anarchie n'a pas de chef. Son principe même est de se priver de directeurs. L'idée commune suffit à diriger nos actions.

— Imbécile! Tu t'imagines que l'anarchie erre au gré de quelques individualités! Tu penses comme les bourgeois à qui nous avons conté ces fadaises, pour mieux les tromper et leur faire croire à quelque chose de vague, à l'existence d'une société condamnée à l'avance par cette absence même de direction.

Tu es fou de raisonner ainsi.

Sache encore une fois que l'anarchie n'a pas de nationalité, qu'alliée à toutes les sociétés révolutionnaires actives, elle s'étend sur le monde entier et se meut sous la volonté d'un comité directeur, commandé par un seul homme : moi.

— Mais de quel droit m'imposeriez-vous...?

— Du droit du plus fort. Je te suis supérieur et te tiens en mes mains comme il convient à un instrument destiné à être habilement manié.

— Et, si je me révoltais!

Dowpotchine haussa les épaules.

— Je t'ai cité l'exemple de Pawdleski. Je pourrais te nommer d'autres hommes disparus subitement sur un signe de moi. Tu ne tiens pas plus de place en mes doigts qu'un fétu de paille. Quand je le voudrai, je te briserai : maintenant, dans quelques minutes, demain, plus tard, à ma volonté.

Ainsi donc, je t'ordonne de ne plus songer à cet amour. Au fond, est-il aussi enraciné dans ton cœur que tu le crois? Et puis, tu perds ton temps. Elle ne t'aime pas, ne peut t'aimer, ne t'aimera jamais !

Ravachol poussa un cri d'orgueil froissé.

— Marthe Ricard, continua Dowpotchine, lève trop haut la tête pour abaisser ses regards sur toi. Tu perds vraisemblablement ton temps. Continue ton existence d'autrefois, ne cherche dans la femme que le plaisir passager qui laisse l'esprit libre. Au surplus, telle est ma volonté.

Ravachol eut un rugissement intérieur qu'il n'osa cependant faire éclater.

A écouter Dowpotchine, à entendre ces paroles froidement articulées, il avait éprouvé une sensation de crainte profonde. Il sentait bien l'impossibilité d'une lutte ouverte avec un pareil homme, et il ne songeait même pas, pour l'instant du moins, à le combattre sourdement, si convaincu qu'il était de l'inutilité d'une pareille lutte.

Dowpotchine, le chef des anarchistes, qui avait découvert cet amour, cependant si intime, serait autrement capable de deviner un projet de trahison.

Et puis, il faut le dire, Ravachol répugnait fort à l'idée d'abandonner l'anarchie ou d'en diviser les forces par une lutte intestine.

Il s'inclinait donc, quoique frémissant, et répondit :

— J'agirai selon vos ordres.

Dowpotchine eut à nouveau son étrange sourire.

Il serra la main de Ravachol et se levant :

— Je savais, dit-il, que tu t'inclinerais. Va. Je veille sur toi autant pour te récompenser que pour sauvegarder ta personnalité. En attendant le moment de retourner à Soisy-sous-Étiolles, travaillons à d'autres choses. Je te ferai signe bientôt. Pour l'instant, je te donne congé quelques jours. A bientôt, Ravachol ; avant peu tu recevras de mes nouvelles.

L'anarchiste se retira, accompagné par Dowpotchine qui le reconduisit jusqu'à la porte.

Quand ce dernier revint à son bureau, il remarqua qu'Emeline le considérait avec un sourire railleur.

Dowpotchine, si maître qu'il fût de lui, éprouva un trouble assez visible pour être remarqué, et s'assit sans oser regarder Emeline, qui feuilletait différents papiers, essayant de se donner une contenance.

La nihiliste était trop fine observatrice pour que l'embarras de Dowpotchine lui échappât

Elle sourit à nouveau.

— Dowpotchine, dit-elle, d'une voix lente, d'un ton presque tendre, vous avez menti à Ravachol.

— Emeline !

— Vous avez menti, dis-je, en lui assurant que tout affilié à notre société vit indépendant de son cœur. Le vôtre n'est pas libre.

— Émeline !

— Oh ! je vous ai deviné, comme vous avez su lire dans l'esprit de Ravachol. La belle gloire de découvrir un rival !

— Émeline ! quel mot venez-vous de prononcer ! dit Dowpotchine avec un profond dédain.

— J'ai dit un rival. Il en est de petits et de grands, tous se ressemblent.

— Bah. Celui-ci...

— Ainsi, continua Émeline, en hochant la tête, vous aimez cette Marthe Ricard ! C'est là la cause de votre gêne devant cette jeune fille. Chez Lamberti vous avez froncé le sourcil à sa vue, le soir où elle est venue me rejoindre après l'assassinat de ce malheureux agent ; et vos plaintes dans le tramway, au retour... A d'autres indices, déjà, j'avais pressenti l'état de votre âme, aujourd'hui je suis fixée. Vous aimez Marthe Ricard !

Dowpotchine resta quelques instants silencieux, réfléchissant.

— Marthe ! dit-il, en relevant la tête. Pourquoi me l'avez-vous présentée ?

— Je l'ai connue dans une société où je pouvais à l'aise l'étudier ; j'ai lu dans son âme. Cette jeune fille qui possède les plus précieuses qualités, était, presque sans s'en douter, l'une des nôtres, avant même de connaître l'anarchie. Je ne pouvais négliger une pareille recrue. Dowpotchine, il ne faut pas aimer. Je reprends votre théorie : ne vous liez ni le cœur ni le cerveau, ce serait vous enchaîner les mains.

— Eh ! sais-je seulement si je l'aime ! s'écria Dowpotchine d'une voix vibrante.

Et éclatant de rire, d'un rire sauvage,

— Moi aimer !... J'ai aimé... Autrefois... Il y a longtemps, une douce et belle enfant !... J'adorais cette fiancée de mon âme !...

Elle était frêle comme le roseau, douce, belle entre toutes... Moi, l'homme fort, je me courbais de toute ma puissance devant elle !... Je l'effleurais à peine de mes doigts tant j'avais peur de la briser !... Je lui parlais le langage le plus pur de l'amour, le plus chaste, si bien je craignais d'effaroucher sa pureté virginale et d'amener la moindre rougeur à son front. Je ne vivais que pour elle, refoulant les ardeurs sauvages de mon caractère, pris d'une immense timidité, oublieux de tout, mon âme fondue dans la sienne !

J'aimais !...

Et cette fleur si délicate doucement bercée sur sa tige frêle par le souffle embaumé des régions éthérées, un homme vint qui l'arracha violemment, tordit sa tige dans ses doigts sacrilèges ! détacha grossièrement ses pétales, une à une, et son désir satisfait, jeta la fleur au vent !

Dowpotchine eut un nouveau rire plus sauvage encore.

— Ah ! le misérable, je l'ai tué !.. et je ne me crois pas quitte envers la société des grands, des puissants, à qui appartenait cet homme.

Depuis je n'ai plus aimé !

Comme Ravachol, j'ai considéré la femme sous un autre point de vue, et sauf vous, Émeline, vous qui n'êtes même plus une femme mais mon compagnon, mon aide, je ne les vois qu'à leur place réelle dans l'humanité. La seconde, bien après celle de l'homme; aimerais-je Marthe?..

Non! En vérité, je serais bien fou. Et cependant j'éprouve d'étranges frissonnements à sa vue, et parfois mon cœur bat de façon inaccoutumée à son souvenir!

Eh bien oui, c'est peut-être, et sans me 'expliquer, une jalousie instinctive, qui m'a fait parler ainsi à Ravachol. Oui, je le sens, ce sentiment était plus puissant que les autres. Et cependant je ne crains guère Ravachol. Au surplus il me serait si aisé de le supprimer.

— Dowpotchine, oubliez-vous vos devoirs! Vous avez mieux à faire qu'à vous laisser aller à ces sentiments trop humains. La société souffre par le fait de quelques-uns de ses membres. Nous avons comme mission la régénération humaine. Travaillons.

Dowpotchine courba la tête.

— La régénération humaine, murmura-t-il, phrase creuse, la vengeance constante, la destruction d'une société lâche et repue! Voilà qui est plus précis, après on verra!

Marthe Ricard, dont Ravachol, Émeline et Dowpotchine venaient de s'entretenir en ce moment, était une magnifique personne, âgée de dix-neuf ans, dont la beauté sévère présentait un caractère attractif des plus puissants.

C'était une jeune fille fort instruite, parlant très purement plusieurs langues, d'une intelligence supérieure, et d'une volonté absolue.

Très riche, sans parents que quelques cousins éloignés, elle vivait seule avec une vieille gouvernante l'ayant élevée après la mort de son père et de sa mère. Marthe n'avait pas fait la connaissance d'Émeline par hasard.

C'était, au contraire, par l'effet d'une décision nettement prise, que les deux femmes s'étaient rapprochées l'une de l'autre.

LES COMPAGNONS DE RAVACHOL
Par Pierre Delcourt et J. H.

Le commissaire regarda sous le lit.

Reproduction interdite

Liv. 2

Chez MOROT, Éditeur, 40, rue Laffitte, Paris.

M⁽ᴵᴵᵉ⁾ Ricard, en effet, pour des raisons puissantes, qu'on connaîtra dans le courant de ce récit, avait voulu, subitement, être admise dans la société anarchiste, non parmi les soldats, mais au milieu des chefs.

Comment connaissait-elle l'existence d'Emeline? De quelle façon avait-elle appris sa cohabition fraternelle avec Dowpotchine? Qui l'avait renseignée sur la vie de ce dernier?

Sans doute l'apprendrons-nous plus tard.

Toujours est-il que la jeune fille s'arrangea de manière à se trouver en présence d'Émeline et à plaire à la nihiliste.

Elle sut si bien lui parler des sociétés souffrantes et la toucher par ses théories rénovatrices, qu'Émeline n'eut de cesse de la présenter à Dowpotchine.

Ce dernier était observateur.

Il ne put lire néanmoins au fond de l'œil de Marthe, quand son regard se croisa pour la première fois avec celui de la jeune fille. Mais, sous les traits calmes et résolus de M⁽ᴵᴵᵉ⁾ Ricard il put deviner la tempête animant furieusement le cerveau de Marthe.

Cette dernière s'attacha singulièrement à Émeline, vivant dans son intimité, mettant tous ses soins à capter sa confiance et s'arrangeant le plus souvent pour se rencontrer avec Dowpotchine.

Elle fut naturellement et bientôt mise au courant des secrets de la société.

Nous avons vu, chez Lamberti, qu'on ne lui cachait rien des expériences pratiquées pour la recherche du meilleur explosif.

Marthe avait-elle deviné cet amour de Dowpotchine pour elle ou, pour dire vrai, cette impression sur le cœur du terrible nihiliste?

Il est difficile de répondre.

Jusqu'à ce jour la jeune fille n'avait pas varié dans son attitude calme, dédaigneuse presque.

Bien qu'elle parût rechercher de préférence la société de Dowpotchine, rien n'indiquait les causes de cette préférence.

Marthe Ricard n'avait, avec les autres, guère de relations, que celles, toutes de hasard, provoquées par les réunions imprévues pour la tenue de conseils.

Cependant, Marthe avait fait exception en faveur de Lamberti et de Ravachol, à qui elle semblait s'intéresser davantage. Et encore Ravachol n'arrivait-il qu'au dernier plan dans cet intérêt.

Sans doute, la jeune fille, en agissant ainsi, avait un but plus précis et comptait ces deux hommes comme des coefficients importants, capables d'être utilisés pour l'idée mystérieuse qui la faisait agir.

Si Dowpotchine ignorait exactement l'état de son cœur, si Ravachol un instant trompé sur le sien, hésitait presque maintenant à aimer Marthe, il était un homme, qui lui, s'avouait entièrement sa passion pour Mlle Ricard.

Nous voulons parler de Lamberti.

L'Italien s'était senti pris d'un amour fou pour cette nouvelle venue, passion ardente, le torturant lui ravageant le cœur, le rendant malheureux.

Loin de la jeune fille, il l'enlaçait follement par la pensée, se mourait d'amour pour son fantôme !

Près d'elle il perdait la voix, n'osait plus parler et se fût trouvé incapable de risquer même une allusion relative à l'état de son cœur.

Mais son trouble était suffisant pour indiquer nettement cet état. Nul doute que Marthe ne l'eût deviné.

Et cependant Marthe Ricard paraissait absolument indifférente, inconsciente même ; elle ne semblait nullement soupçonner l'état psychologique de Lamberti.

Et cependant, un observateur attentif eût remarqué, chez la jeune fille, de ces menus riens, échappant à un regard superficiel, mais très propres à surexciter davantage une passion du genre de celle de Lamberti.

En outre, si Marthe accordait quelques soins à Ravachol, elle semblait s'attacher davantage à l'Italien.

Ravachol, quelques jours après sa conversation avec Dowpotchine et Emeline, se trouvait en compagnie de Lamberti, au domicile de ce dernier, occupé à des expériences ayant pour but d'augmenter la force explosive de la nitroglycérine, quand Marthe apparut.

La jeune femme ayant en sa possession une clef, que lui avait fournie le coiffeur, pouvait pénétrer chez ce dernier à toute heure.

Les deux hommes eurent le même tressaillement, plus vif cependant chez Lamberti.

Ravachol, après sa conversation avec Dowpotchine, s'était senti quelque peu ébranlé, nous l'avons déjà dit, non que cette impression étrange faite sur son cœur par Marthe eût disparu.

Reprenant ses habitudes d'indépendance, Ravachol s'était laissé aller à un sentiment instinctif de révolte contre une force imprévue le courbant malgré lui : celle de l'amour.

Et voici qu'au moment le plus inattendu cette femme apparaissait devant lui, à nouveau.

Il avait cru peut-être s'affranchir de son souvenir, de sa puissance.

Et elle surgissait provoquante davantage.

Ravachol, en apercevant Marthe, eut conscience qu'elle allait reprendre sur lui son empire et peut-être dans son tressaillement y eut-il comme une sorte de regret de retomber en puissance de femme.

Marthe, au premier coup d'œil, avait surpris l'émotion des deux hommes et constaté leur différence d'impressions.

Cela la surprit et la fit examiner avec plus d'attention Ravachol.

Avec son flair tout féminin, elle devina l'état d'esprit de ce dernier, et eut un sourire étrange.

La jeune fille eut, en apparence, pour eux un sourire égal; sa voix dans le souhait qu'elle leur donna, sembla égale pour chacun et ne s'adressa pas plus à l'un qu'à l'autre. Mais en réalité, Marthe divisa ses prévenances en faveur de Ravachol.

Si habilement que fût fait ce partage, il parut que Lamberti en soupçonna le défaut d'équité; il eut un mauvais regard pour Ravachol, lueur sanglante de l'œil que ne surprirent ni l'anarchiste ni Mlle Ricard. Quant à Ravachol, tout ébloui, il oublia entièrement ses projets de résistance et sentit son cœur battre à nouveau profondément.

Marthe tendit la main aux deux hommes et sentit frémir dans la sienne celle de Ravachol. La jeune fille fut alors reprise de ce sourire étrange qu'elle avait déjà eu en constatant l'état d'esprit de l'anarchiste à son arrivée.

Marthe Ricard s'enquit, sans préambule, de l'occupation des deux hommes, et parut fort satisfaite d'apprendre qu'ils étudiaient toujours les explosifs.

Sans s'en douter, Ravachol et Lamberti, fort empressés auprès de Marthe, ne pensaient plus à l'anarchie ni à leurs études. Ce fut la jeune fille qui les remit, sans affectation, sur ce chapitre.

— Ainsi, demanda-t-elle, en examinant les travaux de Ravachol, on ne trouve pas de dynamite ?

— Je ne sais ce qu'Isambert, Legrand et Vanoff ont pu faire, s'empressa de répondre Ravachol, mais j'ai été sur le point d'en apporter une quantité plus que suffisante.

— Ah !

— Oui. J'avais découvert un dépôt à Soisy-sous-Etiolles.

Et Ravachol raconta à Marthe la déconvenue de son premier voyage.

L'anarchiste, enflammé par la présence de la jeune fille, avait repris, sous l'empire de cette nouvelle passion, son ton d'orateur de club et sa pose théâtrale des grandes circonstances. Pour mieux se camper devant Marthe, il affectait de narrer aimablement, cherchant ses phrases, les ciselant, les ponctuant parfois d'éclats de rire.

Il posait, aimablement, repris de ses allures de bel homme, fantoche se regardant au sérieux dès qu'il n'était plus en présence de Dowpotchine, plein de satisfaction de lui-même, hâbleur et exagérant sur tout pour mieux accentuer son rôle.

Lamberti se laissant prendre à la faconde de Ravachol, eut un mouvement jaloux à la pensée que ce rôle d'acteur pouvait impressionner agréablement Marthe.

Il se trompait.

La jeune fille avait percé à jour l'anarchiste, et souriait, de ce même sourire étrange, en l'écoutant parler. Des lueurs imperceptibles s'échappaient parfois de son regard ; ses lèvres avaient aussi de rapides contractions. Et cependant Marthe semblait écouter avec une sorte d'entraînement magique, et subir l'agréable influence du narrateur.

Quand Ravachol eut terminé, la jeune fille lui demanda :

— On dit cependant, Ravachol, que vous êtes un homme heureux.

— Heureux ?...

— Dans vos opérations... Quelques-unes ont eu du retentissement. Ne serait-ce que votre... affaire de Chambles ?

Ravachol se rengorgea.

— Oui, dit-il, mais mon habileté... Si le parti anarchiste avait beaucoup d'hommes de ma trempe...

— Est-il bien vrai, Ravachol, interrompit Marthe, en posant sa main sur le bras de ce dernier, que vous ayez... supprimé l'ermite uniquement pour le bien du parti anarchiste.

— Comment ? dit Ravachol, en prenant un air de circonstance, et les 30,000 francs du vieux, ne les ai-je pas remis aux compagnons de Saint-Étienne ?

— Qui vous en ont laissé 6,000...

— Pour continuer mes travaux. Et puis je les avais bien gagnés.

Marthe ne répondit pas et parut réfléchir quelques instants.

— Pourquoi donc le commissaire de police qui vous avait arrêté après cette.. affaire de Chambles, vous a-t-il laissé échapper ? demanda-t-elle en fixant Ravachol.

Ce dernier eut un mouvement imperceptible qu'il réprima aussitôt et répondit d'un ton déclamatoire :

— Laissé échapper ! mais c'est une erreur, c'est moi qui l'ai proprement roulé !...

Puis s'interrompant, changeant subitement de ton et éclatant de rire :

— Vous disiez, mademoiselle, que j'étais heureux dans mes opérations. C'est vrai, du moins jusqu'à ce jour. Écoutez cette histoire ; elle prouve ma veine. En même temps elle vous établira qu'on ne m'a pas laissé échapper. Vous allez le voir, mon commissaire de police me cherchait toujours.

Après mon évasion, et avant de me cacher chez Béala, j'avais trouvé un domicile chez des amis, à Saint-Étienne. L'homme vivait avec une femme mariée.

Le surlendemain de mon arrivée, un matin, mon commissaire de police arrive dans le logement. Je me crois perdu, j'étais couché ; je feins de dormir et je ne bouge pas.

Alors j'entends le commissaire s'adresser à mon ami et lui annoncer qu'il venait procéder à un constat d'adultère.

— Faites donc, répondit mon ami.

Le commissaire écrivit assez longuement. Tout en écrivant il examinait et furetait du coin de l'œil, cherchant évidemment autre chose. Puis, quand il eut fini de paperasser, il s'approcha de mon lit et se pencha pour regarder dessous.

Je faisais toujours semblant de dormir.

J'entendis le commissaire demander en se relevant :

— Qu'est-ce que c'est que celui-là ?

Mon ami répondit tranquillement :

— Oh ! c'est rien, mon commissaire, c'est Léon, un copain.

Le commissaire n'en demanda pas davantage et fila. Jugez si mes amis et moi nous nous amusâmes.

Le plus beau c'est que, le soir, mon ami rencontra le commissaire qui lui dit :

— Savez-vous pourquoi je suis allé chez vous ce matin ?

— Bien sûr, pour constater que je demeurais avec Mme R...

Le commissaire cligna de l'œil d'un air malin et répondit :

— C'était un prétexte, je peux vous le dire à présent, je pensais y pincer Ravachol.

Ce dernier partit à nouveau d'un formidable éclat de rire à ces mots qui terminaient sa narration.

— En effet, répondit Marthe, en souriant, ceci constitue une heureuse chance. Je le répète, vous êtes coutumier du fait. Dowpotchine m'a appris combien aisément vous avez échappé, ces jours derniers, rue Cortot, à une perquisition de police... Vous trouverez de la dynamite à Soisy-sous-Étiolles... Ce M. Hardincourt ne laissera pas longuement son dépôt vide... Je connais Legrand, Isambert et Vanoff ; ils n'ont pas votre habileté...

Ravachol rougit de plaisir sous le compliment ; Lamberti eut à nouveau une fauve lueur dans le regard.

Marthe se retourna tranquillement vers l'Italien, et, comme si elle eût voulu imposer silence à cette jalousie naissante du coiffeur, elle lui dit de sa voix la plus aimable, en lui souriant de l'œil :

— Mon cher Lamberti, montrez-moi donc votre travail.

La jeune fille se leva, et sans affectation, abandonna Ravachol pour l'Italien qu'elle entretint de la façon la plus amicale, le charmant de son empressement et de mille riens que l'homme amoureux recherche avec un empressement inquiet et attend sans cesse de la femme qu'il aime.

Marthe Ricard resta plus d'une heure en compagnie des deux anarchistes, s'entretenant avec eux de tout ce qui était relatif aux travaux, auxquels ils se trouvaient en ce moment occupés.

Enfin elle se prépara à partir.

— Revenez-vous à Paris, Ravachol ? demanda-t-elle.

— Oui, mademoiselle.

— En ce cas, me servirez-vous de compagnon de route ?

— J'allais vous le proposer. Nous ne faisons rien de bon aujourd'hui, Lamberti et moi; ça ne va pas, les expériences.

— Partons, alors.

Lamberti fit un mouvement pour s'élancer au devant de Ravachol, prêt à sortir, mais Marthe se retournant vers le coiffeur de la façon la plus naturelle, lui prit la main et dit, de sa même voix douce, enchanteresse, et malgré cela empreinte d'une singulière autorité :

— Demeurez, Lamberti; votre poste est ici ; au revoir, mon ami.

Sous le regard de Marthe, le coiffeur tressaillit vivement, il courba la tête et ne répondit pas; sa main répondit fébrilement à la pression des doigts de la jeune fille.

Ravachol, fou de joie d'être le compagnon de Marthe, enflé de vanité, sauta sur son chapeau, se coiffa prestement, et s'effaça pour laisser passer la jeune fille.

Celle-ci salua une dernière fois Lamberti en le regardant de façon particulière, et prit congé de l'Italien.

Dans la rue, l'anarchiste oublia tout pour ne vivre que de sa joie et de sa vanité d'homme en bonne fortune.

Exagérant cette dernière situation et s'imaginant sa réalité, il pavanait tout rempli d'orgueil d'accompagner une femme comme Marthe Ricard, dont la distinction naturelle n'était pas sans l'éblouir. Il lui fallait de grands efforts pour ne pas exagérer même son bonheur, ce qui ne l'empêchait pas de sourire à tous et de regarder chaque passant comme pour le prendre à témoin de son heureuse situation.

En même temps il babillait étourdiment, accentuant son rôle de beau parleur.

Cependant, quels que fussent sa faconde et son aplomb, il se bornait à des généralités et n'osait dépasser, dans la conversation, les limites de la banalité, en matière de compliments. Son courage se glaçait à l'instant de risquer une déclaration amoureuse.

C'est qu'en effet, si prévenante que parût être la figure de Marthe, on pressentait, à l'examiner plus attentivement, une réserve froide, hautaine, aristocratique, devant laquelle toute tentative hasardée devait échouer.

Au fond de son regard charmeur, on devinait l'éclair du courroux prêt à jaillir. Les lèvres sans cesse souriantes, paraissaient toujours disposées à se contracter en un pli méprisant.

En réalité, tout fier et glorieux qu'il fût d'une telle compagnie, si réveillé et augmenté qu'il sentît son amour pour Marthe, Ravachol était plus qu'intimidé devant la jeune fille, il avait peur de cette dernière.

Et, cependant, jusqu'à ce jour l'anarchiste n'avait craint personne, les femmes moins que tous autres.

Tout en marchant pour regagner la gare de Saint-Denis, Marthe entretenait son compagnon de choses uniquement relatives à l'anarchie ; bien vite elle avait écarté les propos badins de Ravachol et ramené la conversation sur un sujet sérieux.

Force avait été à l'anarchiste de s'incliner, non sans un soupir de désappointement.

La jeune fille le questionnait habilement sur son passé. Elle l'amena, par d'habiles transitions, à raconter son existence écoulée, et fournir les plus amples détails sur ses crimes.

En chemin de fer, cette conversation fut forcément modifiée par la présence des voyageurs, voisins des deux compagnons.

Ravachol ne voyait pas sans inquiétude arriver le terme du trajet.

A Paris, quelle conduite tiendrait-il ?... Prendrait-il congé de Marthe ? La conduirait-il jusqu'à sa demeure ?

La jeune fille, jusqu'alors, ne lui avait pas fait connaître son domicile.

Demander à Marthe Ricard de l'amener jusqu'à sa porte, ne serait-ce pas essuyer peut-être un refus, ce qui le désolerait fort ?

La suivre, alors ?

Ravachol n'aurait eu aucun scrupule à le faire. Mais, si elle s'en apercevait ?

Certainement la jeune fille ne lui pardonnerait.

Demander à la revoir seule, en quelque endroit que ce fût ?

C'était réclamer un rendez-vous, déclarer son amour.

Oserait-il ?

Et cependant il le fallait, au cas où Marthe se séparerait de lui à la sortie de la gare.

Ravachol en était à ce point de ses réflexions, quand le train s'arrêta.

Il sauta le premier à bas du wagon, tendit sa main à Marthe Ricard, et se sentit délicieusement troublé, en entendant la jeune fille lui dire :

— Voulez vous m'accompagner, Ravachol ?

Elle ne le quittait pas !

Ce fut tout en tremblant qu'il obéit à ce désir, et d'une voix fort peu assurée qu'il dit :

— Ah ! mademoiselle .. Quel plaisir... Si vous saviez... Mais, où voulez-vous que nous allions ?...

Marthe eut un regard d'une seconde pour Ravachol, regard en dessous, tout empli à la fois de lueurs fauves et d'un profond mépris, regard que l'anarchiste ne remarqua pas.

— Mais, chez moi, répondit-elle, un sourire charmant aux lèvres.

— Chez vous !...

— Chez moi. Auriez-vous peur de m'y accompagner, par hasard ?

LES COMPAGNONS DE RAVACHOL
Par Pierre Delcourt et J. H.

Simon joignit ses efforts à ceux de Béala pour retenir Ravachol.

(Reproduction interdite.)

René MOROT, Éditeur, 40, rue Laffitte, Paris.

Liv. 9

— Peur !... Moi !... Par exemple !... Moi qui !... je ne crains rien... sauf de vous déplaire.

— Très bien. Alors vous... ce n'est point la peine de nous entretenir dans la rue de telles choses.

Ravachol s'arrêta brusquement, agréablement surpris.

— Eh ! quoi, s'écria-t-il, auriez-vous à me demander... à me parler...

— Mais oui, fit en souriant Marthe. Je vous mène chez moi à cette intention. J'ai en effet à causer sérieusement avec vous.

— Ah ! mademoiselle !... par avance...

— N'oubliez pas, Ravachol, reprit la jeune fille en se remettant en marche, que vous venez d'assurer ne craindre rien que de me déplaire.

— Et je le répète.

Ravachol commençait à mettre trop de feu à sa conversation.

Marthe, toujours maîtresse d'elle-même, réfréna sans peine la trop grande expansion de son compagnon et remit la conversation, provisoirement, sur des sujets forçant Ravachol à demeurer dans les limites du calme.

Enfin les deux personnages s'arrêtèrent devant une maison de la rue Lamartine.

— Nous sommes arrivés, dit la jeune fille, permettez que je vous conduise.

Ravachol, très ému, suivit sa conductrice et pénétra derrière elle dans un appartement petit, tout mystérieux, enveloppé dans un demi-jour, et arriva en un boudoir, discrètement éclairé, meublé de quelques sièges, d'une chaise longue, les murs ornés de deux ou trois tableaux, et contraste étrange en un logis de jeune fille, d'une panoplie d'armes.

Il régnait en cette pièce un parfum subtil, montant aussitôt à la tête, agréablement, rendant les idées gaies, rieuses, en même temps qu'il détendait les nerfs.

Ravachol se laissa aller sur un siège, et se prit à regarder Marthe allant et venant dans le boudoir, détachant son chapeau, le jetant sur un meuble, enlevant ses gants et les laissant tomber sur un siège.

Il était tout ému, fort embarrassé, timide et gêné comme un écolier.

Enfin, Marthe s'assit sur la chaise longue, dans une pose nonchalante, et regarda Ravachol, son regard rivé sur le sien, les mains croisées.

— Ainsi, Ravachol, dit-elle d'une voix enchanteresse, votre seule crainte serait de me désobliger?

Ravachol tressaillit à nouveau à cette demande.

Il regarda presque timidement Marthe.

Elle lui parut plus belle encore et désirable davantage. En ce moment le sauvage anarchiste, l'homme prêt à accomplir toutes sortes de crimes, pour la satisfaction de ses passions, ce personnage cynique empli d'une farouche audace, se sentait sans énergie devant cette jeune fille.

Il subissait son influence de la façon la plus complète.

Il répondit, presque en balbutiant.

— Certainement... mademoiselle... Ce que vous voudrez, je le ferai.

S'enhardissant un peu, il s'approcha de Marthe, sans que la jeune fille fît un mouvement, lui prit la main et la pressa dans les siennes avec un frémissement de bonheur. Il voulut oser davantage, passer son bras autour de la taille de Marthe et l'attirer à lui.

Mais celle-ci, sans que sa figure eût un mouvement, se dégagea tranquillement, à peine d'un léger effort et dit, de sa voix toujours calme.

— Asseyez-vous, Ravachol, et écoutez-moi.

L'anarchiste, malgré sa soumission profonde aux paroles de la jeune fille, ne put réprimer entièrement un geste de colère.

Il avait cru pouvoir entrer plus aisément et rapidement dans les grâces entières de Marthe.

Force lui fut cependant de s'incliner, à son grand regret. Il pressentait en la jeune fille une volonté beaucoup plus décidée qu'il ne l'avait cru.

— Ravachol, fit Marthe, en prenant la main de l'anarchiste et la pressant amicalement, pour corriger le mauvais effet de son éloignement, vous m'aimez donc ?

— Ah ! oui.

— Sincèrement ?

— Je vous jure...

— Des serments !... C'est l'usage dans toute déclaration d'amour.

— Cependant, comment ?...

— Je vous connais, Ravachol, depuis plus longtemps que vous ne croyez. Je sais sous l'empire de quelles passions vous agissez ; j'ai besoin d'un homme comme vous.

— Oh ! mademoiselle, répondit Ravachol avec un geste brutal, vous n'aurez qu'à commander. Pour vous je ferais tout !... Que m'importe de tuer, de voler !.. Est-ce la fortune que vous voulez ? J'ai déjà fait de la fausse monnaie, je continuerai... Je tuerai bien aussi quelque bourgeois pourri pour vous apporter son argent !...

— Je suis riche, répondit simplement Marthe.

— Riche ! exclama Ravachol. Eh bien ! tant mieux !... Ça me va ! Vous me viendrez en aide ainsi qu'aux compagnons !... Car j'aime l'anarchie, moi ! Je veux la destruction des bourgeois ! Je veux le bonheur pour tous !... Alors pourquoi avez-vous besoin de moi ?... Une vengeance ?

— Oui ! dit Marthe d'un ton rauque.

Et ses yeux eurent un éclair farouche.

— Oui, répéta-t-elle, une vengeance !

— Ah ! laquelle ? racontez-moi... Je suis votre homme.

— Plus tard. Le moment n'est pas encore venu. Et puis j'ai besoin .. Je veux m'assurer davantage de votre sincérité... de votre amour... Mais causons un peu de Dowpotchine.

CHAPITRE VI

Le Commissariat de Clichy

Reprenons la suite des événements.

Nous savons que Ravachol et ses compagnons avaient transporté chez Lamberti, la dynamite volée à Soisy-sous-Etiolles, et nous connaissons les prescriptions de Dowpotchine à ce sujet.

Quelques jours après, celui-ci vint un matin à la maison de la rue Cortot.

Béala, Mariette et Ravachol s'y trouvaient.

Comme toujours, Ravachol s'empressa auprès de Dowpotchine, très attentif à ses paroles, et fort soumis d'allures. Béala et sa maîtresse imitaient la conduite de leur hôte.

La venue de Dowpotchine devait certainement avoir pour cause une raison importante, car cet homme que les anarchistes considéraient comme leur chef, ne les avait pas habitués à venir les trouver sous des prétextes futiles.

Mais fort soumis et respectueux devant lui, ils n'osèrent l'interroger et attendirent qu'il s'expliquât.

Dowpotchine exquissa un sourire de satisfaction orgueilleuse en remarquant leur attitude.

Mais il n'entrait pas dans ses projets d'abuser d'une pareille prépondérance par une attitude mystérieuse ou réservée. Désireux de mettre à l'aise les compagnons immédiatement, il s'assit familièrement au milieu d'eux, et leur parla sans préambule du vol de dynamite accompli à Soisy-sous-Etiolles quelques jours auparavant.

— Ce n'est pas tout que d'avoir de la dynamite à notre disposition, s'écria-t-il.

Il faut maintenant songer au moyen de la bien employer.

— Parbleu! s'écria Ravachol. Je voudrais les faire sauter tous! Ces bourgeois ont besoin d'être un peu terrorisés pour écouter enfin les revendications des ouvriers.

Dowpotchine sourit et frappa sur l'épaule de Ravachol.

— Oui, tu as raison, ce sont de bons principes, les seuls vrais et capables d'être répandus; ils répondent à l'idée que nous nous faisons de l'anarchie. Ah! les bourgeois, les riches, les puissants!... Mais revenons à ce qui doit nous préoccuper tout d'abord, c'est-à-dire la vengeance. Il faut songer désormais à Decamps, à Léveillé et à Dardare, nos amis arrêtés et maltraités lâchement par les policiers de Levallois-Perret pour leurs principes anarchiques, martyrs de la police et de la justice, condamnés par les juges, éternels défenseurs des bourgeois.

A ces mots, Ravachol parut se transformer. Il se redressa plein de fureur, le poing tendu vers un but imaginaire et s'écria :

— Je ne connais ni Decamps, ni Léveillé, ni Dardare ; j'étais à Saint-Étienne au moment de leur arrestation. Mais là-bas j'ai lu tous les détails de cette affaire, et ça m'a révolté. Canailles d'agents! ils ont ligotté les compagnons, les ont frappés jusqu'à ce qu'ils aient perdu connaissance, même pendant deux jours on leur a refusé de l'eau pour laver leurs plaies.

— Ce n'est que trop vrai.

— A Saint-Étienne, poursuivit Ravachol, en lisant ces choses-là, ça m'a mis tout en colère. Ah ! nous allons les venger! Ça me va.

J'ai souvent réfléchi. Il me semble qu'il faudrait frapper ceux qui les ont condamnés, ce Benoist, le président de la cour d'assises, qui n'a pas voulu comprendre combien notre cause était juste, et qui n'a pas donné à Dardare et à Decamps le minimum de la peine, comme le verdict du jury l'y invitait.

Il ne faudrait pas manquer non plus cet avocat bêcheur, qu'on appelle Bulot, qui a requis la peine de mort.

— Tu me comprends parfaitement, Ravachol ; il me semble, à t'entendre, que tu lis dans ma pensée. C'est de cela même que je venais vous entretenir tous ici.

— Bravo ! s'écria Ravachol, on va donc pouvoir faire comprendre un peu à ceux qui doivent appliquer les peines, qu'ils ne doivent pas abuser de leur force.

Dowpotchine eut un léger haussement d'épaules, en même temps qu'un ironique sourire.

— Il ne faut pas mettre ses œufs dans le même plat, reprit-il. Nous allons effrayer les bourgeois par doses espacées. Et d'abord ça présente cet avantage de mieux dérouter les soupçons. Écoutez-moi donc attentivement, car c'est vous, Ravachol et Béala, qui allez marcher sur mes indications. Vous vous adjoindrez Simon.

— Biscuit ? demanda Béala

— Oui, Simon de Saint-Ouen, l'ami de Viard. Quoique tout jeune, c'est un gaillard sur qui on peut compter.

— Certainement, dit Ravachol.

Dowpotchine parla longuement, détaillant à ses complices tout un plan de désorganisation sociale et les tenant fort attentifs.

Enfin il se leva, prêt à partir.

— Vous avez bien compris ? demanda-t-il.

— Oui, répondirent les deux hommes.

— Si j'ai insisté sur tous ces détails, si j'ai longuement énuméré la façon dont vous devez agir, si je vous ai bien fait connaître comment vous devez confectionner les bombes, c'est que je dois m'absenter quelque temps pour la cause de l'anarchie qui n'a pas seulement ses représentants en France, mais dans le monde entier. J'ai de graves choses à étudier en

Espagne et en Italie, où je dois rencontrer Pini, dont vous avez certainement entendu parler.

— Je le connais, moi, s'écria Ravachol, ces canailles de bourgeois l'avaient envoyé au bagne à Cayenne. Heureusement, il a pu s'évader. C'est même très drôle la façon dont il s'est sauvé. Il avait réussi à devenir enfant de chœur de l'aumônier.

Il a fait ce métier six mois. Dame, après cela, comme on lui aurait donné le bon Dieu sans confession, il a pu faire ce qu'il a voulu.

Avec lui on peut être tranquille. Les bourgeois en verront de curieuses. Mais ça ne fait rien, je veux qu'on parle de moi avant.

— Je disais donc, poursuivit Dowpotchine, que mon absence peut durer plus longtemps que je ne le voudrais, mettez-vous donc à l'œuvre immédiatement. Si j'ai quelque ordre à vous transmettre, Émeline sera mon intermédiaire.

Au revoir, et n'oubliez pas mes recommandations.

Dowpotchine serra les mains des compagnons, et sortit.

Demeurés seuls, Béala, Mariette et Ravachol se regardèrent.

— Il a raison, s'écria Ravachol. L'anarchie, c'est la mise en commun de tous les biens de la terre, pour permettre à chacun de consommer selon ses besoins. L'anarchie est une grande famille où chacun serait protégé par tous et pourrait prendre ce qui lui serait nécessaire.

— Oui, dit Béala, seulement ce qu'il nous a dit de faire n'est pas commode.

— Comment n'est pas commode? As-tu peur?

Béala protesta contre une telle pensée.

Néanmoins l'anarchiste était d'un autre tempérament que Ravachol. S'il approuvait en principe les moyens violents, il répugnait quelque peu à agir lui-même.

Était-ce réellement par peur ou par une instinctive répugnance des moyens d'actions violents?

Ravachol, lui, était tout le contraire de Béala.

Dowpotchine l'avait bien jugé.

Ce qu'aimait par dessus tout le compagnon anarchiste c'était la lutte vive contre la société et nulle violence ne l'effrayait.

Quant à Mariette, la maitresse de Béala, elle ne disait pas grand'chose, et se bornait plutôt à un rôle passif dans les discussions de ce genre.

— C'est égal, reprit Béala, si nous étions jamais pincés pour avoir fait sauter tous ces gens!...

Ravachol haussa les épaules.

— Il n'y a que les imbéciles qui se font prendre ! dit-il.

Et s'adressant à Mariette.

— Mets de côté soigneusement le papier sur lequel Dowpotchine a écrit les adresses du président et de l'avocat bêcheur.

— Sois tranquille, répondit Mariette. Mais il ne nous a pas dit à quel étage ils habitent.

— Tiens, c'est vrai, Béala, tu iras aux renseignements auprès des concierges.

— Ah! non, pour qu'on me reconnaisse après.

— Tu as déjà la favette...

— Non, la preuve c'est que je t'accompagnerai s'il le faut, mais enfin on est prudent.

— C'est bon, Simon sera moins paresseux.

Les deux hommes s'apprêtèrent à sortir pour se rendre à Saint-Ouen, rejoindre le jeune Simon, dit Biscuit, selon les instructions de Dowpotchine.

Au surplus, il plaisait fort à Ravachol de s'adjoindre ce troisième compagnon réputé pour son énergie.

De son côté, Béala n'était pas fâché d'avoir un aide nouveau, à l'abri duquel il pouvait marcher.

Il lui répugnait fort de se compromettre, mais d'autre part il n'osait ni ne voulait refuser sa participation aux agissements de son ami Ravachol. La participation de Simon, dit Biscuit, avait cet immense avantage pour lui, Béala, de le reléguer au dernier plan et de le transformer en quelque sorte en comparse.

Après quelques recommandations faites à Mariette, Ravachol et Béala quittèrent le logis.

Les deux hommes s'en vinrent prendre le tramway à l'avenue de Saint-Ouen, et descendirent un peu avant d'arriver à la mairie.

Simon était chez lui.

Il salua avec empressement les deux compagnons, dont la venue imprévue lui présageait quelque importante communication, et se mit aussitôt à leur disposition.

Sans préambule, Ravachol apprit au jeune Simon son intention de venger les anarchistes condamnés quelques mois auparavant, par la cour d'assises de la Seine.

Simon, un jeune drôle, d'esprit gouailleur, éphèbe sans vergogne, applaudit frénétiquement à une pareille idée.

Mais loin de l'envisager à la façon de Ravachol et de Béala, il y vit plutôt une révolte gamine contre la société et l'accomplissement d'un acte qu'il approuvait avant tout et sans autre réflexion, pour sa seule brutalité et ses iniques conséquences barbares.

Le jeune Simon éprouvait un âpre plaisir à détruire. Il ne pouvait donc envisager qu'avec joie les terribles conséquences du projet de Ravachol. Aussi accepta-t-il avec enthousiasme l'offre que ce dernier venait lui faire de participer à la vengeance des anarchistes Decamps, Léveillé et Dardare.

— Je n'ai pas voulu le dire à Dowpotchine, dit Ravachol, de peur qu'il ne veuille pas, mais j'ai bien envie de commencer par le commissaire de Clichy.

— C'est une idée, fit Simon.

— Tu sais bien que ces canailles d'agents ont passé à tabac les compagnons.

— Oui, il paraît qu'ils ont été pas mal arrangés.

— Ce serait tout de même amusant de leur rendre la pareille, aux sergots, et de les faire un petit peu danser en l'air.

— Oui, c'est cela.

Les trois hommes se prirent alors à discuter sur les moyens d'action les plus propres pour l'opération projetée.

Il fallait employer judicieusement la dynamite volée à Soisy. Mais là-dessus ils n'étaient pas embarrassés après les minutieuses indications de Dowpotchine.

Ravachol, que nous avons vu travailler chez Lamberti, ne devait pas être très embarrassé de remplir l'office de préparateur d'engins explosifs.

On convint donc de se rendre chez le coiffeur après le déjeuner et de s'y mettre à l'ouvrage.

Les trois hommes se rendirent chez un marchand de vin voisin, y déjeunèrent paisiblement, causant de choses diverses, après quoi ils se rendirent à Saint-Denis, par le tramway passant à quelques pas de là.

L'Italien était à sa boutique, où par extraordinaire il avait un client de passage.

Ravachol, Béala et Simon entrèrent, indifférents en apparence, comme des gens venus réclamer les soins du coiffeur, s'assirent et attendirent que le client fut parti.

Enfin ce dernier s'exécuta, et laissa seuls les quatre anarchistes.

Lamberti fut mis au courant des intentions des trois nouveaux venus. On pénétra dans l'atelier et on se mit à l'ouvrage.

Ravachol commença par demander à Lamberti une marmite en fer de dimension assez faible.

Le coiffeur s'empressa d'apporter cet ustensile.

LES COMPAGNONS DE RAVACHOL
Par Pierre Delcourt et J. H.

Chaumantin remuait le mélange avec une cuiller...

(Reproduction interdite.)

René MOROT, Éditeur, 40, rue Laffitte, Paris.

Liv. 10

Ravachol l'examina avec soin, fit sonner la marmite du doigt et sourit en disant :

— Celui qui l'a faite ne se doutait pas qu'elle cuirait autre chose que du bouillon ; c'est comme pour ma boîte à asperges que j'ai chez moi.

Il posa la marmite sur l'établi et pria Lamberti de lui apporter soixante cartouches, tant de la dynamite volée à Soisy-sous-Étiolles que de la grisoutine apportée de Saint-Étienne.

Quand il eut ces engins, il les disposa dans la marmite en prenant le soin de bourrer les intervalles avec des débris de fer.

— Ça fera de la mitraille, dit-il en éclatant de rire.

Il disposa au milieu des cartouches un peu de poudre et y planta une mèche. Ces différentes opérations terminées, il releva la tête fièrement et regarda ses compagnons en disant :

— Voilà du bon ouvrage !

Et tapant de la main sur la marmite, il ajouta :

— Voilà qui est travaillé ! il ne manque pas de compagnons hardis, mais c'est égal, il n'y en a pas encore beaucoup qui me vaillent pour confectionner un pareil plat.

Ravachol avait raison. Sa marmite, sorte de machine infernale, présentait sur les bombes, dites américaines, l'avantage de la simplicité.

En effet, ces bombes dont nous allons donner l'explication pour bien prouver à nos lecteurs combien notre récit est puisé aux sources les plus authentiques, méritent d'être connues dans tous leurs détails, bien que Ravachol n'ait pas cru devoir les employer.

Mais comme la suite de ce récit nous fera connaître l'usage qu'on a pu faire de pareilles bombes, il nous a paru nécessaire, nous le répétons, de faire cette description.

Ces bombes se rapprochent comme conception d'ensemble de celles employées par les anarchistes de Chicago, c'est-à-dire qu'elles sont automatiques et réglables ; elles éclatent sans mèche et à heure fixe. Elles s'en distinguent par cette importante particularité, qu'au lieu d'être fabriquées de toutes pièces, ce qui exige un outillage et une installation, elles se composent uniquement de matériaux existant dans le commerce courant et qui peuvent être assemblés par n'importe quel ouvrier, ce qui ne rend pas le procédé moins terrifiant, au contraire.

Ce sont des cubes qui mesurent vingt-cinq centimètres de hauteur sur vingt-cinq de long et vingt-cinq de large. L'enveloppe extérieure est constituée simplement par une boite à biscuits, en fer-blanc, qui ne laisse apercevoir sur ses parois, fortement attachées au fil de fer, qu'une boucle formée d'un conducteur électrique isolé par la gutta-percha.

Intérieurement, l'engin est divisé en trois parties : la charge, la batterie et le réglage.

La charge occupe la partie inférieure de la boite jusqu'à huit ou dix centimètres de l'ouverture. Elle se compose de dynamite simplement versée dans la boite. Une seule cartouche grosse comme deux pouces est noyée au milieu de la charge, elle porte à sa partie inférieure un détonateur de cuivre chargé de fulminate dans lequel vient se contourner en deux spires un mince fil de platine inséré dans un circuit électrique. Les deux fils qui complètent le circuit remontent, isolés, vers le haut de la boite et traversent le bourrage posé sur la dynamite.

Très simple, ce bourrage. Il se compose d'un tampon d'ouate sur lequel est placée une forte planchette. Un trou au milieu de cette planchette laisse passer les conducteurs. Le tout est fortement tassé et assujetti par deux tringles de fer qui, entrant à gauche dans la boite, ressortent à droite où elles sont boulonnées.

Enfin, deux coins de bois, forcés entre les tringles et la planchette assurent la rigidité de cet ensemble.

Sur ce « plancher » sont disposés côte à côte le réglage et la batterie.

Cette dernière se compose d'une pile sèche dite pile universelle ; à leur départ de la pile, les conducteurs sont isolés : l'un d'entre eux se rend directement dans la charge, à l'amorce; l'autre ressort d'abord extérieurement, formant la boucle dont nous avons parlé, puis il rentre dans la boîte et s'adapte au réglage.

Ce réglage est fourni par un réveille-matin dit Américain, marchant dans n'importe quelle position et qui a subi quelques mutilations : les aiguilles sont coupées; à la place de la petite aiguille est soudée une autre portion du conducteur toujours isolé, mais dont l'extrémité, mise à nu, dépasse quelque peu la circonférence extérieure du réveille-matin, tandis que l'autre extrémité se rend dans la charge.

A cette circonférence extérieure est fixée l'autre portion du conducteur, retenu en place par deux jarretières de caoutchouc.

Le réveille-matin étant mis à l'heure, l'extrémité du conducteur fixée à sa conférence, est arrêtée en face de l'heure à laquelle doit se produire l'explosion. Le couvercle est placé, la boîte est solidement attachée par des fils de fer en croix et le terrible engin est prêt.

A l'heure marquée, la petite aiguille sera en face du conducteur électrique : le conducteur qu'elle porte elle-même viendra rejoindre l'autre fraction, le circuit sera fermé, dans la capsule le fil de platine rougira, faisant détoner le fulminate qui enflammera la dynamite... et la liste des forfaits anarchistes se sera augmentée d'un crime de plus.

La machine infernale de Ravachol, comme on l'a vu, était plus simplifiée encore.

— Quand allons-nous commencer? demanda Simon.

— Mais le plus tôt possible, répondit Ravachol.

— Est-ce qu'on ne pourrait pas attendre un peu? dit Béala, repris de ses hésitations.

— Attendre quoi? fit Ravachol.

— Mais je ne sais pas... Je...

— Froussard! va! s'écria Ravachol en haussant les épaules Si je ne te connaissais pas aussi bien, je te prendrais pour un bourgeois.

Et frappant sur l'épaule de Béala, il ajouta :

— N'aie donc pas peur, s'il arrive quelque chose je prends tout sur moi. Je me fiche pas mal de ma peau ! Les camarades n'ont rien à craindre, je m'arrangerai de façon à mettre tout sur mon compte.

— Mais .. Ce n'est pas pour cela .. balbutia Béala.

— Quand je pense à ces canailles qui ont passé à tabac les compagnons !.. Je les étranglerais tous si je pouvais.

— Le fait est, dit Lamberti, que nous ne sommes pas des voleurs pour qu'on nous traite comme cela quand on nous arrête. Les bourgeois font exprès de nous dénoncer comme des canailles ; ils savent bien le contraire.

— Oui, dit Ravachol, c'est parce que nous voulons le bonheur pour tous... Mais tant pis pour eux. J'ai dit que nous commencerions par le poste de Clichy...

— Mais oui, il a raison ! s'écria Simon.

— Il faudra emporter cette marmite, fit Béala. Qu'est-ce qui s'en charge ?

— Toi, parbleu ! dit Ravachol.

— Comme cela ? pour qu'on nous remarque...

— Mais non, on l'enveloppera de manière à ce que ça ne paraisse rien d'extraordinaire.

Comme bien on pense, la confection de la machine infernale n'avait pas demandé l'emploi de toute leur après-midi.

L'engin explosif dûment terminé, Ravachol le déposa dans un coin de l'atelier, recommandant à Lamberti une grande surveillance.

Au surplus, cette recommandation était superflue, le coiffeur ayant une perception trop nette de sa responsabilité.

Ravachol, Simon et Béala sortirent, en prévenant Lamberti qu'ils reviendraient à la nuit.

A cette époque de l'année, c'est-à-dire dans les premiers jours du mois de mars, la nuit arrive tôt.

Les compagnons n'avaient donc pas à attendre un temps trop long.

Ravachol, prenant la direction de la marche, conduisit ses amis vers le pont suspendu reliant l'île Saint-Denis au territoire de Saint-Denis.

Simon et Béala, indifférents quant au but de leur promenade, ne firent aucune objection et suivirent leur compagnon sans s'étonner ou l'interroger considérant leur sortie, de quelques heures, comme une flânerie.

Ravachol, au sortir du pont, prit le quai de la Marine et, après quelques pas, s'arrêta devant la maison portant le numéro 2, en disant, le sourire aux lèvres :

— Vous ne savez peut-être pas pourquoi je vous ai amenés ici ?...

— Parbleu ! pour nous promener ! fit Simon.

— Dans un endroit où l'on pourrait causer à l'aise, sans crainte d'être mouchardé, ajouta Béala.

— Ce n'est pas cela, répondit Ravachol. Je vous ai amenés chez moi.

— Chez toi ! fit Béala.

— Parfaitement... Là, au numéro 2... j'ai une chambre où je viens assez souvent.

— Tu ne m'avais pas dit cela ! reprit Béala.

— Pourquoi ?... Ça ne t'aurait pas intéressé... Et puis, c'est Dowpotchine qui m'avait trouvé ce nid, en me recommandant de ne point le faire connaître avant quelque temps... On est bien ici... Tranquillité absolue... Jamais on ne viendra m'y chercher.

Tout en parlant, Ravachol s'était rapproché de la maison.

A l'aide d'une clef tirée de sa poche, il ouvrit la porte de l'immeuble, précéda ses compagnons et les mena à la chambre constituant son domicile.

Béala et Simon regardèrent curieusement l'ameublement, des plus simples, et les différents ustensiles éparpillés çà et là.

Comme dans l'atelier de Lamberti, on trouvait au numéro 2 du quai de la Marine, tout un outillage destiné à la fabrication d'explosifs.

— Dès demain, vous savez, je prends gîte ici, complètement, dit Ravachol.

— Tu n'es donc plus bien à la maison ? demanda Béala.

— Si. Mais je ne peux pas demeurer toujours chez vous, surtout maintenant qu'on va peut-être parler de moi ; je ne veux pas vous compromettre.

— Des bêtises !

— C'est aussi bien dans votre intérêt que dans le mien, et dans celui de tous.

Déjà la police est venue : comment a-t-elle su ?... Si on n'avait pas pris ses précautions... Bref, à partir d'aujourd'hui il va falloir être plus que prudent... Donc je veux habiter chez moi. Et puis, ce ne serait pas la première fois que je t'aurais quitté.

Béala n'insista pas.

Quelques minutes après, la visite de la chambre terminée, les trois hommes étaient à nouveau sur le quai de la Marine, qu'ils arpentèrent en flâneurs jusqu'à la tombée du jour.

La nuit venue, Ravachol donna le signal du départ.

— Allons délivrer Lamberti, dit-il en riant. Il doit crever de peur que la marmite ne saute.

— Dame, fit Béala, c'est pas drôle d'avoir un outil comme cela chez soi.

— Qu'est-ce qu'il a à craindre tant que la mèche n'est pas allumée ? répondit Ravachol.

Les trois hommes repassèrent le pont et furent bientôt de retour chez le coiffeur.

Contrairement à l'assertion un peu risquée de Ravachol, touchant le courage de l'Italien, ce dernier était fort calme et ne semblait guère plus se préoccuper de la machine infernale que si elle n'eût pas existé.

— Rien d'inquiétant ? demanda Ravachol.

— Rien, répondit Lamberti.

La marmite fut soigneusement enveloppée dans deux journaux et ficelée proprement. Ravachol, quoi qu'il en eût dit, ne laissa personne se charger du précieux fardeau, il le prit à la main avec précaution et donna le signal du départ. Les trois hommes retournaient à Saint-Ouen dîner chez Simon.

De là, ils devaient être plus près pour agir!

Le dîner se fit assez silencieusement.

Ravachol était préoccupé, non ému, son cœur étant inaccessible à un sentiment capable d'amoindrir sa volonté, et son passé justifiait suffisamment une pareille force de caractère.

Mais, pour la première fois, il allait employer un mode d'action sinon nouveau du moins peu usuel, et opérer d'une manière à laquelle n'était pas accoutumé.

Aussi avait-il le sentiment de cette nouvelle situation et réfléchissait-il aux moyens de la rendre favorable à ses desseins.

C'était là le sujet de ses préoccupations.

Béala n'était guère plus laconique pour une autre raison.

Il était plus que le compagnon de Ravachol, son ami. Aussi se faisait-il un devoir de l'aider dans la propagation des principes anarchiques qui étaient les siens également, et s'employait-il au mieux pour le défendre contre les recherches de la police.

Mais Béala, s'il partageait les doctrines de l'anarchie, était moins pour leur réalisation par les moyens violents que pour l'extension des idées.

Il avait peur du fait brutal et ne croyait pas qu'il fût suffisant pour frapper l'esprit de la bourgeoisie. Cependant, nous le répétons, son amitié pour Ravachol l'entraînait plus loin qu'il n'eût voulu et le faisait se faire son complice dans l'œuvre de dévastation préparée.

Il en était tout autre de Simon, le plus loquace des deux hommes: un gamin féroce qui envisageait plutôt comme un amusement cruel que comme un acte politico-socialiste, la menace de faire sauter les bourgeois.

Le repas terminé, Ravachol demanda à Simon s'il n'aurait pas un grand carton, une boîte légère dans laquelle on pourrait enfermer la marmite.

Justement le jeune homme possédait un carton assez semblable à ceux dans lesquels les fleuristes enferment leurs échantillons. Il était suffisamment profond pour contenir la marmite et semblait presque avoir été fait sur la mesure de cet ustensile.

Pendant que Ravachol enfermait soigneusement l'engin explosif, Simon babillant toujours, raconta tous les détails d'une tentative faite contre ce même commissariat de Clichy, dans la soirée du 18 décembre précédent, c'est-à-dire deux mois et demi auparavant.

On avait déposé sur le palier de la porte, à l'extérieur, trois boules de fonte creuses, assez semblables à des pommes de rampe d'escalier. Chacune pesait près de cent kilos.

Elles étaient bourrées de poudre et munies d'une mèche à briquet. Ces mèches avaient été allumées et s'étaient éteintes toutes les trois.

— C'était bien dommage, ajoutait Simon, en ricanant, car si le feu avait pu se communiquer à la poudre, l'explosion aurait été suffisante pour faire sauter toute la boîte.

Toujours est-il que le commissaire, le lendemain, en ouvrant sa porte, avait trouvé les trois bombes intactes.

On avait su pourquoi les mèches n'avaient pas continué à brûler.

L'ouverture par laquelle elles devaient passer étant trop large, on l'avait presque entièrement bouchée avec du plomb en ne laissant qu'un petit trou pour le filage de la mèche. Mais alors celle-ci s'était trouvée trop serrée, car il avait fallu la forcer pour la faire entrer.

L'incandescence s'était, par ce fait, trouvée arrêtée, la combustion n'étant plus suffisamment alimentée, le courant d'air intérieur de la mèche cessant brusquement au point rétréci.

Ravachol avait écouté avec beaucoup d'attention le récit de Simon.

— C'était assez naïf, dit-il, en haussant les épaules, comment n'avaient-ils pas prévu un pareil résultat ? Je n'aurai pas cela à craindre avec ma mèche. Allons, en route !

Il était neuf heures. Simon qui devait conduire les compagnons, descendit le premier. Il se dirigea vers l'avenue des Batignolles, tourna à droite, remonta jusqu'à la fourche, prit à gauche, et suivit la route de la Révolte.

De ce point au boulevard National de Clichy, les trois hommes ne rencontrèrent que de rares passants. Ils marchaient allègrement en causant par intervalles.

— Comment mettra-t-on le feu à la mèche ? demanda tout à coup Simon.

— De la façon la plus simple, répondit Ravachol ; au moyen d'un cigare qu'on sera en train de fumer.

— Mais, fit observer Béala, tu as horreur du tabac.

— Simon allumera un cigare à Clichy. Il y a justement en entrant dans le boulevard National, un marchand de tabac, à gauche. La maison du commissaire fait le coin de la rue de Martre et d'un terrain encore vague faisant suite à la rue du Bois, terrain qu'on met en état de viabilité et absolument noir, la nuit venue.

J'enlèverai la marmite du carton, je la poserai contre la porte donnant sur ce terrain, c'est justement celle qui ouvre sur le couloir de la maison. Simon me passera son cigare allumé que j'approcherai de la mèche. Ça vaut mieux que d'employer une allumette dont on pourrait apercevoir la flamme.

— Bravo ! s'écria Simon, voilà qui est rudement imaginé.

— Es-tu bien sûr, Ravachol, demanda Béala, qu'on ne te verra pas ? C'est rudement dangereux de préparer une pareille machine dans la rue.

Ravachol haussa dédaigneusement les épaules, mouvement parfaitement inaperçu dans l'obscurité.

— Tu comprends bien, mon vieux Béala, répondit-il, qu'avant de m'embarquer, j'ai tâté le terrain. Je suis allé deux fois là-bas, j'avais même envie de louer une chambre au *Rendez-vous des Jardiniers*, l'hôtel tenu par Ravanne, au coin de la rue du Bois, juste en face du commissariat. Et puis je me suis dit que c'était inutile.

— Mais, insista Béala, s'il y a un hôtel meublé, on pourra nous voir !

— Non, à cette heure-ci, les locataires sont tous rentrés.

— Et les autres maisons ?

— Rien à craindre, je te dis, en face le *Rendez-vous des Jardiniers*, c'est un entrepôt de bières : bouclé dès la nuit. A l'autre coin du terrain vague, c'est une vieille usine abandonnée. Pas de lumière, rien.

Béala fit un geste de passivité et ne répondit pas.

Arrivés au rond-point de la route de la Révolte et du boulevard National, ils tournèrent à droite et rentrèrent dans ce dernier.

Comme l'avait dit Ravachol, il se trouvait en effet un marchand de tabac sur la gauche.

Les trois hommes suivaient le trottoir de droite. Simon traversa la chaussée, entra dans le débit, acheta plusieurs cigares et en alluma un. Après quoi, il vint rejoindre ses compagnons.

Les anarchistes arrivèrent bientôt rue du Bois.

Avant d'y pénétrer, instinctivement, ils s'arrêtèrent et cherchèrent à voir au plus loin.

La rue était plongée dans la plus profonde obscurité à partir d'une certaine distance, les becs de gaz l'éclairant se trouvant rapprochés du boulevard National.

De plus elle demeurait parfaitement solitaire, bien qu'il fût à peine dix heures du soir.

Mais à ce moment même, le boulevard National n'était troublé que par de rares passants.

Ravachol, son carton sous le bras, entra dans la rue du Bois, longeant les maisons de droite, suivi par Simon et Béala, marchant de deux pas en arrière.

LES COMPAGNONS DE RAVACHOL
Par Pierre Delcourt et J. H.

Lamberti s'assit au bord du chemin et réfléchit longuement

(Reproduction interdite.)

René MOROT, Éditeur, 40, rue Laffitte, Paris.

Liv. 11

Ils s'avançaient avec précaution, les yeux fixés attentivement devant eux, Ravachol plus prudent encore, prêt à arrêter ses compagnons, du geste, en cas de danger.

Il allait confiant cependant, tellement il était sûr de la réussite de son projet, le cœur joyeux à la pensée de tenter le premier une opération susceptible de produire un aussi grand effet. Il n'imaginait nul obstacle capable de l'arrêter dans cette tentative criminelle, et sans peur, sans trouble, la main ferme, il allait mettre en état de fonctionner sa machine infernale.

Il ne songeait pas aux victimes futures de son acte et ne voyait que le résultat.

Et ce résultat c'était avec une étrange satisfaction qu'il l'envisageait.

Le dernier bec de gaz dépassé, la clarté pâlotte de la rue du Bois alla diminuant rapidement, si bien que dans quelques enjambées, les trois hommes tombèrent en pleine obscurité.

Ravachol approchait enfin de l'hôtel meublé portant l'enseigne : *Au Rendez-vous des Jardiniers*. Il ralentit sa marche, fit signe à Simon et à Béala de s'arrêter, et s'en vint seul jusqu'au coin des rues du Bois et de Martre.

Tout d'abord il n'aperçut que la lanterne rouge du commissariat, n'envoyant que des rayons voilés au travers de ses verres enfumés.

Mais tout à coup il étouffa un juron de colère.

Il venait de reconnaître un agent en uniforme allant et venant sur le devant de l'immeuble et faisant la navette entre l'entrée des bureaux et le coin de la rue du Bois prolongée.

Ravachol crispa les poings de fureur et se mordit les lèvres en mâchonnant des injures à l'adresse de cet agent.

L'anarchiste s'était arrêté au coin de l'hôtel meublé. Il tenait toujours sous son bras le carton, et le serrait fiévreusement. Il regarda à nouveau l'agent et put le bien distinguer à l'instant où il passait sous la lanterne.

C'était un homme de taille moyenne, d'allure dégagée, bien pris, et râblé, à la figure énergique.

Ravachol était observateur, il devina que cet agent était un homme capable de fort le gêner ainsi que ses compagnons.

Cependant cette pensée n'effrayait pas trop son esprit; il était autrement contrarié à l'idée d'être empêché de mettre à exécution ses projets par la présence de ce policier.

Que faisait-il là ? Etait-il de faction ? Au contraire, son service terminé, n'attendait-il pas la sortie d'un camarade ? Bien que les bureaux fussent fermés, en apparence, Ravachol n'ignorait pas que dans ce commissariat il existait un poste d'agents mitoyen au violon.

L'anarchiste espéra que cette disposition était la bonne. Au surplus il le saurait car il attendrait.

En effet, Ravachol, son carton toujours serré sous le bras, demeura quelques instants planté contre l'hôtel meublé de Ravanne, en son encoignure, et resta immobile, guettant l'agent à la façon d'un chat surveillant les ébats d'une souris.

Il lui sembla, après un moment, que le gardien de la paix l'avait remarqué et s'inquiétait de son immobilité. Il recula alors et vint rejoindre Béala et Simon enfouis dans l'obscurité de la rue du Bois.

— Quoi donc ? Qu'est-ce qu'il y a ? demanda vivement Simon, dès que Ravachol fut auprès de lui.

— Il y a... Il y a, grommela ce dernier, qu'un agent est à la porte du commissariat.

— Tant mieux ! murmura Béala, ça fera rater l'affaire.

— Qu'est-ce qu'il fiche là ! gronda Simon. Ce n'est peut-être pas pour longtemps.

— Je l'espère, fit Ravachol.

— Et s'il était de planton ? demanda Béala.

— Ce ne serait pas drôle, riposta Simon, l'affaire serait manquée !

— A moins que…. dit sourdement Ravachol.

— Quoi ? demanda Béala.

— A moins que je ne le démolisse !

— Comment ?

— Le suriner. Ça me démange rudement de lui planter mon couteau dans la gorge ! D'abord je ne peux pas voir un agent sans être pris de l'envie de lui sauter dessus et de l'étrangler.

Et de sa main droite demeurée libre, il fouilla dans la poche de son pantalon et en sortit son couteau catalan. En même temps, Ravachol fit demi-tour, se disposant à marcher sur le gardien de la paix bien ignorant en cet instant du danger qu'il courait.

Mais, Béala le prenant par le bras, l'arrêta net, en disant, rapidement :

— Tu es fou ! Ravachol, attaquer un agent, dans la rue, à cette heure !…

— Eh bien ?

— Pour ameuter tous les habitants, et nous faire attraper avec la marmite, ce serait du propre ?…

— J'aurais toujours le temps de tuer mon homme !

Et il fit un mouvement pour se dégager.

Mais, par extraordinaire, Simon cédant à des sentiments différents de ceux qui l'animaient d'ordinaire, joignit ses efforts à ceux de Béala.

— Non, non, dit-il, tu ne feras pas cela ! A quoi ça te servira-t-il de tuer cet agent ?… Un sergot de plus ou de moins, c'est pas une affaire.

Ravachol eut un sourire ironique.

— Depuis quand, répondit-il, es-tu si avare de la vie des sergots ? ne serait-ce plutôt que tu as peur du bruit ?

— Eh bien, c'est la vérité, reprit Simon, je trouve que Béala a raison, nous n'avons pas besoin d'ameuter tout le quartier. Tuer inutilement, ça ne sert à rien.

— Soit, dit Ravachol, refermant son couteau, c'est égal, il l'échappe belle !

— Et puis, continua Simon, s'il n'est pas de faction, si tu t'es trompé ?

— Tu as raison, il vaut mieux patienter, attendre quelque temps. Ce serait trop bête de manquer l'occasion d'utiliser la marmite par un mouvement trop précipité.

Les trois hommes convinrent donc d'attendre, Simon et Béala au même endroit, Ravachol, pour moins attirer l'attention de l'agent, à l'autre coin de la rue du Bois, contre la maison de l'entrepôt de bières.

Ils demeurèrent une demi-heure environ dans cette expectative. Le gardien de la paix était toujours de faction devant le commissariat. Il n'attendait donc pas un camarade, mais était bien là en service de surveillance.

C'était partie remise, car évidemment le commissariat était gardé à vue de façon permanente.

Ravachol vint rejoindre ses compagnons, leur rendit compte de ses impressions et d'un commun accord on décida de revenir à Saint-Ouen.

Les trois hommes abandonnèrent la rue du Bois, rentrèrent dans le boulevard National et reprirent la route de la Révolte, très désappointés. En effet, si le commissariat était ainsi gardé ce jour ou plutôt cette nuit, il en devait être de même aux nuits suivantes. Il ne fallait donc plus songer à le faire sauter.

— C'est sans doute depuis les bombes du mois de décembre, qu'ils se font garder comme cela, grommela Simon.

— Ils ont de la chance, dit sourdement Ravachol, on verra plus tard comme on se venge d'eux. En attendant, nous allons nous occuper des autres.

CHAPITRE VII

L'explosion de la rue Saint-Dominique

Ravachol et ses compagnons avaient pris congé de Lamberti depuis quelques minutes à peine, pour leur expédition à Clichy, quand Marthe Ricard se présenta chez le coiffeur.

Nous savons quelle impression la présence de la jeune fille produisait sur l'Italien.

Assez ému, ce dernier lui offrit un siège et se tint debout devant elle, attendant qu'il lui plût de parler.

Marthe Ricard demanda au coiffeur si Ravachol était venu.

— Il sort d'ici, répondit-il.

Marthe manifesta son désappointement de ne s'être pas rencontrée avec l'anarchiste, mouvement dont le résultat fut de faire froncer les sourcils au coiffeur, jaloux, nous le savons, de Ravachol.

Elle avait cherché Ravachol toute la journée, et n'était venue à Saint-Denis que dans l'espérance de le rencontrer.

— Vous aviez donc un besoin urgent de vous entretenir avec lui? demanda Lamberti.

— Oui, fit Marthe.

Et elle raconta au coiffeur que, d'après un avis parvenu à elle ce même matin, on signalait la présence à Paris d'un personnage dangereux pour les anarchistes.

Immédiatement elle avait conçu un plan pour l'exécution duquel elle avait cru devoir s'adresser à Ravachol. Lamberti savait-il où l'on pourrait trouver ce dernier?

Le coiffeur n'avait pas de renseignements exacts sur les projets de l'anarchiste. Il n'ignorait pas que ce même soir, lui et ses compagnons devaient employer la machine infernale confectionnée quelques heures auparavant dans son atelier, mais il ne savait autre chose et n'avait que très peu de renseignements à ce sujet.

A ce propos il rendit compte à Marthe des travaux accomplis chez lui par Ravachol.

A mesure qu'il parlait, la jeune fille l'écoutait plus attentivement. Par intervalles, de légers frémissements lui secouaient le corps, ses lèvres se pinçaient, un fauve regard jaillissait de sa prunelle.

Quand le coiffeur eut terminé, elle dit d'un ton singulier :

— Ah! ils ont... Mais, c'est une machine infernale! et vous ignorez à qui elle est destinée?...

— Oui.

Marthe regarda fixement Lamberti.

— Me parlez-vous sincèrement? demanda-t-elle.

— Je vous jure...

La jeune fille se leva, agitée, allant et marchant dans la boutique, paraissant profondément réfléchir et lançant parfois des regards en dessous à Lamberti.

— C'est dommage qu'il soit parti si tôt, dit-elle, et surtout... Mais... Une machine infernale!... Il va tenter quelque chose ce soir, cette nuit, sans m'avoir consultée.

— Il paraît qu'il agit d'après les ordres de Dowpotchine.

— Sans doute, mais celui-ci ne savait pas...

La jeune fille s'assit à nouveau, plus calme, et se reprit à considérer Lamb...

— ...urais cependant besoin cette nuit d'un homme capable d'énergie, dit-elle. J'espérais pouvoir compter sur Ravachol...

— Mais, fit vivement le coiffeur, à défaut de lui ne suis-je à votre disposition?

Marthe haussa imperceptiblement les épaules, et murmura assez bas pour n'être pas entendue de l'Italien.

— Heu! heu! sera-t-il aussi décidé? Ce Ravachol est un homme. Enfin, essayons.

Marthe prit une pose gracieuse, redevint la femme pleine de séduction que nous connaissons, et parut vouloir augmenter par l'effet de ses manières l'empire qu'elle avait déjà sur l'esprit de Lamberti.

Celui-ci s'empressa, dans les termes les plus chaleureux, d'assurer

Marthe de son profond dévouement et lui fit les promesses les plus formelles.

— Évidemment, dit-il en terminant, Ravachol est un homme de grande énergie, mais il n'est pas seul à pouvoir agir sans crainte; mettez-moi à l'épreuve, vous n'aurez pas à vous repentir assurément.

Mlle Ricard raconta alors au coiffeur que depuis plusieurs jours elle se préoccupait fort des agissements d'un personnage signalé au comité directeur anarchiste de Paris par les compagnons réfugiés à Londres.

Ce personnage n'était autre qu'un faux frère, dévoilé depuis peu, dont la mort avait été décidée. On l'eût tué déjà, si pour des raisons particulières on n'eût eu intérêt à attendre sa venue à Paris.

Or, cet individu était arrivé dès ce matin et descendu dans une maison particulière de la rue Saint-Dominique.

Sur l'ordre du comité, il fallait agir sans perdre de temps.

— Mais de quelle façon? demanda Lamberti, plus préoccupé d'écouter Marthe que de percer au fond la valeur de ses paroles.

La jeune fille parut réfléchir quelques secondes.

— Il faudrait procéder à la façon de Ravachol.

— Je ne comprends pas.

— Cette machine infernale qu'il vient de préparer?... avez-vous dit.

Lamberti pâlit légèrement.

— Je comprends, dit-il, j'agirai au mieux de vos désirs, expliquez-moi seulement...

— Mon Dieu, c'est simple, très simple, préparez un engin à peu près semblable à celui de Ravachol; il ne faudra pas grand temps pour cette opération. Venez ensuite me rejoindre chez moi, rue Lamartine. Nous verrons alors de quelle façon agir pour la suite.

— Soit, cependant, je vous ferai observer que je ne possède en propre aucune matière explosive.

— Et les cartouches de grisoutine apportées par Béala ? et celles de dynamite de Soisy-sous-Étiolles ?

— Ai-je le droit d'en disposer sans l'autorisation de Dowpotchine ? elles sont comptées, Ravachol...

— Mais, absolument, du moment qu'il s'agit d'employer ces cartouches ou notre poudre au mieux des intérêts de l'anarchie. Et ne me suffit-il pas de vous les demander ?

Et Marthe eut un sourire adorable pour Lamberti.

Le coiffeur absolument ébloui n'eut pas l'idée de résister davantage. Il promit d'accomplir tout ce que lui demanderait la jeune fille et s'engagea à lui apporter dans la soirée, rue Lamartine, un engin explosif de nature à la satisfaire par sa force.

Marthe Ricard se leva alors, tendit la main à Lamberti qui la pressa avec émotion dans les siennes et prit congé en donnant rendez-vous au coiffeur à dix heures.

Lamberti demeuré seul, ferma sa boutique et passa dans l'atelier.

Là, il se prit à réfléchir sur le meilleur moyen de confectionner un objet destructeur capable de renfermer la plus grande force dans le plus petit volume.

Quelques heures auparavant, il avait assisté à la confection de la machine infernale fabriquée par Ravachol et maintes fois il avait suivi de l'œil, les études d'explosifs.

Mais, jamais il n'y avait participé directement, et au point de vue pratique son inexpérience était complète. Aussi éprouvait-il quelque embarras.

Lamberti chercha tout d'abord un récipient, et n'en trouva pas. Cela ne laissa pas que de le contrarier quelque peu.

C'est qu'en réalité l'Italien ne manquait pas d'audace. Mais s'il était prêt à agir vigoureusement, ses préférences semblaient exister bien plus pour la lutte homme à homme, que pour le combat contre la société. Son arme favorite était plus le poignard que la bombe dont l'explosion l'effrayait, il avait un effroi instinctif de l'engin détonant.

Sans l'immense passion qu'il ressentait pour Marthe, il n'eût pas accédé au désir exprimé par la jeune fille.

Du reste, les personnages mystérieux dirigeant le mouvement anarchiste connaissaient parfaitement le tempérament de Lamberti et utilisaient les qualités de l'Italien, celle de la discrétion entre autres, et lui avaient fixé un rôle passif.

Lamberti ne voulait pas, tout en obéissant à Marthe, courir de grands risques, et surtout rencontrer une difficulté quelconque aux barrières de Paris.

Confectionner un engin de l'importance de celui fabriqué par Ravachol, ne pouvait lui venir à l'esprit ; il se contenterait de quelque chose de moins important.

De cette manière, il avait le double avantage de pouvoir dissimuler à l'aise dans son vêtement le nouvel engin et de ne pas le rendre trop dangereux.

Après avoir cherché inutilement dans l'atelier ne renfermant que de gros ustensiles, Lamberti s'en vint dans l'arrière-boutique, où ses yeux se fixèrent tout d'abord sur une boîte en fer-blanc assez semblable à une boîte à sardines, un peu plus large, un peu haute et plus profonde.

— Ma foi, murmura-t-il, voilà bien qui fera l'affaire.

Il prit la boîte, rentra dans l'atelier et chercha parmi les explosifs les plus propres à être employés.

Il commença par garnir le fond de poudre ordinaire, puis défaisant une cartouche de dynamite, il en mit une partie au-dessus de la poudre et recouvrit ce mélange de chlorate de potasse.

Il referma alors la boîte avec soin et alla prendre sur une planche de l'atelier un mouvement d'horlogerie qui semblait préparé pour permettre le déclanchement d'une pièce destinée à s'abattre sur une capsule de fulminate.

Il enveloppa le mouvement dans un papier et le mit dans sa poche, après quoi il enferma avec soin la boîte de fer dans une pièce d'étoffe qu'il ficela et sortit pour aller prendre son dîner chez un marchand de vin voisin.

L'Italien était sobre ; d'ordinaire il mangeait peu.

Ce soir, sous l'empire de l'émotion, c'est à peine s'il put avaler quelques gorgées. Il était si heureux à la pensée de revoir Marthe chez elle, faveur suprême qu'il n'eût jamais osé réclamer. Et puis ne le prenait-elle comme auxiliaire direct. N'était-ce pas une marque de confiance très grande ? En vérité l'Italien exultait de bonheur. Et, cependant, il était torturé par l'anxiété la plus vive.

Il se mit en route à pied, car il avait largement le temps d'arriver au rendez-vous, et, de plus, il comptait sur la marche pour apaiser la tempête de son cerveau.

Son hésitation allait en augmentant. Il s'assit un instant au bord du chemin et réfléchit longuement à la terrible responsabilité qu'il allait assumer.

Mais l'amour l'emporta et Lamberti continua sa route.

A l'heure dite, il était chez Marthe Ricard.

Lamberti tira de sa poche la boîte, défit l'enveloppe la cachant, leva le couvercle, et montra le contenu à Marthe en lui en expliquant la composition.

Et comme la jeune fille semblait s'étonner de ses connaissances pyrotechniques, il répondit : qu'habitué à entendre Dowpotchine, Ravachol et les autres s'entretenir de combinaisons chimiques, il avait beaucoup appris au point de vue théorique.

Certes, les détonants trouvés jusqu'à ce jour, donnaient des résultats merveilleux, mais ils tenaient de la place et demandaient l'appoint d'un choc ou d'une étincelle pour produire leur effet.

LES COMPAGNONS DE RAVACHOL
Par Pierre Delcourt et J. H.

A chaque palier, Simon examina les entrées.

(Reproduction interdite.)

René MOROT, Éditeur, 40, rue Laffitte, Paris.

Liv. 12

Dowpotchine venait de trouver un explosif extraordinaire à tous les points de vue et possédant cette qualité importante, de tenir dans le creux de la main. Malheureusement il n'était praticable que dans certaines conditions; d'autre part la matière principale était presque impossible à trouver dans le commerce. Il est vrai qu'on pouvait la fabriquer, quoique cela présentât de grandes difficultés.

Il suffisait d'imprégner d'ammoniaque, un morceau gros comme un œuf d'iode cristallisé et de laisser évaporer l'alcali. L'iode, une fois sec, détonait au souffle le plus léger, à peine sensible même, et produisait des ravages supérieurs à ceux de la dynamite.

Comme le fait de provoquer ce souffle aurait pour résultat d'anéantir tout d'abord l'opérateur, on déposait à l'endroit voulu, l'iode cristallisé avant de l'humecter, on versait sur lui ensuite l'alcali, opération sans danger et on avait le temps de s'éloigner avant la dessication complète.

L'afflux d'air nécessaire à l'éclatement de l'iode se produisait bientôt et ccidentellement par la moindre cause : une porte fermée, une personne passant à côté, un objet tombé, etc.

— Et vous dites, Lamberti, fit Marthe, qui avait écouté avec attention cette explication, que cet iode ne peut être trouvé dans le commerce?

— En quantité suffisante pour devenir dangereux, non. Quant à fabriquer cet explosif, je le répète, ça présente de grandes difficultés.

La jeune fille s'enquit alors auprès du coiffeur des moyens qu'il emploierait pour obtenir l'explosion de sa boîte.

L'Italien sortit de sa poche le mouvement d'horlogerie et en montra le mécanisme à Marthe.

— Il me suffira, dit-il, de le remonter et de le placer ensuite au-dessus du chlorate de potasse. Le déclanchement en s'opérant provoquera l'inflammation de l'amorce et un tel choc sur le chlorate que l'explosion sera immédiate.

— Combien votre mouvement d'horlogerie dure-t-il?

— Au moins une demi-heure. Je le remonte et le mets en mouvement quelques secondes avant de déposer l'engin.

Marthe se recueillit quelques instants sans paraître s'apercevoir que Lamberti la dévorait des yeux.

— Je voulais, dit-elle enfin, je croyais pouvoir vous accompagner jusqu'à la maison qu'il s'agit de faire sauter... Je ne le peux... Vous voyez quelle confiance j'ai en vous... J'abandonne la direction d'un acte dont je vous laisse l'entière responsabilité. Ne manquez pas à votre devoir !

Lamberti protesta que Marthe Ricard serait satisfaite au delà de ses espérances.

Marthe lui indiqua alors le lieu où il devait opérer. C'était, comme nous l'avons déjà dit, une maison située rue Saint-Dominique au numéro 56 *bis*, elle lui en fit la description assez minutieuse et, comme l'heure s'avançait, elle invita l'Italien à prendre ses dispositions pour partir.

Lamberti eût bien voulu demeurer plus longtemps dans ce boudoir efféminé dont les senteurs lui montaient à la tête, mais il n'y avait pas à protester contre un ordre de la jeune fille. Il s'inclina en soupirant, remit la boîte de fer-blanc dans son enveloppe, replaça dans ses poches l'engin et le mouvement d'horlogerie et prenant la main de Marthe la porta passionnément à ses lèvres,

Marthe ne résista pas à ce mouvement, bien qu'un imperceptible frémissement eût agité tout son corps.

L'Italien s'éloigna, l'âme ravie, marchant tout d'abord au hasard, ne pensant qu'à Marthe, l'esprit troublé de désirs enivrants.

Il allait droit devant lui, machinalement, sans s'inquiéter de sa route, oubliant presque ses raisons d'être à Paris, dehors et à cette heure.

Enfin il arriva sur l'esplanade des Invalides et pénétra dans les allées d'arbres.

Il faisait nuit très noire et les becs de gaz, bien qu'assez nombreux, n'éclairaient l'esplanade que d'une façon relative. Lamberti pouvait à son aise préparer ses engins, sans crainte d'être même remarqué.

Il commença par enlever l'enveloppe recouvrant la boîte de fer-blanc ; mais en garçon prudent il se garda bien de la jeter et la mit dans sa poche. Il prit ensuite le mécanisme d'horlogerie, s'assura que l'amorce de fulminate était en bonne place, remonta le ressort et plaça l'appareil dans la boîte qu'il referma.

A ce moment l'Italien était arrivé au coin de l'esplanade et de la rue Saint-Dominique, absolument déserte.

Il pénétra dans cette dernière voie et s'avança le nez en l'air, cherchant à déchiffrer les numéros des maisons.

Tout à coup il s'arrêta et poussa un juron ; le numéro indiqué par M⁻˟ Ricard n'existait pas. A cet endroit se trouvait un grand terrain vague.

Craignant d'avoir mal lu, il revint au 54 et poussa jusqu'au 58 ; il ne s'était pas trompé, le 56 n'existait pas !

Lamberti se prit à réfléchir et fut sur le point de revenir sur ses pas. Mais une idée nouvelle lui vint à l'esprit.

N'aurait-il pas mal entendu et aurait-il pris un chiffre pour un autre ?

Ce devait être cela.

Or, comme il ne peut y avoir de confusion au point de vue de la consonnance finale entre les nombres 54 et 56, et qu'au contraire elle est la même pour les nombres 56 et 58, il avait dû entendre le premier quand Marthe prononçait le second.

Une seule chose troublait un peu Lamberti, c'est que le 58 était un hôtel particulier, quand le 54, au contraire, représentait un immeuble de rapport. Mais, encore une fois, il était certain que Marthe Ricard n'avait pas parlé de ce dernier numéro.

Il se décida donc pour l'hôtel particulier et vint l'examiner de près. Au surplus il ne pouvait tergiverser trop longtemps, le mouvement d'horlogerie continuant à fonctionner et pouvant faire éclater l'appareil sous le bras de l'anarchiste.

Au même moment débouchaient, au coin de la rue, deux gardiens de la paix. L'Italien, ayant la conscience du danger qu'il courait, eut rapidement inspecté la façade de l'hôtel et vite choisi l'endroit le plus propice pour se débarrasser de son engin; c'était la porte cochère, placée un peu en enfoncement.

Il s'en approcha donc, se pencha vivement et plaça la boîte de fer-blanc dans un angle, contre le bois.

Le coiffeur s'éloigna alors rapidement dans la direction de l'avenue Bosquet, tourna à droite et s'engagea dans cette voie, marchant rapidement au pont de l'Alma qu'il traversa. A la hauteur de l'Hippodrome il trouva une voiture de place dans laquelle il monta et se fit conduire rue Legendre, 170, où il avait des amis chez qui il passa la nuit, sans se douter que, par un hasard des plus fortuits, son mouvement d'horlogerie s'était arrêté presque au moment où le déclanchement allait se produire.

Le lendemain matin le concierge de la rue Saint-Dominique, en ouvrant sa porte pour repousser au dehors les balayures du vestibule, aperçut la boîte de fer-blanc qui n'avait pas été remarquée par les gardiens de la paix ni par les passants.

Il grommela contre ce qu'il croyait être une simple plaisanterie, mauvaise farce d'un gamin quelconque et poussa d'un coup de balai la boîte, pour l'envoyer dans le ruisseau.

Mais ce mouvement devait nécessairement produire un choc. Il amena le déclanchement de la pièce destinée à frapper l'amorce de fulminate. Celle-ci éclata.

L'explosion se fit, immédiate, avec un fracas épouvantable, enveloppant d'un nuage de fumée le malheureux concierge brusquement renversé à terre, brisant toutes les vitres voisines et détachant de son scellement le volet le plus près.

On juge de l'émotion produite par ce bruit épouvantable.

On accourut de toutes parts et on aperçut le concierge étendu de tout son long sur le trottoir. Il semblait inanimé.

Sa figure était ensanglantée, on le releva vivement, on lui donna les premiers soins.

Heureusement le concierge n'avait aucune blessure ; le sang coulant sur son visage venait d'une coupure sans gravité provoquée par un éclat de vitre. Son anéantissement avait été produit par la peur très naturelle succédant à la terrible secousse ressentie.

Au surplus c'était miracle qu'il eût été sain et sauf en de pareilles conditions

On juge des commentaires provoqués par cet événement, chacun glosait à perte de vue et fournissait les explications les plus invraisemblables ; et comme l'événement semblait être une réédition de l'explosion de la rue de Berri, explosion qui, on peut se le rappeler, avait été provoquée par un domestique renvoyé, on ne tardait pas néanmoins à imaginer une pareille cause à celle de la rue Saint-Dominique.

Le commissaire de police, naturellement prévenu aussitôt, questionna le concierge, ramené dans sa loge, et procéda à une enquête qui n'amena et ne pouvait amener aucun résultat.

CHAPITRE VIII

Le boulevard Saint-Germain

Très désappointé de n'avoir pu mettre à exécution son projet relatif au commissariat de police de Clichy, Ravachol avait regagné Saint-Ouen en compagnie de ses deux amis.

Il refusa l'offre que lui fit Simon de coucher chez lui et ne voulut pas non plus retourner rue Cortot.

Il préférait se rendre à l'île Saint-Denis et jugeait plus prudent et utile comme dépôt de sa marmite.

En effet, après les perquisitions opérées chez Béala, il eût été dangereux d'y introduire cet engin. La police pouvait revenir à chaque instant et le découvrir.

D'autre part, Ravachol savait que Simon était fort surveillé; à tout instant on pouvait faire une descente chez lui.

Au contraire, la maison du quai de la Marine n'était pas suspecte, au moins pour quelque temps.

Ravachol fournit ces différentes explications à ses compagnons qui en comprirent immédiatement la portée.

Il fut aussi convenu, pour moins éveiller les soupçons, de rentrer séparément chez soi.

Il n'était pas tard ; dix heures et demie venaient de sonner au moment où les trois anarchistes abandonnaient le commissariat.

Du boulevard National de Clichy, à la mairie de Saint-Ouen, par la route de la Révolte, il fallait compter de vingt à vingt-cinq minutes de marche.

Ravachol pouvait prendre le tramway allant à Saint-Denis ; il avait même le temps puisque le dernier part de Paris à minuit vingt.

Mais Ravachol décida de se rendre à pied au quai de la Marine, en coupant au travers du vieux Saint-Ouen pour gagner la Seine.

Ces dispositions avaient été convenues au sortir de la rue du Bois.

Béala aurait pu quitter ses compagnons à la barrière de Clichy et remonter à Montmartre en suivant l'avenue.

Mais dans son amitié pour Ravachol, il voulut tout au moins accompagner ce dernier jusqu'à la mairie de Saint-Ouen.

Avant de se séparer on convint d'un rendez-vous.

Ravachol prétendit qu'en prévision des futurs événements il ne fallait pas trop se montrer de jour. Pour sa part il comptait rester chez lui jusqu'au moment d'agir.

Ah ! on allait joliment les terrifier les bourgeois ! C'est égal, c'était tout de même rudement embêtant de n'avoir pu commencer ce soir par le commissariat.

Simon proposa d'y retourner le lendemain, mais Béala fit observer assez judicieusement que la maison du commissaire n'avait pas été spécialement gardée ce soir en prévision de leur tentative puisqu'on l'ignorait ; ce devait être une consigne permanente, datant, comme l'avait dit Simon, du jour où l'on avait découvert les bombes. Il était donc bien inutile de renouveler la tentative.

Ravachol le sentait bien lui aussi, ce qui causait sa fureur.

Le long de la rue de la Révolte, il avait conté à Simon sa dernière entrevue avec Dowpotchine, et le jeune Biscuit, tout émerveillé, s'extasiait devant le génie destructeur du mystérieux anarchiste.

C'était Dowpotchine qui avait tout combiné après avoir eu l'idée de commencer les représailles par des attentats contre les magistrats ayant condamné Decamps, Léveillé et Dardare.

Seulement, c'est lui, Ravachol, qui avait eu l'idée du commissariat.

La maison du boulevard Saint-Germain était autrement difficile à attaquer que celle contenant les bureaux du commissariat de Clichy.

Ravachol s'en rendait un compte bien exact. C'est pour cela qu'il avait besoin de réfléchir sur les moyens d'action.

Et puis, dans l'intérêt même de sa cause, il voulait frapper juste, et autant qu'il était possible atteindre le seul M. Benoist.

Comme il le faisait observer à Simon et à Béala, il fallait autant que possible éviter le plus grand nombre de victimes inutiles.

Il est vrai que Simon, avec la férocité des jeunes gens de son âge, haussait les épaules et prétendait que plus on ferait sauter de bourgeois, mieux ça vaudrait.

Mais Ravachol tenait fort à son idée qu'il ne fallait pas déshonorer l'anarchie en frappant à côté.

Avons-nous besoin de dire que Béala, lequel au fond du cœur eût préféré ne frapper personne, appuyait fort Ravachol.

Ce dernier voulait savoir exactement l'étage occupé par M. Benoist. C'est pour cela qu'il fallait attendre encore quelques jours avant d'opérer.

Enfin on se sépara.

Simon et Béala promirent de revenir le lendemain quai de la Marine. Le jeune Biscuit demanda s'il pouvait amener un compagnon sur lequel il croyait pouvoir compter.

— Qui ? fit Ravachol.

— Chaumantin.

— Oui, oui ! Comment donc !... Je le connais bien...

— Si sa femme le veut, dit Béala.

— Pourquoi cela ? reprit Ravachol, est-ce par hasard ?...

— Oh ! non ! répondit vivement Béala, c'est une brave femme, mais elle a peur à cause de ses enfants.

— Bah ! j'amènerai quand même Chaumantin. Au revoir !

Les trois amis se serrèrent la main et partirent chacun de leur côté, Simon dans le nouveau Saint-Ouen, Béala filant la rue Montmartre pour gagner la poterne du poteau, Ravachol tournant le mur clôturant le parc de Beauvau-Craon et le suivant jusqu'à la Seine.

Le lendemain matin, on frappa à la première heure à la porte de la chambre de Ravachol.

Ce dernier, très étonné, inquiet même d'une visite aussi matinale, se leva brusquement, se vêtit rapidement, se chaussa à la hâte et vint, à pas de loup, appliquer son œil contre une fente imperceptible pratiquée par lui dans le bois de sa porte d'entrée.

Il poussa alors un soupir de soulagement. Sur le palier il n'avait vu d'autres personnes qu'une femme.

Il ouvrit aussitôt et se recula étonné.

Devant lui était Emeline.

Emeline ! à cette heure, chez lui ! pour quel motif ?

Il s'effaça respectueusement pour laisser passer la confidente de Dowpotchine et referma la porte sur elle.

La jeune femme semblait très sérieuse, et son sourcil froncé indiquait un mécontentement intérieur.

Elle s'assit et regardant Ravachol un peu troublé sans savoir pourquoi :

— Ravachol, dit-elle, vous devez être quelque peu étonné de me voir chez vous si à l'improviste et à une pareille heure ?

— En effet. Je suppose cependant que vous avez quelque chose de sérieux à me communiquer.

— Je viens vous demander si vous êtes fou.

Ravachol regarda Emeline avec une profonde stupéfaction.

— C'est folie que d'agir comme vous l'avez fait cette nuit.

Cette fois, Ravachol comprit ou du moins crut comprendre, qu'on savait déjà sa tentative contre le commissariat de Clichy.

Or, comme elle n'était pas au programme de Dowpotchine, ce dernier se plaignait par l'organe de son représentant Emeline.

Mais quelle puissance possédait donc cet homme pour tout savoir.

Ravachol inclina la tête et répondit d'un ton soumis :

— Folie ! le mot est dur. Je croyais bien agir et mieux encore venger les compagnons arrêtés à Clichy.

— Mais non. Quel rapport votre action de cette nuit a-t-elle avec les projets de Dowpotchine ?

Cependant, en était-il question, vous avait-il même laissé quelque latitude ?...

— J'avoue en effet...

— Les bourgeois que nous devions effrayer par un coup nettement indiqué, sont inutilement apeurés aujourd'hui.

— Comment cela ? fit Ravachol étonné.

— Parbleu ! Ne le savez-vous. Cette singulière idée de choisir ce quartier ! quelle raison d'agir contre cet hôtel particulier ?... Encore, s'il avait sauté avec ses habitants !... Mais non, quelques vitres brisées et un concierge rendu à moitié idiot !... Si vous avez voulu essayer vos engins, vous êtes fixé ; c'est à recommencer.

L'étonnement de Ravachol avait augmenté à mesure qu'Emeline parlait.

— Je vous affirme très sérieusement, dit-il enfin, que je ne comprends rien à vos paroles.

Ce fut au tour d'Émeline de regarder Ravachol.

Ce dernier poursuivit :

— Il y a eu confusion tout à l'heure dans vos observations et mes réponses. Vous parlez d'explosion causée par moi; or cette nuit, ou plutôt dans la soirée d'hier, j'ai, sans que Dowpotchine m'en ait parlé, il est vrai, tenté de faire sauter le commissariat de Clichy.

Et il raconta les événements de la veille à Emeline.

— Comment, ce n'est pas vous qui êtes allé rue Saint-Dominique ?

Et, à son tour, Emeline informa Ravachol de l'explosion provoquée par Lamberti.

— Vous pourriez vous étonner, dit-elle, de me voir renseignée sitôt; en effet, j'ai été prévenue avant la police, peu d'instants après l'explosion. J'aurais pu apprendre qu'elle était préparée, si le compagnon venu me l'annoncer n'avait préféré attendre qu'elle eût eu lieu

A peine informée, je suis venue vous trouver ici, car, je sais également que depuis hier, vous avez décidé de ne plus habiter chez Béala...

Cette fois Ravachol fut plus stupéfait encore.

— Comment pouvez-vous savoir, à moins que Simon ou Béala ?...

— Ils ne m'ont rien dit. Comment le pourraient-ils puisqu'ils ignorent mon domicile ? Vous parlez trop fort Ravachol, on vous a entendu, ici même.

— Qui vous a fait croire que j'étais l'auteur de cette explosion ?

— Mon agent, qui vous a vu sortir hier soir, ou plutôt a cru vous voir sortir de chez Lamberti, car je n'ai nulle raison de douter de vos paroles...

LES COMPAGNONS DE RAVACHOL
Par Pierre Delcourt et J. H.

Ravachol, aidé de Béala, attacha la marmite sous la robe de Mariette.

(Reproduction interdite.)

— Ni moi de vous mentir. Vous pourriez demander du reste à Béala et à Simon.

— Donc, il a suivi l'homme en question jusqu'à la fin.

Et Emeline refit l'odyssée de Lamberti, en ajoutant :

— Je ne sais chez qui il est allé rue Lamartine, mais je l'apprendrai.

— Comment se fait-il, demanda Ravachol, que l'engin placé un peu avant minuit n'ait éclaté que ce matin ?

— Ce devait être une machine à mouvement d'horlogerie, lequel se sera arrêté pour une cause quelconque. Le choc aura été déterminé par le coup de pied du concierge dans la boite. Mon homme en continuant à filer l'auteur de l'explosion, n'a pu se rendre compte de ce qu'était sa bombe.

Et comme le personnage l'avait mené jusqu'à la rue Legendre, c'est-à-dire fort loin de la rue Saint-Dominique, qu'il est resté longtemps à attendre devant le numéro 170 pour savoir s'il redescendrait, il a préféré prendre quelque repos avant de retourner constater les effets de l'explosion.

Ravachol convint que c'était fort regrettable en effet.

Un pareil acte devait avoir pour résultat de donner l'éveil.

— Heureusement, ajouta Emeline, que vous n'avez pas fait sauter le commissariat de Clichy, la justice n'eût pas manqué alors de deviner nos intentions. Elle se serait mise en garde.

— Je ne vois que Lamberti capable d'avoir ainsi agi.

— En effet, lui seul possède les explosifs nécessaires. Je vais le voir et lui demander en vertu de quel droit il s'est permis d'agir ainsi.

Emeline se leva et prit congé de Ravachol.

Ce dernier se remit dans son lit et prit sur la table de nuit un journal intitulé l'*Intermédiaire* qu'il se mit à lire attentivement.

Ce journal donnait des recettes très détaillées pour la fabrication de la nitro-glycérine.

Quelques heures après, Béala et Simon arrivaient au numéro 2 du quai de la Marine, en compagnie de Chaumantin.

Tous les trois connaissaient déjà la nouvelle de l'explosion de la rue Saint-Dominique, et se demandaient qui est-ce qui avait pu la perpétrer, l'attribuant assez naturellement à un solitaire.

Ravachol, pour des raisons de discrétion, ne crut pas devoir les détromper.

Comme c'était l'heure du déjeuner, les quatre compagnons allèrent chez un marchand de vin de l'île.

Naturellement dans cet établissement on causa de choses assez vagues, bien que cependant ayant trait aux idées anarchistes.

Chaumantin était moins chaud que ses compagnons.

Comme Béala il répugnait aux moyens violents. Il était évidemment partisan d'une rénovation sociale, mais non pas à la façon de Ravachol.

Au surplus, il ne cachait pas ses théories et, bien qu'il fût d'un avis opposé au terrible anarchiste, ce dernier avait grande confiance en lui.

Nos lecteurs n'ignorent pas en effet, qu'un certain jour Dowpotchine lui avait montré qu'il était au courant d'un voyage accompli à Saint-Etienne par Chaumantin, où l'avait envoyé Ravachol y chercher trois mille francs déposés chez un compagnon, chargé de les lui conserver.

Le repas terminé, on revint chez Ravachol.

Ce dernier proposa de se mettre à la fabrication de la nitro-glycérine nécessaire à l'accomplissement du plan immense conçu par Dowpotchine.

Il montra à ses compagnons le numéro de l'*Intermédiaire* dans lequel il avait lu le matin tous les procédés de cet explosif et proposa de se mettre à l'ouvrage pendant qu'ils en avaient encore le loisir.

Il avait chez lui tout ce qu'il fallait. Oh ! il savait bien, il n'y avait rien à craindre.

Chaumantin, qu'une pareille opération effrayait non pour ses dangers de manipulation, mais en raison des conséquences dans l'avenir, voulut se récuser.

Mais Simon le railla fort.

Même Béala, d'ordinaire peu actif en ce genre de travail, se moqua de Chaumantin.

Ravachol avait pris un vase de la grandeur d'un chapeau.

Il le posa sur une table et alla chercher dans une armoire différents ingrédients qu'il apporta auprès du récipient.

A ce moment on frappa à la porte.

Le silence se fit comme par enchantement.

Chaumantin et Béala, tout pâles et tout tremblants, se reculèrent instinctivement au fond de la chambre.

Simon avait cessé de gouailler. Seul, Ravachol ne perdait pas son sang-froid.

Il tira de sa poche un revolver en murmurant :

— Tant pis pour lui si ça en est un !

Il renouvela sa manœuvre du matin avant d'ouvrir, et éclata de rire tout à coup.

— Allons vous autres, ricana-t-il, c'est Mme Chevallier.

Et il ouvrit.

C'était en effet Mme Chevallier, une brave et honnête femme que les anarchistes croyaient à tort capable de les aider à perpétrer leurs actes de violence.

Mme Chevallier, à la vue des quatre hommes, eut un léger mouvement d'étonnement et du premier coup d'œil devina à quel genre d'opération ils se livraient.

— Encore vos histoires, dit-elle, ça ne vous portera pas bonheur.

— Bah ! bah ! madame Chevallier, dit Ravachol, vous voulez rire.

— Si vous croyez que c'est dangereux, vous vous trompez, ajouta Simon, regardez plutôt comme ça se pratique.

L'atroce gamin venait de s'asseoir sur une couverture roulée, il tenait à la main une montre marquant les secondes qu'il appelait son chronomètre.

— Je t'attends, dit-il à Ravachol.

— Vas-y, répondit celui-ci.

Il commença à verser goutte à goutte un liquide gras dans le récipient en le mélangeant à différentes poudres.

Simon, consultant attentivement le chronomètre, comptait les secondes.

— Hein ! m-ame Chevallier, s'écria Ravachol en riant, c'est du nanan, ça !

— Qu'est-ce que vous faites dans cette marmite ? demanda Mme Chevallier.

— C'est pour faire sauter les bourgeois ! répondit Ravachol.

— Allons donc ! vous voulez rire, riposta la femme.

— Mais non...

— Vous ne ferez pas cela... C'est des bêtises... Ça se dit, comme cela en paroles... Et vous auriez raison de ne rien faire sauter...

— Attention !... interrompit Ravachol, ça s'échauffe .. Pas de plaisanteries... arrêtons un peu ..

En effet, la température s'élevant, il eût été dangereux de ne pas suspendre l'opération du versement de ce liquide.

Un instant après, la température étant redevenue normale, le travail fut repris.

Pendant ce temps, Chaumantin regardait les deux hommes opérer et causait paisiblement avec Béala, qui n'aimait guère à participer à la confection de la nitro-glycérine.

Ravachol l'interpella soudain et se mit à le railler.

Que faisait-il, dans son coin, à bavarder comme une pie, au lieu de mettre la main à la pâte ?

Chaumantin comme Béala, n'avait que peu de goût pour une opération similaire ; il craignait même, en son for intérieur, les conséquences à venir d'une collaboration qu'on eût pu taxer de complicité

Il laissa Ravachol rire à ses dépens, ne releva aucune de ses plaisanteries et continua à converser avec Béala et Mme Chevallier.

Mais Ravachol insistait.

Tout à coup ayant besoin d'un aide momentané, il s'écria :

— Eh! Chaumantin, viens donc ici !

Chaumantin s'approcha du récipient, en demandant :

— Quoi ?

— Eh bien ! donne-moi un coup de main.

— Mais, je ne sais pas... et ..

— Est-ce que tu aurais peur d'y toucher ?

— Non... Cependant...

— Va donc !... Prends la cuillère et tourne.

Et Ravachol mit dans la main de Chaumantin une cuillère de fer avec laquelle il remuait lentement le mélange contenu dans le récipient.

Chaumantin prit l'ustensile, en hésitant, fit deux ou trois tours de marmite « pour voir » et rendit la cuillère à Ravachol, en disant :

— J'en ai assez... bonsoir...

Ravachol le plaisanta à nouveau, le traitant de poltron.

— Tout ça, dit-il, c'est parce que tu as des enfants .. si tu étais garçon tu montrerais plus de tête... On ne t'en veut pas...

La fabrication de la nitro-glycérine se poursuivit encore un certain temps.

Quand elle fut terminée, Ravachol et Simon commencèrent, avec les mêmes précautions, à confectionner des cartouches qu'ils placèrent ensuite dans un casier, sur la cheminée.

Mme Chevallier prit alors congé de Ravachol et de ses compagnons.

Ceux-ci, les cartouches de dynamite achevées, sortirent à leur tour, seulement pour se promener dans l'île Saint-Denis, excellent endroit, au dire de Ravachol, pour y causer sans crainte des mouchards.

Ils dirigèrent leurs pas dans la direction du pont de Saint-Ouen, où, à la vérité, ils pouvaient à l'aise converser, sans crainte d'être dérangés.

La conversation roula uniquement sur l'opération projetée contre M. le président Benoist.

De retour chez lui, Chaumantin raconta à sa femme ce qu'il avait fait en compagnie de Ravachol.

Mme Chaumantin récrimina fort, se plaignant de voir son mari trop souvent en compagnie de Ravachol.

C'était une femme peu causeuse d'habitude, tout occupée de son ménage et de ses enfants, de tempérament froid et calculateur, d'un esprit n'aimant pas à s'égarer.

Sans être au courant très exactement des menées de Ravachol, elle s'inquiétait de ses allures mystérieuses et de cette fabrication clandestine de choses paraissant devoir être dangereuses.

Elle s'en inquiétait pour Ravachol qui, sans être un ami intime, n'en était pas moins un camarade ayant pris place à la table, maintes fois.

Elle s'en inquiétait aussi, et surtout pour son mari.

Avec cet esprit observateur de toutes les femmes, Mme Chaumantin avait lu au fond du cœur de Ravachol.

Ce dernier semblait doux d'allure en société, il n'avait que de bonnes paroles et il prenait plaisir à caresser les enfants.

Ses instincts féroces, ses haines contre la société, tout cela disparaissait dès l'instant où il était assis à une table de famille.

Il semblait être l'homme le plus tranquille.

Eh bien, sous ces apparences, Mme Chaumantin avait percé le sectaire farouche.

Elle avait compris, vaguement il est vrai, combien il était capable d'agir avec violence et elle pressentait quelque chose d'indéfinissable et de terrible provoqué par les soins de Ravachol.

En ces conditions, il n'y avait pas à s'étonner de voir Mme Chaumantin reprocher à son mari de commettre des imprudences.

Aussi s'écria-t-elle avec explosion :

— Qu'est-ce que c'est?... Ils fabriquaient encore quelques saletés!.. Tout cela finira mal!... De quoi te mêles-tu!... Est-ce que c'est ton affaire d'aller remuer leurs produits chimiques... Et s'il arrivait quelque accident... Tu oublies que tu as des enfants.

Chaumantin, au fond, était de l'avis de sa femme.

Au surplus, nous avons constaté sa répugnance à participer trop directement aux opérations de Ravachol.

Il courba même la tête et balbutia quelques excuses. Il promit même de ne plus retourner au quai de la Marine.

On ne savait pas ce qui arriverait; le plus sage était de rester chez soi.

Cependant on ne pouvait pas fermer la porte au nez de Ravachol.

— Ce n'est pas cela qu'on te demande, dit Mme Chaumantin, mais seulement de ne pas te compromettre.

Chaumantin était absolument de ce dernier avis.

Le lendemain, Simon vint rejoindre Ravachol qui attendait seul à son logement du quai de la Marine.

Béala, retenu à Paris par des occupations particulières, n'avait pu venir.

Chaumantin, sous l'influence de sa femme, demeurait chez lui.

On causa, naturellement, de l'entreprise projetée, et on décida que Simon se rendrait à Paris, et tenterait de pénétrer dans la maison occupée par M. Benoist.

Ravachol, selon les conventions, ne voulait pas quitter l'île Saint-Denis avant le jour fixé pour l'attentat.

Simon avait pour mission de rechercher l'étage habité par le conseiller à la cour.

— C'est bête que le Bottin ne donne pas tous ces renseignements, ricana l'aimable drôle.

— Il a déjà tant de peine à donner les adresses, riposta Ravachol.

Simon prit congé de son compagnon.

Il était deux heures. Le bandit avait le temps, ce jour, d'opérer dans la maison du boulevard Saint-Germain.

Il prit le train, arriva à la gare du Nord à deux heures et demie, et une fois à Paris, grimpa sur l'impériale de l'omnibus allant à la Chaussée-du-Maine.

A l'entrée de la rue Dauphine, il descendit, suivit cette voie jusqu'au bout, prit la rue de l'Ancienne-Comédie, et tournant sur le boulevard Saint-Germain, s'arrêta au numéro 136.

Il examina, quelques secondes, la maison, comme s'il eût voulu percer du regard les murs.

— Bah! fit-il, en matière d'aparté, il doit bien y avoir une plaque sur la porte comme dans tous les commerces.

Et secouant les épaules, le cynique gamin entra dans la maison, en sifflant un air de café-concert.

Il passa devant la loge, de la façon la plus naturelle, les mains dans les poches, se dandinant légèrement.

Soit que la concierge ne l'eût pas aperçu ou qu'elle fût de caractère insouciant, le drôle put atteindre l'escalier sans être interrogé. Il monta paisiblement.

A chaque palier, il examina les entrées et grimpa ainsi jusqu'aux combles sans avoir pu découvrir un indice quelconque le fixant sur l'étage habité par le président Benoist.

Très désappointé, le jeune Simon descendit lentement, réfléchissant aux moyens de se renseigner.

Il n'y en avait qu'un : celui d'interroger la concierge.

Mais il présentait cet inconvénient de se faire remarquer d'elle.

N'importe, Simon avait promis à Ravachol de savoir; il tenait au moins à faire son possible pour apprendre.

Il fallait tâcher de faire parler la concierge sans éveiller sa méfiance.

Simon, prenant une physionomie des plus paisibles, pénétra dans la loge.

Cette fois la concierge l'avait vu descendre, et peut-être avait-elle été prise d'un indéfinissable soupçon, car elle regarda le gamin avec méfiance.

— Que voulez-vous ? demanda-t-elle d'un ton rogue.

Simon hésita une seconde.

— Je cherche... un... juge... On m'a dit qu'il habitait ici.

Sans s'expliquer pourquoi, la concierge jugea à propos de se tenir sur une grande réserve ; au lieu de prononcer le nom de M. Benoist, elle répondit :

— Un juge. Savez-vous son nom ?

— On m'a dit qu'il s'appelait M. Benoist.

— Oui... Peut-être... Que lui voulez-vous ?

— Savoir à quel étage il demeure.

— A quel étage ? je ne peux pas vous dire... D'abord on ne monte pas comme ça dans les maisons ; vous pourriez demander avant... M. Benoist ne reçoit pas à cette heure-ci... Ecrivez-lui si vous voulez le voir, il vous donnera un rendez-vous...

— Mais enfin.

— Tout ça, c'est des frimes... Vous n'avez pas plus besoin que moi... S'il y avait un agent ici, je vous ferais arrêter.

Simon n'insista pas davantage ; il mâchonna quelque injure à l'adresse de la concierge, dont, par acquit de vengeance, il ferma violemment la porte au point d'en briser presque la glace.

Pendant que la concierge, suffoquée d'indignation, hésitait si elle ne courrait pas après lui, il s'était éloigné.

Le jeune drôle revint à Saint-Denis, rendre compte à Ravachol de l'inanité de ses recherches.

L'anarchiste avait écouté en hochant la tête

— Eh bien, dit-il, avec un léger haussement d'épaules, tant pis pour les voisins. On a fait son devoir. Et puis on ne fait pas d'omelette sans casser des œufs.

— Tant mieux, dit Simon en se frottant les mains, la concierge y passera aussi.

— C'est bien, dit Ravachol. Tu vas aller à Paris, tu verras Béala et tu lui diras qu'il vienne avec Mariette... Attends.

Et il parut réfléchir.

— Nous sommes le huit, reprit-il, neuf, dix, demain, après-demain... oui, le onze; la concierge du boulevard Saint-Germain aura le temps de l'oublier. Dis à Béala et à Mariette Soubert de venir ici dans trois jours, l'après-midi, avant la nuit.

Simon s'en alla.

Trois jours après, Simon, Ravachol, Chaumantin, Béala et Mariette Soubert étaient réunis quai de la Marine et causaient de l'expédition projetée, sans toutefois en préciser les termes, de telle façon que Mariette ne parut rien comprendre à leur conversation.

— Pourquoi ne s'est-on pas réuni chez Lamberti? demanda Béala.

— C'est l'ordre de Dowpotchine. Il ne faut pas compromettre notre quartier général.

Et regardant Chaumantin de façon particulière, il ajouta :

— Dowpotchine prétend même que pour mieux dépister la police, qui ne manquera pas d'être fort émue après l'opération de ce soir, que ce serait au mieux si elle découvrait mon domicile.

Chaumantin parut ne pas avoir remarqué le regard de Ravachol.

— Ton domicile, ici?

— Parbleu!

Et Ravachol ajouta, en éclatant de rire :

— Pour ce que la police y trouvera! Simon et moi nous avons porté la dynamite chez Lamberti.

LES COMPAGNONS DE RAVACHOL
Par Pierre Delcourt et J. H.

L'ébranlement fut tel autour de lui, qu'il crut à l'effondrement de la maison.

(Reproduction interdite.)

René MOROT, Éditeur, 40, rue Laffitte, Paris.

Liv. 14

Et à propos de ce dernier, il raconta qu'il avait trouvé le coiffeur tout drôle, soucieux.

Oh! il ne craignait pas qu'il trahît, mais certainement il avait quelque chose qui le tourmentait...

Il en avertirait Dowpotchine à tout hasard.

Béala et Simon rirent fort à l'idée de laisser la police découvrir le domicile de Ravachol.

Ce dernier, avant l'arrivée de Béala, de Mariette et de Chaumantin, avait enveloppé la marmite infernale dans du papier goudronné au lieu de l'enfermer dans un carton.

C'est que, cette fois, il s'agissait d'entrer dans Paris, c'est-à-dire de passer l'octroi.

Or on pouvait demander à visiter le carton.

Il fallait trouver un moyen de dissimuler la marmite.

Enveloppée et ficelée dans un papier goudronné, elle tenait moins de place.

Ravachol alla prendre le paquet et le présenta à Chaumantin.

— Tiens, dit-il, sors-le.

Mais Chaumantin n'avait cure d'une telle charge.

— Pourquoi faire? dit-il, en repoussant l'engin, tout ça c'est des bêtises... porte-le toi-même, d'abord tu sais bien que je ne partage pas tes idées là-dessus. Je suis anarchiste par la parole, mais je ne veux pas de coups de force.

Mariette Soubert ne comprenait rien, nous l'avons déjà dit, à cette conversation; elle était fatiguée, un peu malade, et n'avait suivi Béala que pour ne pas refuser d'obéir à un ordre de Ravachol. Elle regardait avec un étonnement un peu naïf autour d'elle, se demandant la cause de cette réunion que Béala ne lui avait pas expliquée.

— Pourquoi m'avez-vous fait venir, Ravachol? dit-elle enfin.

— Ma fille, c'est bien simple, répondit ce dernier en souriant et en montrant la marmite, tu vois ce paquet, eh bien, nous avons besoin de le passer à l'octroi, il n'y a que toi qui peux le faire.

— Ça m'embête, je suis fatiguée.

— Il le faut.

— Cependant, si je ne peux pas.

— Allons, je le veux, il n'y a pas à résister. D'abord, l'octroi passé, tu seras libre de t'en aller.

— Mais, comment ferai-je ?

— C'est bien simple, tu t'assiéras sur l'impériale, et tu placeras le paquet sous tes jupons.

Tout en parlant, Ravachol avait replacé la marmite sur la cheminée.

Il se défit du vêtement qu'il avait, endossa une redingote et se coiffa d'un chapeau haut de forme.

Il glissa ensuite les mains dans les poches de son pantalon et s'assura qu'elles renfermaient chacune un revolver.

Alors, reprenant la marmite, il la plaça sous son bras, en disant d'un ton railleur :

— C'est bien, Chaumantin, tu es un père de famille, on ne veut pas te compromettre. En route.

Les quatre hommes et Mariette abandonnèrent le domicile de Ravachol, s'engagèrent sur le pont de l'île Saint-Denis et rentrèrent dans la ville.

A la hauteur de l'église, Chaumantin prit congé d'eux.

Simon, Béala, Ravachol et Mariette tournèrent à gauche et longèrent la caserne pour gagner la station des tramways.

Ravachol était calme ; Simon, au contraire, semblait exubérant, il parlait avec animation et de temps à autre se frottait joyeusement les mains.

Mariette suivait son chemin, très indifférente.

Quant à Béala, il paraissait fort irrésolu. Comme pour la tentative de Clichy, il n'accompagnait ses amis qu'à contre-cœur.

Avant d'atteindre le coin du mur de la caserne, Ravachol s'arrêta et aidé de Béala, attacha la marmite sous la robe de Mariette en lui expliquant que c'était simplement une marmite à faire passer en fraude à l'octroi.

— Faites attention de ne pas la faire tomber. Je pars de l'avant, pour que nous ne soyons pas tous ensemble.

Je monterai dans l'intérieur. Grimpez sur l'impériale et asseyez-vous le plus près du cocher, Mariette entre vous deux.

Qu'elle ne bouge plus jusqu'après la barrière.

Vous prendrez des correspondances et vous descendrez au boulevard de la Chapelle.

Ces explications terminées, Ravachol prit en effet les devants, et vint s'installer à l'intérieur de la première voiture prête à partir.

Simon, Mariette et Béala suivant les ordres du compagnon, prirent à l'impériale les places désignées.

Le voyage jusqu'à la barrière se fit sans le moindre accident et l'octroi fut dépassé en toute tranquillité.

Boulevard de la Chapelle, au bureau, les anarchistes descendirent.

Mariette avait conservé le paquet sous ses jupes jusqu'à ce moment. Elle se leva sans chercher à le ramasser et ce fut Simon qui, derrière elle, prit la marmite.

La maîtresse de Béala ne devait pas accompagner les trois hommes, elle s'éloigna. Ravachol, Béala et Simon, avec leurs correspondances, montèrent dans le tramway de la Chapelle au square Monge, et descendirent au boulevard Saint-Germain.

De ce point au numéro 136, il n'y avait pas longtemps à marcher.

Il faisait nuit. Le froid piquait assez violemment et les passants peu nombreux ne se seraient pas attardés à examiner les trois hommes.

Ces derniers marchaient peu hâtivement Simon avait cessé de gouailler. Ravachol était pâle, et, bien que résolu, il éprouvait une assez grande émotion.

Béala sentait la peur l'envahir.

Il regardait autour de lui, avec inquiétude, s'imaginait être entouré de mouchards, et à mesure qu'il avançait, son effroi augmentait. Aussi l'incertitude de sa démarche s'accroissait-elle.

Les trois hommes demeuraient silencieux.

A la hauteur de l'amorce du boulevard Saint-André-des-Arts, Béala, plus inquiet encore, s'arrêta.

Ravachol et Simon l'imitèrent non sans manifester leur étonnement.

Mais Béala fit observer qu'on n'avait pu causer en tramway ni prendre les dernières dispositions. Il fallait savoir ce qu'on ferait avant d'agir.

Il avait été dit que l'opération s'accomplirait à trois. Mais tout ça était des blagues, il ne voulait pas en être. C'était déjà bien assez, de les avoir accompagnés jusqu'ici.

Et montrant du doigt l'amorce du nouveau boulevard, il ajouta :

— Rentrons donc là causer un instant, on ne nous y verra pas, du reste il n'y a personne.

Et Ravachol assez ennuyé de ces observations inattendues et ne voulant pas discuter avec Béala, obtempéra à son désir.

Simon, plus indifférent, les suivit sans faire d'observations.

Les trois hommes tournèrent donc brusquement à droite et vinrent s'abriter derrière la palissade d'un terrain en construction.

Rapidement, d'une voix brève, Ravachol demanda à Béala de s'expliquer. Il fallait se hâter. On ne pouvait attendre trop longtemps sous peine de courir le risque de voir la porte se fermer.

Béala recommença à exprimer ses craintes au sujet d'un acte aussi grave.

— Comment allons-nous faire? dit-il.

— Eh! parbleu! répondit Ravachol, nous monterons tous les trois; l'un de vous fera le guet en haut, l'autre en bas, moi je déposerai la marmite et j'allumerai la mèche avec le cigare de Simon.

— Ah! non, je n'en suis pas, répondit Béala, j'ai cru que c'était de la plaisanterie, c'est trop grave.

— Moi, fit Simon, ça ne me gêne pas que tu fasses sauter les bourgeois, mais je pense qu'il est plus utile que j'attende dehors.

— C'est bien, puisque c'est comme cela, j'irai seul; allons venez-vous?

— Non, dit Béala, tout ce que je peux faire, c'est de vous attendre là tous les deux. Ça ne me va pas, ces machines-là. Et puis, si on est pincé...

— Bah! répondit Ravachol, je prends tout sur moi. Tu as peur! tu as la « favette », et bien, reste ici.

Ravachol entraînant Simon revint sur le boulevard Saint-Germain.

— Au fait, tu as raison, dit-il à ce dernier, il vaut mieux m'attendre en bas, tu garderas la porte.

Une minute après, ils s'arrêtaient au n° 136.

Comme Ravachol l'avait espéré, la porte d'entrée n'était pas fermée.

Les deux hommes regardèrent vivement autour d'eux et n'aperçurent rien de suspect.

Alors, hardiment, sans hésitation, Ravachol pénétra dans l'allée, sa machine infernale sous le bras, passa rapidement devant la loge sans être arrêté par le concierge et monta, d'une haleine, deux étages.

Là, il s'arrêta, irrésolu, une seconde.

— Ma foi tant pis! murmura-t-il, je ne sais pas où est son appartement. Ici tout y passera!...

Il déposa prestement la marmite à terre, contre le mur, déchira le papier l'enveloppant, prit une allumette dans sa poche, l'enflamma et l'approcha de la mèche.

Celle-ci était une mèche à briquet.

Elle prit feu de suite et brûla lentement.

Ravachol n'eut pas une seconde d'émotion ou de regret, son œuvre accomplie. Au contraire, il eut un éclair dans le regard en même temps que sa poitrine se soulevait dans un immense soupir de satisfaction cruelle, sorte de râle furieux à l'adresse des bourgeois, puis il descendit vivement.

A peine franchissait-il le seuil de la porte d'entrée qu'un bruit épouvantable se faisait entendre.

Le sol parut se soulever. Ravachol demeura une seconde étourdi et l'ébranlement fut tel autour de lui, qu'il crut à l'effondrement de la maison. Il pensa même, en un éclair d'appréhension, que celle-ci allait lui tomber sur le dos.

Il fit alors un bond prodigieux, comme pour échapper à ce danger imaginaire. Mais presque en même temps la perception nette de sa situation lui revint. Il leva alors le nez en l'air, constata l'immobilité de l'immeuble et eut un sourire.

— Je voudrais bien voir ce qui se passe là-dedans, murmura-t-il, en se dirigeant hâtivement vers l'endroit où Béala attendait.

Il y trouva Simon, qui n'avait pas attendu Ravachol pour battre en retraite.

Les trois hommes ne s'attardèrent pas en ce lieu et filèrent hâtivement par la rue des Poitevins. Quelques minutes après ils étaient à nouveau boulevard Saint-Michel.

Simon était redevenu très gai. Il se frottait les mains joyeusement, selon sa coutume, et raillait cyniquement les victimes de l'explosion. Ravachol demeurait calme; Béala tremblait.

Cependant, réconforté bientôt et rassuré, il se prit à rire à son tour, du bout des lèvres, il est vrai, tout en récriminant contre de pareils agissements dont il n'était pas partisan, ne cessait-il de protester.

Ravachol raconta à ses amis comment il avait procédé et demanda à Béala si le bruit de l'explosion avait été violent à l'endroit où il attendait.

Béala répondit qu'il avait cru entendre comme un coup de tonnerre.

Les trois hommes revinrent à pied au boulevard de la Chapelle où ils prirent le tramway de Saint-Denis.

CHAPITRE IX

L'espion

Le lendemain, Simon, Ravachol et Lamberti, réunis dans l'arrière-boutique du magasin du coiffeur, lisaient attentivement différents journaux pour se rendre compte de l'impression ressentie par le public, à la suite de l'explosion du boulevard Saint-Germain.

Ravachol avait dans le regard une flamme d'orgueil à la pensée que cette émotion était provoquée par lui.

En outre, sa curiosité était vivement éveillée en ce qui touchait les effets de l'explosion.

En réalité, jusqu'alors, il avait marché au hasard. Il ne pouvait avoir qu'une idée relative des résultats attendus de l'éclatement de sa marmite.

Maintenant, il savait.

Aussi était-ce avec une entière satisfaction qu'il parcourait les lignes relatives aux détails de l'explosion.

Oui, Ravachol était satisfait. Le résultat avait dépassé son attente.

Cependant, il ne considérait cette opération du boulevard Saint-Germain que comme une expérience, et bien qu'il fût heureux du rendement de l'explosif par rapport à sa force, l'effet n'était pas encore complet. Mais cela tenait à ce que la marmite n'avait pu contenir un nombre suffisant de cartouches.

C'était une leçon dont Ravachol saurait profiter à la seconde édition de l'affaire, maintenant qu'il était fixé. Il n'avait qu'à déposer un engin plus grand.

Simon, selon sa coutume, se frottait joyeusement les mains, en accompagnant ce mouvement de sarcasmes et d'injures à l'adresse des bourgeois.

Lamberti était sombre.

La lecture terminée, la conversation s'engagea, naturellement, sur les recherches que la police pratiquerait. Simon soutint qu'on se fichait pas mal d'elle. Ravachol la méprisait avec des haussements d'épaules significatifs. Lamberti ne la craignait pas. Au surplus il sortait toujours armé de son poignard, arme redoutable en ses mains.

Ravachol préférait le revolver, qu'il maniait, disait-il, avec certitude ; il en avait toujours deux en sa possession.

Quant à Simon, un bon couteau à virole et son os de mouton lui suffisaient ; il avait le coup des deux yeux quand on s'approchait trop près. Mais ce n'était pas commode.

Ravachol assura que la police ne pouvait le découvrir, ou plutôt l'arrêter car il ne serait pas étonné qu'on vînt quai de la Marine, c'est pour cela qu'il n'y mettait plus les pieds sans grandes précautions.

— Et qui donc apprendrait ton adresse à la police ? demanda Simon.

— Est-ce qu'on sait ? répondit Ravachol d'un ton singulier.

Mais ce n'était pas tout cela, il fallait maintenant s'occuper de l'avocat bêcheur Bulot, et lui faire proprement son affaire.

Ce n'était plus un escalier et quelques portes à détruire comme dans la maison du boulevard Saint-Germain.

Il fallait l'écroulement de la maison.

Et d'abord l'avocat bêcheur était le plus coupable puisqu'il avait requis la peine de mort contre Decamps, Léveillé, Dardare.

Cette fois on mettrait plus qu'une marmite.

La conversation fut interrompue par l'arrivée d'Emeline.

Celle-ci avait toujours ce visage impassible que nous lui connaissons, au travers duquel cependant, on percevait un sentiment de profonde satisfaction.

Etait-il produit par le fait même de l'explosion de la veille, ou reflétait-il le contentement qu'il n'y eut point de victimes ? Assurément ces deux causes existaient.

Ravachol s'était empressé auprès d'Emeline dont-il subissait toujours respectueusement l'influence.

— J'ai reçu, dit-elle brièvement, une dépêche de Dowpotchine, dans laquelle il m'invite à venir vous trouver au plus tôt et vous informer qu'il faut attendre son retour, très prompt du reste, avant de procéder à l'opération projetée contre la maison habitée par M. Bulot.

— Il sait donc déjà... demanda Ravachol.

— Oui.

— Par qui? comment?

Emeline sourit.

Elle apprit qu'entre elle et Dowpotchine la correspondance télégraphique n'était même pas chiffrée, mais au contraire en apparence des plus naturelles : des phrases commerciales impossibles à être percées à jour, représentaient une signification convenue à l'avance.

Peu après l'explosion, Emeline déjà prévenue par son indicateur avait avisé Dowpotchine.

— Ainsi donc, termina-t-elle, attendez le retour de Dowpotchine. D'ici là, vivez paisiblement, car à mon avis, vous n'avez rien à craindre de la police en ce lieu comme en d'autres.

— Eh bien! on fera les lézards, dit Simon toujours gouailleur.

Emeline rabattit, sur son visage, sa voilette qu'elle avait levée en arrivant, salua les trois hommes et s'en alla.

Le lendemain était un dimanche, Ravachol, Béala, Simon et Chaumantin réunis à nouveau au numéro 2 du quai de la Marine, y causaient de l'événement de l'avant-veille. Comme toujours, Béala et Chaumantin protestaient que ce n'était pas leur fait d'agir de la sorte.

— Moi, disait Chaumantin en s'adressant à Béala, je suis plus carré que toi, je n'y suis même pas allé.

— J'y alle... j'y suis allé... grommela Béala, parce que je ne pouvais pas faire autrement, à cause de Ravachol.

— C'est bien comme s'il n'y était pas allé, dit ce dernier, il a une telle « favette » qu'il nous a lâchés en route. Si on n'avait eu que lui...

— Heureusement que j'étais là, dit Simon. En voilà un compagnon !...

Ravachol proposa de refaire de la nitro-glycérine, au grand mécontentement de Chaumantin qu'il obligea, comme nous l'avons déjà dit une fois, à l'aider.

Cette fois encore, Mme Chevallier, venue voir les compagnons, les surprit dans cette opération.

Le soir, Simon et Ravachol dînèrent chez Lamberti.

Le lendemain, Simon retourna à Saint-Ouen, laissant Ravachol en compagnie de l'Italien.

Quelques minutes après, le premier allait s'éloigner à son tour pour retourner au 2, quai de la Marine, quand Dowpotchine apparut soudain.

— Où vas-tu? demanda-t-il à Ravachol, en le voyant prêt à partir.

Ce dernier et l'Italien avaient poussé un cri de surprise à la vue du chef mystérieux, et ils s'étaient reculés instinctivement, respectueux.

— Où je vais? dit Ravachol, mais... chez moi.

— Quai de la Marine?

— Oui.

— Inutile, en ce moment le commissaire de police Clément est chez toi.

— Ah! fit Ravachol, d'un ton singulier. Et comment?...

— Il a appris? continua Dowpotchine. Par Chaumantin... Mais c'était inutile, ce matin un des nôtres t'avait dénoncé déjà.

— Un traître! s'écria Ravachol.

— Un espion! fit Lamberti.

— Un espion, répondit froidement Dowpotchine. Je le connais.

Dowpotchine raconta alors qu'il n'avait pas eu besoin de poursuivre son voyage, les événements pour lesquels sa présence était nécessaire à l'étranger s'étant modifiés.

LES COMPAGNONS DE RAVACHOL
Par Pierre Delcourt et J H.

Il plaça la bombe et approcha son cigare de la mèche, qui prit feu...

(Reproduction interdite)

Liv. 15

René MOROT, Éditeur, 40, rue Laffitte, Paris.

En route, il avait eu connaissance de la présence d'un traître, d'un espion, sans qu'il lui fût possible encore de savoir qui il était.

Aussi, au lendemain de la première explosion, avait-il télégraphié à Emeline de suspendre momentanément les préparatifs de la suivante, ou plutôt d'attendre. Il était inutile de courir le risque d'échouer par le fait de la trahison.

— Le connaissez-vous maintenant? demanda Ravachol.

— De ce matin, je l'ai vu sortir de la Préfecture de police, au moment où il venait d'informer M. Clément de ton existence et du lieu où tu l'abritais.

— Comment l'a-t-il su! Je croyais... C'est donc réellement par un traître?..

— Oui, j'avais décidé de faire découvrir par la police ton domicile, mais plus tard, à une heure voulue;... nous sommes devancés.

— J'espère bien, fit Lamberti, qu'on va punir ce traître...

— Rassure-toi, je lui prépare, de concert avec Cazaldo...

— Cazaldo, de Madrid? s'écria Ravachol.

— Oui, il m'a accompagné à Paris. Je prépare donc à l'espion une embûche dans laquelle il tombera proprement. Je veux qu'il soit pris sur le fait. Pour l'instant je n'en dis pas plus. En attendant, toi, Ravachol, tu vas déménager illico et t'en aller habiter à Saint-Mandé, dans la Grande Rue, un logement que je t'ai retenu au nom de Léon Léger. Fais-y conduire tes affaires que tu as eu la précaution de faire amener ici, et cesse de voir tout le monde.

— Comment? Simon, Béala!...

— Dénoncés comme toi!... Ils peuvent être arrêtés d'un moment à l'autre, il est inutile que tu te trouves chez eux en un pareil instant. Je les ai fait prévenir. Auront-ils le temps de s'échapper?...

Dowpotchine invita Ravachol à partir au plus tôt pour Saint-Mandé avec son bagage, et lui intima l'ordre formel de ne point chercher à voir quiconque, de demeurer tranquille chez lui ou de ne sortir que parfaitement déguisé.

— N'oublie pas que j'ai besoin de toi, dit-il en terminant. Tout le monde n'a pas ton adresse.

Ravachol passa dans l'atelier en compagnie de Dowpotchine et de Lamberti, sur l'invitation du premier, et se mit en mesure de grimer au mieux son visage, opération dans laquelle, nous le savons, il était passé maître.

Une demi heure après, son bagage chargé sur une charrette, par les soins de Lamberti, il s'éloignait.

Demeuré seul avec l'Italien, Dowpotchine regarda sévèrement ce dernier en disant, d'un ton bref :

— Tu vas me dire maintenant les raisons pour lesquelles tu as tenté de faire sauter l'hôtel de la rue Saint-Dominique, ou plutôt me raconter tous les détails de ta conversation rue Lamartine, avec Marthe.

Lamberti eut un tressaillement et se recula, considérant Dowpotchine avec terreur.

Celui-ci poursuivit, toujours froid :

— Je ne t'accuse pas de traîtrise vis-à-vis la société anarchiste, mais de désobéissance au comité, ce qui équivaut presque à la même chose. Ainsi donc parle franchement.

. . . .

. . . .

Dowpotchine n'avait pas menti à Ravachol et à Lamberti en leur annonçant la double dénonciation.

Ce même matin, le commissaire de police aux délégations judiciaires, M. Clément, dont l'active intelligence était fort en jeu depuis l'explosion de la rue Saint Dominique, avait reçu la visite d'un personnage venu lui demander à parler en particulier.

Cet homme avait longuement conféré avec M. Clément, l'écoutant très radieux.

— Vous dites, fit le commissaire à la fin, que l'auteur des deux explosions n'est autre que Léon Léger... Léon Léger?.... Je connais ce nom...

Le commissaire de police n'eut pas longuement à chercher, sa figure s'éclaira aussitôt; il avait trouvé.

— Ravachol! s'écria-t-il ou plutôt Kœnigstein, l'assassin de l'ermite de Chambles, un anarchiste des plus audacieux, fort connu à Saint-Etienne, très redouté, arrêté après le crime de Chambles, et... évadé.

Et M. Clément haussa légèrement les épaules.

— Il y a encore d'autres choses sur son compte : fabrication de fausse-monnaie et présomption de vols et d'assassinats, c'est un redoutable bandit qu'on craint fort... J'en ai arrêté de plus dangereux; il ne m'effrayera pas.

L'espion apprit au commissaire qu'il demeurait au 2 du quai de la Marine, désigna Chaumantin, Béala et Simon et donna leurs adresses.

— Et ce personnage mystérieux qui parait les diriger tous ? demanda le commissaire.

L'inconnu ne put répondre de façon satisfaisante à cette question. Certes, il avait pressenti à certains indices l'existence de Ravachol, la direction occulte imprimée à l'anarchie au moins européenne, et venait en informer le commissaire; mais là s'arrêtait sa science en ce qui touchait Dowpotchine et Emeline.

Mais on voit que s'il ignorait Lamberti, il connaissait au mieux Béala, Simon et Chaumantin.

L'homme se retira après avoir pris un nouveau rendez-vous avec le commissaire aux délégations judiciaires.

Sur le quai des Orfèvres il rejoignit un compagnon l'attendant, lui prit le bras et l'entraîna sans remarquer que ce dernier avait légèrement retourné la tête et fait un signe rapide à un troisième personnage n'étant autre que Dowpotchine.

Le commissaire de police, sans perdre de temps avait prévenu ses chefs hiérarchiques et pris si bien ses dispositions que Simon, Béala et Chaumantin étaient arrêtés quelques heures après. Il s'était réservé la capture de ce dernier et de Ravachol. Nous savons qu'il ne devait pas trouver celui-ci.

Le 14 mars, c'est-à-dire le lendemain de ces arrestations, Ravachol, installé dans son nouveau domicile de la Grande Rue à Saint-Mandé, reçut une carte postale ainsi conçue :

« Cher monsieur,

» Je voudrais vous entretenir quelques instants au sujet de la proposition que vous m'avez faite il y a quelques jours, votre invention me paraît appelée à un grand succès.

» Je vous attendrai donc aujourd'hui, à sept heures du soir, à mon bureau de Vaugirard.

» Bien à vous.

» Edgard Pourelle. »

— Ah! murmura Ravachol, ça veut dire que Dowpotchine m'attend chez Lamberti, à Saint-Denis, on y sera.

En effet, à quatre heures et demie il quitta Saint-Mandé après avoir pris le soin de s'être parfaitement métamorphosé.

Ravachol était vêtu d'un pantalon à carreaux gris, passé dans des bottes et d'une houppelande lui descendant jusqu'aux genoux.

Sa figure rasée complètement, l'avait quelque peu modifié. Cependant il avait cru indispensable de la transformer davantage à l'aide de quelques verrues artificielles soigneusement éparpillées sur le nez, et d'un magifique emplâtre lui bouchant l'œil gauche.

Ainsi grimé il était méconnaissable.

Ravachol pénétra dans la boutique du coiffeur à sept heures précises.

Il aimait fort à se piquer d'exactitude.

Malheureusement il en fut pour sa ponctualité; Dowpotchine n'était pas là !

Lamberti l'informa qu'il venait d'être averti par Dowpotchine que ce dernier n'arriverait que plus tard, dans la soirée. En attendant on dînerait.

En effet, le mystérieux chef des anarchistes ne se présenta dans la boutique du coiffeur que vers dix heures.

Il examina Ravachol en souriant et murmura :

— Très bien !

Il félicita l'anarchiste de sa façon habile de se grimer, et lui tapant sur l'épaule :

— Tu penses, sans doute, dit-il, que je ne t'ai pas dérangé dans un but frivole.

— Je suis, au contraire, certain que nous allons avoir du sérieux.

— Oui, tu seras content de ta soirée, je crois, de ta nuit plutôt.

— Ah ! que vais-je faire?

— Rien.

Ravachol regarda, ébahi, Dowpotchine.

— Eh quoi !...

— Tu vas voir punir un traître !

— L'homme !...

— Oui !

— Où ?... ici ?...

— Non, à Paris.

— Vous l'avez arrêté ?

— Non.

— Mais alors?

— Je veux le prendre sur le fait.

Dowpotchine continua à converser, fournissant à Ravachol quelques détails sur l'espion, détails d'ordre général il est vrai.

Ravachol écoutait le mystérieux chef des anarchistes avec un sentiment de respect étrange et une sorte d'émotion dont il ne pouvait se défendre.

Ce qui le frappait le plus, c'était cette puissance dont il ne pouvait nier les effets.

Ravachol n'était-il pas un exemple même d'un tel pouvoir?

Avec un tel homme il n'y avait en vérité qu'à incliner la tête.

Et cependant Ravachol était l'homme de la lutte; nous savons qu'il n'avait quitté Saint-Etienne et abandonné les compagnons là-bas que pour agir à sa guise, être maître de ses actions et ne sentir aucun pouvoir peser sur lui.

Et cependant il s'était incliné devant une nouvelle autorité surgie brusquement devant la sienne.

C'est qu'il en avait reconnu immédiatement la haute valeur.

Comment, en effet, ne pas obéir à une force telle que celle de Dowpotchine?

Non seulement ce dernier avait des vues concordant avec celles de Ravachol, et celui-ci ne pouvait qu'obéir avec satisfaction, mais encore était-il impossible de résister à un homme capable de lire si intimement au fond des cœurs.

Ravachol écoutait donc respectueusement Dowpotchine et était prêt à agir selon ses désirs aussi passivement qu'il l'avait fait jusqu'alors.

Dowpotchine, ses explications terminées annonça qu'on se mettrait en route pour Paris par l'un des derniers trains.

Ravachol questionna alors le mystérieux nihiliste sur l'espion.

Comment l'avait-il découvert?

Dowpotchine haussa légèrement les épaules et en quelques mots voulut bien mettre Ravachol au courant de sa méthode.

Il avait, dit-il, un moyen infaillible de découvrir les traîtres, tôt ou tard. Il consistait à accoler à chacun des membres importants de la société anarchiste un confident. Fatalement l'un ou l'autre parlait de ses projets de trahison.

Ainsi, lui Ravachol avait eu son confident.

Ravachol regarda son compagnon avec une profonde stupéfaction.

Il en était cependant ainsi. Au surplus, Dowpotchine ne craignait pas de faire cet aveu à Ravachol, certain qu'il était désormais de la fidélité de ce dernier.

C'est par le confident de l'espion que Dowpotchine avait été mis au courant des intentions du traître et était prestement revenu à Paris.

Il importait en effet de parer au plus tôt à une aventure pouvant avoir des résultats très graves.

Si le traître ne connaissait encore Lamberti, Marthe, Emeline, Dowpotchine et peut-être Ravachol, il ne devait tarder à les découvrir, ainsi qu'Isambert et Vanoff.

A ce moment la conversation fut interrompue par trois coups frappés de façon espacée à la porte de l'arrière-boutique.

— Ce sont eux, dit Dowpotchine.
— Qui eux? demanda Ravachol.
— Isambert et Vanoff.
— Ils nous accompagneront à Paris?
— Oui.
— Sont-ils seuls à venir avec nous?
— D'autres nous attendent en un lieu que tu verras.

Pendant ce court dialogue, Lamberti était allé ouvrir.

Vanoff et Isambert apparurent en effet et s'avancèrent vers Dowpotchine, qui les mit au courant, en peu de mots, des raisons pour lesquelles il les avait convoqués à Saint-Denis

Comme Ravachol, Vanoff et Isambert, inféodés à Dowpotchine, obéissaient sans arrière-pensée à ce dernier.

Ils ne firent donc aucune observation et se tinrent prêts à agir.

Enfin, Dowpochine donna le signal du départ.

Lamberti éteignit les lumières et sortit le dernier en fermant soigneusement la porte.

Les cinq hommes n'avait pas grand chemin à faire pour gagner la gare.

Ils y arrivèrent en quelques minutes, peu d'instants avant la venue du train devant les conduire à Paris.

Dowpotchine, imitant la tactique de Ravachol, lors du voyage de celui-ci à Soisy-sous-Etiolles, avait donné l'ordre qu'on se subdivisât en trois fractions, Lamberti devant marcher seul.

Les anarchistes, par ce fait, montèrent donc dans trois compartiments différents et débarquèrent à Paris dans les mêmes conditions.

Ils descendirent jusqu'au coin de la rue Michel-le-Comte, devant un bar populaire où ils pénétrèrent.

Plusieurs consommateurs se trouvaient attablés ; un buveur était isolé à une table.

Dowpotchine s'y dirigea, et parut aussitôt reconnaître le buveur qu'il interpella avec une grande effusion.

— Te voilà Alfred, dit-il, en tendant la main au buveur, puisqu'on te revoit, nous allons trinquer ensemble.

— Tiens, Gustave ! répondit l'autre, en serrant amicalement la main qu'on lui tendait.

— Ces messieurs sont avec moi, des camarades, Legris et Dumont ; je te les présente.

On s'assit et on se mit à causer assez bruyamment. Pendant ce temps Isambert et Vanoff entraient à leur tour.

— Eh bien ? demanda Dowpotchine, à l'homme appelé Alfred, après qu'on eut servi.

— Leroux est là-bas, répondit-il, avec Feutrier, il attendra jusqu'à deux heures.

— Bien.

Abandonnons quelques instants ce dernier et ses compagnons, et occupons-nous plus spécialement des deux personnages dénommés, Feutrier et Leroux, qui n'étaient autres, le premier que l'espion et le second son confident.

Feutrier et Leroux étaient attablés dans la cave d'un marchand de vin fort connu de tous les noctambules, installé dans la rue de la Grande-Truanderie, près des Halles. Ils causaient fort gaiement et semblaient, malgré cela, discuter quelque peu.

— Tu comprends, mon vieux, disait Leroux, que c'est le meilleur moyen de détourner les soupçons, si par hasard on en avait.

— Oui, répondait Feutrier, mais c'est grave, et si la police se doutait que nous nous moquons d'elle comme cela?...

— Comment veux-tu qu'elle aille s'imaginer...

— J'ai promis à M. Clément de lui livrer Ravachol et les autres, mais il n'est pas du tout dans l'ordre de faire sauter quelque chose.

— Evidemment. C'est pour cela même qu'il ne pourra pas te soupçonner. Quand les compagnons sauront ta conduite de cette nuit, tout le monde pourra t'accuser, c'est comme si on chantait, tu deviens sacré. Et puis, ça te permet de prendre de l'importance à la Préfecture; tu pourras dénoncer... qui donc?... Isambert... Vaneff... ils nous gênent.

— Oui, c'est une idée, ça me donnera du poids.

— D'autant plus que pour le mal que ça va te donner et que ça fera au monument, tu peux bien y aller.

— Oh! ça je m'en fiche! s'ils pouvaient tous y passer, ce sont de sales types.

— Oh! pour ce que j'en dis, je ne les défends pas.

— Ah ça! à quelle heure partons-nous?

— Attendons un peu encore. Tu as l'outil ?
— Dans la poche de mon pardessus.
— Tu sais le coup pour l'allumer?
— Oui, oui, mon cigare.

Leroux allait continuer, quand l'arrivée d'un nouveau consommateur l'interrompit.

Ce n'était autre qu'Alfred qui vint boire debout au comptoir et, tout en tournant le dos à Leroux, pouvait correspondre par signes avec ce dernier au moyen de la glace placée au fond du comptoir et reflétant les personnes de Feutrier et de Leroux.

Ce dernier se gratta furieusement la tête à trois reprises différentes.

Alfred sourit, avala sa consommation, paya et sortit.

Rue de la Grande-Truanderie, il retrouva Dowpotchine.

— Eh bien ? demanda ce dernier.

— Ils vont partir, Leroux m'a fait le signal convenu.

Dowpotchine et Alfred se dissimulèrent alors dans une encoignure de maison.

Peu après, Leroux et Feutrier apparurent.

A ce moment même trois heures sonnaient au beffroi de Saint-Eustache.

Paris endormi partout, semblait au contraire s'éveiller en cet endroit.

Les candélabres s'allumaient, trouant de leurs clartés la brume opaque.

Les auvents des boutiques s'ouvraient. Des ombres allaient et venaient comme surgies inopinément de terre, et on entendait un murmure confus auquel s'ajoutait le sourd grondement des charrois.

Les Halles s'éveillaient.

L'instant était des plus propices à la sortie de Feutrier et de Leroux qui pouvaient se glisser au travers du monde spécial du marché sans courir risque d'être remarqués.

Leroux huma l'air à l'instar du chien de chasse, comme s'il eût voulu reconnaître la route.

LES COMPAGNONS DE RAVACHOL
Par Pierre Delcourt et J. H.

Un homme en manches de chemise accourut...

— Bon vent! dit-il à Feutrier, en prenant le bras de ce dernier.

— Oui, ajouta le traître, on peut marcher à l'aise.

Les deux hommes dévalèrent par la rue Pirouette et tombèrent rue de Rambuteau en plein amas de légumes obstruant la chaussée.

Derrière Feutrier et son compagnon, Dowpotchine et Alfred s'étaient ébranlés, filant chacun le long des maisons, à droite et à gauche, suivis dans le même ordre, par Ravachol, Isambert, Lamberti et Vanoff.

Feutrier et Leroux firent un crochet à gauche, pour tourner plus aisément les montagnes de légumes, et arrivèrent en biaisant rue Pierre-Lescot.

Ils la suivirent jusqu'à la fontaine des Innocents, longèrent le square, passèrent sous les voûtes, coupèrent la rue de la Ferronnerie et prirent la rue des Lombards de préférence à toute autre voie, cette rue étant, à cette heure de nuit, la toute propriété des filles et de leurs souteneurs.

La police, au cas où des agents les eussent croisés, devait moins les remarquer, les prenant pour quelques-uns de ces souteneurs.

Leroux et Feutrier marchaient au milieu de la chaussée; ils arrivèrent bientôt à la rue Geoffroy-Lasnier où ils entrèrent et qu'ils suivirent jusqu'à la rue de l'Hôtel-de-Ville.

Là, tournant à droite, ils coupèrent la rue du Pont-Louis-Philippe et débouchèrent rue Jacques-de-Brosse, au pied du portail de l'église Saint-Gervais et Saint-Protais, où ils s'arrêtèrent.

— Avec de pareils détours, dit Leroux, si on retrouve notre piste, on aura de la chance.

— Le fait est que pour venir des Halles place Lobau, nous n'avons pas précisément suivi le plus court.

— Allons, hâte-toi, va poser l'outil.

— Tu m'accompagnes?

— Qu'est-ce qui ferait le guet?

— Tu as raison.

— Ne manque pas de revenir ici.

— Sois tranquille, c'est le seul coin par où on puisse filer.

Feutrier regarda attentivement autour de lui, et assuré que la place était déserte, il s'éloigna.

Au même instant Dowpotchine, tenant Ravachol par la main, sortit brusquement de l'ombre d'une maison et bondit jusqu'à Leroux.

— Regarde, Ravachol! dit d'un ton bref Dowpotchine.

Et écartant Leroux du geste, il plaça Ravachol de façon à ce que l'anarchiste ne pût perdre aucun détail des agissements de Feutrier.

— Quoi ? demanda Ravachol étonné et très troublé.

— Comment je punis un traître!

— Mais... Je ne comprends pas.

— J'aurais pu le poignarder ou le faire jeter à la Seine ; je suis plus raffiné dans ma vengeance. Cet homme, sur mes instigations, sans qu'il le sache, va tenter de faire sauter la caserne des gardes républicains, ou pour mieux dire simuler une tentative d'explosion.

Il agit ainsi dans l'espérance d'accroître notre sympathie pour lui, de mieux détourner nos soupçons et de pouvoir continuer à nous trahir à l'aise.

C'est toujours moi qui lui ai suggéré ces pensées par l'entremise de Leroux.

Et c'est moi encore qui ai fabriqué l'engin auquel il doit mettre le feu.

Or cette machine est confectionnée de telle façon que, sauf un accident presque impossible à se produire, elle doit éclater à l'instant même qu'on l'allumera, et tuer celui chargé de cette opération.

As-tu compris, Ravachol?

Ce dernier ne put réprimer un frisson.

— Diable! fit-il, d'une voix légèrement tremblante, vous vous y entendez bien à vous venger.

— D'autant mieux que de cette manière, je désoriente davantage la police. Oh! je ne suis pas l'inventeur du procédé; Fieschi, en 1834, lors de son attentat contre Louis-Philippe, à l'aide d'une machine infernale, avait préparé celle-ci dans la même intention que moi. Malheureusement il s'y était mal pris. Son complice fut seulement blessé.

— Et si la même chose vous arrivait? demanda Ravachol.

— Impossible, j'ai neuf cent quatre-vingt-dix-neuf chances pour moi.

— Mais, si la millième?...

Dowpotchine eut un geste sinistre.

— Nous emploierons alors les moyens ordinaires.

— S'il s'échappait?

— Il ne peut s'échapper. De toutes parts il est entouré sans qu'il le sache.

En effet, et Dowpotchine l'apprit aussitôt à Ravachol, Isambert, Vanoff et Lamberti n'avaient pas suivi la rue de l'Hôtel-de-Ville jusqu'au bout.

Isambert, par la rue des Barres était venu place Beaudoyer, où il attendait dans l'urinoir près de la caserne.

Lamberti faisait le guet sur le quai, entre l'Hôtel de ville et la caserne Lobau.

Vanoff, adossé contre un des lions de bronze derrière l'Hôtel de ville, attendait du côté de la rue de Rivoli et surveillait la caserne Napoléon.

De quelques côtés que Feutrier s'enfuit, en admettant qu'il échappât à la mort, il tombait sur l'un des compagnons, puisque toutes les issues étaient gardées.

Ravachol ne pouvait qu'admirer ; c'est ce qu'il fit.

Feutrier, sans défiance, avait traversé la place.

Arrivé à la hauteur de l'urinoir, il tira de sa poche l'engin, une bombe de moyenne grosseur, munie d'une courte mèche, regarda à nouveau autour de lui et après avoir constaté l'entière solitude de l'endroit, s'approcha rapidement d'une des fenêtres grillées du rez-de-chaussée de la caserne Napoléon.

Il plaça la bombe sur le rebord, attisa son cigare en tirant vivement deux ou trois bouffées, secoua la cendre et approcha la partie allumée de la mèche qui prit feu avec un petit crépitement.

Ce crépitement eut un résultat inattendu par Dowpotchine, il empêcha la mèche de s'enflammer d'un seul coup, comme elle devait le faire, ce qui permit à Feutrier de s'éloigner sans danger.

Au surplus, avons-nous besoin de le dire, le traître ne pouvait avoir le moindre soupçon à cet égard.

Il traversa tout courant la place et rentra dans la rue Jacques-de-Brosse. Dowpotchine, qui suivait attentivement les gestes de Feutrier, porta vivement à ses lèvres un sifflet, en voyant le traître s'échapper, et lança dans les airs une modulation stridente destinée à apprendre aux trois sentinelles qu'elles devaient rejoindre, sans doute en un lieu convenu à l'avance.

Lamberti, Vanoff et Isambert, ce dernier le plus périlleusement engagé à cause de la proximité du poste de police de la mairie du IV° arrondissement, abandonnèrent vivement la place.

A l'instant où Feutrier entrait rue des Barres, Dowpotchine, le prenant par le bras, l'entraîna rapidement vers le quai, tournant prestement à gauche et, suivi de ses compagnons, s'engouffra dans l'allée d'une maison dont la porte était entr'ouverte.

Au moment où il repoussait cette dernière, sans la fermer, une terrible explosion se fit entendre.

La bombe de Feutrier venait d'éclater !

Dowpotchine eut un sourire sardonique.

Il songeait aux conséquences morales de cet acte, suivant de près l'explosion du boulevard Saint-Germain et, en connaisseur expérimenté de l'esprit humain, il supputait par avance le degré d'émotion produit par ce troisième attentat.

— Nous arriverons à l'affolement général ! murmura-t-il.

Les quatre hommes étaient parvenus à l'extrémité du couloir. Ils heurtèrent leurs pieds à la première marche d'un escalier qu'ils se hâtèrent de gravir, toujours dans l'obscurité, en s'aidant de la rampe.

Ils s'arrêtèrent au premier palier.

Dowpotchine marchait en tête ; il poussa une porte entr'ouverte, comme celle de l'entrée de la maison, et pénétra dans un petit logement non éclairé.

— Attendons, dit-il à voix basse, le retour des autres. J'allumerai alors. Silence !

Quelques minutes après, Lamberti arrivait, suivi bientôt de Vanoff.

Quant à Isambert, comme le chemin qu'il avait à parcourir était plus long, il arriva assez longtemps après.

Sans doute savait-il pénétrer le dernier dans la maison, car il ferma la porte de l'entrée ainsi que celle du logement.

Dowpotchine alla alors à la fenêtre de la chambre dans laquelle tout le monde était réuni, en ferma les volets, tira avec soin les grands rideaux de damas rouge l'ornant à l'intérieur, et alluma, sans crainte désormais d'être vu du dehors, les bougies d'un candélabre.

Alors, il regarda à la ronde, d'un air de suprême autorité, sans parler, comme pour mieux établir l'effet de sa puissance, arrêtant son regard plus longuement sur Feutrier.

Ce dernier, dans l'émotion première, n'avait prêté aucune attention à ces gens venus le prendre par les bras et l'entraîner jusqu'à cette maison.

Il avait parcouru la courte distance le séparant de la rue Jacques-de-Brosse au quai, sans grande conscience de son acte, tant il était apeuré et, jusqu'à son entrée dans la maison, était demeuré sous l'empire du même effarement.

L'explosion avait encore ajouté à cette terreur, et annihilé quelques minutes ses facultés mentales.

Mais peu à peu le sentiment lui revint, ses pensées furent moins confuses ; il put mieux à l'aise raisonner.

Dowpotchine, en parlant pour la première fois afin de recommander le silence, fut la cause déterminante de ce rappel à la raison.

Feutrier ignorait cette voix ; elle frappa son esprit et le rendit, sinon inquiet, du moins l'étonna. Ces paroles n'avaient pas été prononcées par Leroux ; un autre homme était là, témoin de l'acte accompli !

Qui donc était-ce ?

Feutrier sentit la mémoire lui revenir entière alors ; il se souvint de ces deux hommes l'ayant pris sous chaque bras à l'entrée de la rue Jacques-de-Brosse !

Subitement, un frissonnement de peur secoua son corps. Mais aussitôt il se rappela également que Leroux l'avait accompagné.

Feutrier poussa un soupir de satisfaction et n'eut plus peur, car son cerveau venait de lui faire connaitre la cause de la présence de ces deux étrangers. C'étaient des compagnons placés là par Leroux pour venir en aide à eux deux en cas de danger.

Et cette maison à la porte entr'ouverte ?

Feutrier admira la prévoyance de son complice, tout en s'étonnant qu'il eût poussé la prudence jusqu'à lui cacher son intention.

Puis, en réfléchissant, il arriva à s'imaginer qu'il avait dû obéir aux ordres de ce comité mystérieux auquel chacun obéissait, malgré les théories d'indépendance absolue, base essentielle de l'anarchie.

Il pensait aussi que Leroux avait préféré avertir le comité de leur résolution, que d'attendre l'exécution du projet pour faire connaître qui en avait été l'auteur.

Quelle était cette maison, refuge habilement trouvé ?

Assurément Leroux avait prévenu les chefs mystérieux, pour que tout eût été ainsi préparé en vue de le sauver lui, Feutrier, au cas de danger.

Au surplus, peu lui importait. Son but était atteint ; il devait désormais inspirer une confiance bien plus grande.

Et, sans s'en douter, Leroux venait de lui rendre un bien plus grand service.

Ses aides mystérieux, ainsi prévenus et lui préparant ce refuge, ne lui faisaient-ils pas connaître un secret qu'il vendrait cher à la police ?

Ces pensées si longues à exprimer, Feutrier les avait formulées en quelques minutes à peine, le temps qu'il demeurait dans l'obscurité jusqu'à l'arrivée des trois autres compagnons.

Il s'était bien gardé d'élever la moindre protestation ; il demeurait coi, respectueux de l'ordre donné, mais attendant impatiemment l'apparition d'une lumière pour pouvoir enfin dévisager ces gens qu'il ne lui avait pas encore été donné de connaître.

Aussi, à peine la première bougie était-elle allumée que, manquant à ses idées de prudence, il regarda fébrilement les visages des gens l'entourant. Seul, celui de Ravachol lui était connu.

Sans doute, Dowpotchine s'attendait à ce mouvement. Il sourit légèrement et eut un regard dédaigneux pour Feutrier, dont il semblait lire toutes les pensées comme à livre ouvert.

Feutrier n'avait pas peur. Cependant, il ressentait comme un malaise indéfinissable au milieu de ces gens inconnus, bien qu'ils ne parussent nullement hostiles à sa personne. L'œil de Dowpotchine surtout le fascinait en quelque sorte ; il n'osait arrêter son regard sur le visage du mystérieux chef et, cependant, il n'aurait pu y lire aucune trace de méfiance ou de courroux.

Au contraire, cette figure semblait paterne, étrangement douce même.

Pourquoi Feutrier éprouvait-il une gêne semblable ?

Il n'eût pu l'expliquer.

Dowpotchine avait replacé son candélabre sur la cheminée.

A nouveau son imperceptible sourire vint effleurer ses lèvres, en même temps qu'il fit un signe de la main, geste de suprême hauteur qui émut fort le traître.

— Feutrier, dit Dowpotchine, lentement, grave, comme parlant en quelque sorte de haut, tu t'étonnes de te trouver en cette société, et d'avoir d'autres compagnons que Leroux.

Feutrier fit un geste. Dowpotchine l'interrompit, continuant :

— Ton étonnement est naturel. Tu ne pouvais savoir qu'aucun agissement des compagnons anarchistes n'est ignoré du comité directeur.

Nous savions donc tes projets et, comme ils nous intéressaient au plus haut point, comme il nous plaisait d'apprendre ton degré de valeur et de savoir quelle était ton énergie, nous avons voulu te sauvegarder jusqu'à la fin.

Et cependant, en agissant de ton propre fait, sans ordres, tu te mettais en défaut contre le comité et méritais d'être puni.

Il ne suffit pas d'accomplir un acte anarchique, il faut qu'il ait sa valeur et surtout sa raison d'être. C'est pourquoi le comité directeur agit toujours en tout état de cause, blâme et réprime les actes individuels, le plus souvent imprudents.

Que nous importe, en effet, ta tentative d'explosion contre la caserne Napoléon ? Si encore elle eût provoqué l'écroulement de la bâtisse...

On t'a donc favorisé pour les raisons que j'indiquais, parce que cette même nuit le comité a décidé l'explosion de l'immeuble habité par des ennemis de l'anarchie. On voulait te voir à l'œuvre et te charger au besoin de l'exécution de ce nouvel acte.

Tu as mérité du comité ! Tu es un homme ! Au nom des compagnons, je t'ordonne d'agir cette nuit encore et d'exécuter les prescriptions qu'on va t'indiquer.

Et, pour que tu ne t'étonnes pas de nous voir te choisir quand d'autres compagnons aussi hardis que toi sont là, sache que d'autres fonctions également périlleuses leur ont été dévolues.

Feutrier avait écouté ce discours avec une profonde satisfaction, jusqu'au moment où il entendit les raisons d'agir du comité à son égard.

Il ne put réprimer alors une grimace significative.

Diable ! une deuxième opération de ce genre !

Décidément, ça lui coûtait cher que de tenter d'inspirer confiance au comité. Mais il était trop avancé et c'eût été commettre la plus grave imprudence que de paraître même hésiter.

En effet, comment, après une tentative du genre de celle qu'il venait d'accomplir, paraître craindre de recommencer ? Et puis, ne serait-ce pas ternir son auréole de vaillance ?

D'autre part, lui était-il possible même de tenter de résister à un ordre aussi nettement formulé ?

Lui, Feutrier, était seul avec Leroux contre ces inconnus semblant tous prêts à appuyer énergiquement leur chef.

Il ne connaissait que Ravachol, mais l'énergie de ce dernier lui était un sûr garant de la volonté des autres.

Ce fut donc sans le moindre enthousiasme, mais avec une résignation assez habilement dissimulée sous un masque d'indifférence, qu'il répondit à Dowpotchine, ces différentes observations ayant été fort rapidement formulées en son esprit :

— Je ne vous connaissais pas encore et je suis fier de vous voir ; puisque vous parlez au nom du comité, je n'ai évidemment qu'à obéir.

— C'est ton cas, et le seul, Feutrier.

Un peu inquiet, ce dernier voulut en apprendre davantage et demanda, sous un air badin :

— Mon cas ? suis-je si entièrement à votre discrétion ?

— A un point tel, répondit gravement Dowpotchine, que ta vie est désormais entre nos mains, dès l'instant où nous nous sommes montrés à toi.

Feutrier fit un mouvement.

— Rassure-toi, puisque nous t'honorons d'une telle confiance que nous te plaçons au poste le plus périlleux.

— Allez! bandits! gronda intérieurement Feutrier. Livrez-vous à moi! Vous y passerez tous! C'est la fortune.

— Nous n'avons pas d'instants à perdre, bien que le soleil se lève tard, dit Dowpotchine en allant à un placard qu'il ouvrit.

Feutrier, qui ne perdait aucun mouvement du terrible inconnu, aperçut, sur les planches de ce placard, des cartouches de dynamite rangées en ordre, des boîtes en fer-blanc devant contenir de la poudre, différents engins de forme bizarre, et une douzaine de bombes absolument semblables à celle qu'il venait d'employer contre la caserne Napoléon.

Dowpotchine en prit une, l'examina avec une extrême attention.

Elle était toute garnie et munie de sa mèche.

Il retira cette dernière, prit un flacon placé sur l'une des tablettes du placard et renfermant un liquide blanchâtre, y trempa la mèche de façon à parfaitement l'imprégner de ce liquide, et remit le flacon à sa place.

Alors, un mauvais sourire aux lèvres, il introduisit la mèche par l'ouverture pratiquée à son intention dans la bombe et enfouit l'engin, ainsi amorcé, dans la poche de son pardessus.

Cette opération accomplie, Dowpotchine referma soigneusement le placard, en prit la clef et fit signe à Vanoff d'approcher.

Quelques secondes il lui parla bas ; après quoi, élevant la voix :

— Tu aimes fumer, Feutrier? j'ai fait ample provision d'excellents cigares à ton intention, les voici.

Et il tendit un paquet de purs havanes au traître en ajoutant :

— Prends-en un, allume-le à la bougie, et en route.

Pendant que Feutrier obéissait, Isambert, Vanoff et Lamberti s'étaient éloignés, un à un, partant les premiers pour une destination inconnue.

Dowpotchine éteignit toutes les bougies, sauf une, prit le bras de Feutrier, fit signe à Leroux et à Ravachol de passer devant et il sortit du logement dont il ferma soigneusement la porte.

LES COMPAGNONS DE RAVACHOL
Par Pierre Delcourt et J. H.

Ravachol, sa valise à la main, descendit de l'omnibus...

(Reproduction interdite.)

Liv. 17

René MOROT, Éditeur, 40, rue Laffitte, Paris.

En bas il dit rapidement à Ravachol de se guider sur Leroux lequel avait ses instructions.

La porte de l'allée que les trois anarchistes avaient ouverte à l'aide d'un passe-partout fut repoussée par Dowpotchine, sorti le dernier, son bras toujours placé sous celui de Feutrier.

— Nous sommes seuls? dit ce dernier, à peine sur le trottoir, et n'apercevant même plus Ravachol et Leroux.

— Il le faut. Ton joli travail de tout à l'heure a dû quelque peu ameuter. T'imagines-tu la police voyant passer indifférente, à cette heure de nuit, toute une troupe? Nous nous sommes égaillés, comme autrefois les chouans ; seuls toi et moi sommes réunis. Mais, rassure-toi, nous saurons nous retrouver à l'heure voulue et à l'endroit désigné.

Tout en parlant, Dowpotchine entraînait son compagnon, avec une vélocité fort remarquable, dans la direction du pont Louis-Philippe, qu'il franchit rapidement, pour pénétrer dans la rue de l'île Saint-Louis.

— Nous sommes plus à l'aise ici, grommela Dowpotchine ; le pas était périlleux.

— Où allons-nous ?

— Assez loin, en un endroit auquel nous tournons le dos.

— Où ?

— Près du canal de Saint-Denis à l'entrée d'Aubervilliers.

— En effet, ce n'est pas ici.

— Bah! tu as de longues jambes.

— Je ne suis pas fatigué.

— Tu n'as sans doute pas peur de la marche ?

— Non.

Les deux hommes filèrent la rue de l'île Saint-Louis jusqu'au bout, traversèrent le pont Sully et ne s'arrêtèrent que sur la place de la Bastille.

Là, ils s'engagèrent sur le boulevard Bourdon, qui, par le canal, devait les mener jusqu'à la rue de Flandre, c'est-à-dire sur le chemin le plus direct pour les conduire à l'endroit indiqué.

Six heures sonnaient au montier d'Aubervilliers quand Dowpotchine arrêta Feutrier.

— C'est là, dit-il.

— Je ne vois rien, dans cette obscurité.

— Aperçois-tu une porte charretière en bois, là, c'est à droite, et cette maison faisant angle avec la porte ?

Feutrier, écarquillant les yeux, parvint à trouver l'obscurité et en effet à distinguer bientôt.

A quelques pas devant lui, une maison formée d'un rez-de-chaussée et d'un seul étage s'élevait tout au bord du canal. Faisant angle avec elle, la porte charretière désignée par Dowpotchine, la séparait d'une très grande usine dont elle formait l'entrée.

— Ah ! je vois.

— Fais néanmoins attention de ne pas tomber à l'eau !

Dowpotchine prit de sa poche la bombe, la remit à Feutrier et lui recommanda de ne l'allumer qu'après l'avoir posée sur l'une des traverses de la porte charretière. Comme pour la caserne Napoléon il suffisait d'approcher la cendre incandescente d'un cigare pour enflammer la mèche.

Feutrier prit la bombe sans émotion et l'alla poser à tâtons à l'endroit indiqué.

Mais quelques précautions qu'il prit, il trébucha aux cailloux du chemin, et faillit tomber en se heurtant à une brouette placée dans l'angle de la maison et de la porte.

Pendant ce temps Dowpotchine au lieu de s'éloigner, s'était simplement écarté de quelques pas, sans souci des ravages qu'allait faire l'éclatement de la bombe.

Ses yeux qui semblaient voir à l'aise dans cette obscurité, ne perdaient pas un mouvement de Feutrier.

Dowpotchine vit enfin l'espion placer son engin sur l'une des barres transversales de la porte, et approcher son cigare incandescent de la mèche.

Celle-ci, grâce au liquide dont elle était imprégnée, ne crépita pas comme la première. Elle s'enflamma instantanément et mit le feu à la poudre enfermée dans la bombe avant que Feutrier eût eu le temps de se redresser.

L'engin éclata aussitôt, mais phénomène curieux, l'explosion, au lieu d'être formidable comme celle de la place Saint-Gervais, n'eut pas plus d'éclat qu'une détonation de fusil et ne produisit que peu de fumée.

Mais sans doute les résultats attendus par Dowpotchine n'en devaient-ils pas moins se produire, la bombe éclata par l'effet d'une projection en avant.

Feutrier atteint par plusieurs éclats, poussa un grand cri, tournoya sur lui-même et vint s'abattre sur le dos, presque au bord du canal, la main droite crispée sur la poitrine, la main gauche convulsivement étirée sur la canne qu'elle n'avait pas lâchée.

Le traître était mort!

Au bruit, il se fit dans la maison un grand brouhaha, mais cependant quelques minutes s'écoulèrent avant qu'on apparût.

Les gens, brusquement tirés de leur sommeil, devaient se vêtir plus ou moins sommairement avant d'apparaître.

Enfin la porte s'ouvrit, un homme en manches de chemise accourut, suivi d'un second derrière lequel une femme, en coiffure de nuit, venait, un flambeau allumé à la main.

A la clarté de la lune et de la lumière, on eut vite aperçu le corps de Feutrier déjà raidi par la mort, et on se précipita vers lui, dans une émotion indescriptible.

Dowpotchine n'avait perdu aucun détail de cette scène.

Il vit enlever le cadavre, entendit les exclamations des gens et l'ordre donné par l'un d'eux à un second d'aller prévenir la gendarmerie et le commissaire de police.

Dowpotchine s'éloigna alors paisiblement, gagna le pont le plus rapproché, le traversa et revint dans la même direction mais par la rive opposée.

Devant la maison, il trouva Ravachol. Leroux et les autres, qui avaient pu, dissimulés dans l'ombre, contempler ce spectacle.

— Eh bien! Ravachol, dit-il, en entraînant ce dernier, tu as vu?

— Oui. Moi, je l'aurais cousu dans un sac et jeté à la Seine.

— Non pas, je préfère une vengeance utile à mes projets. T'imagines-tu le désarroi de la police quand elle reconnaitra dans ce cadavre l'espion venu lui offrir ses services. Elle se gardera bien de faire parler de cette explosion par les journaux.

— A votre aise. A propos, d'où provient la différence du bruit dans l'explosion, et pourquoi cette bombe n'a-t-elle pas fait plus de tapage qu'un coup de fusil ?

— Je l'avais chargée en conséquence, pour des raisons particulières que je n'ai pas à t'expliquer.

Ravachol n'insista pas; il savait au surplus l'inutilité des questions indiscrètes adressées à Dowpotchine.

— Maintenant, Ravachol, fit ce dernier, causons sérieusement. Nous avons à nous occuper de M. Bulot. Il habite rue de Clichy, au numéro 39.

CHAPITRE X

La Rue de Clichy

Ravachol était revenu à Saint-Mandé au petit jour.

Il avait grand besoin de repos après une nuit passée en d'aussi étranges circonstances, et il ne se fit pas faute d'en prendre.

Il avait au surplus besoin de sa liberté d'esprit pour réfléchir convenablement après sa conversation avec Dowpotchine.

Ce dernier, ainsi que nous l'avons vu, à la fin du chapitre précédent, avait entretenu Ravachol ou plutôt rappelé à l'anarchiste l'existence de l'avocat général Bulot, ayant requis contre les compagnons de Clichy.

Ravachol, que l'espion du boulevard Saint-Germain avait mis en train, attendait fort impatiemment que Dowpotchine lui donnât l'ordre de recommencer. Il s'exaltait à cette idée et par une divagation cérébrale, il en arrivait à se transformer en une sorte de héros et à revêtir d'héroïsme l'acte abominable qu'il avait commis.

Ses crimes, ses vols, par un euphémisme qu'il n'avait grand'peine de trouver, devenaient les faits d'un apostolat d'un nouveau genre, et Ravachol se déguisait tout simplement en néophyte de religion et en futur martyr.

Sa vanité était flattée à la pensée de jouer un rôle semblable dans la société, et telle était aussi son aberration mentale, qu'il se riait du crime commis ou à commettre, ne voyait pas les victimes de son atroce action et rêvait d'agrandir encore son œuvre.

Aussi comme il avait écouté avec attention les explications de Dowpotchine !

Ce dernier lui avait fourni tous les détails sur la distribution intérieure de la maison de la rue de Clichy, pour lui éviter toute perte de temps en recherches et surtout des démarches imprudentes.

C'est qu'en effet, les auxiliaires de Ravachol étaient arrêtés.

Simon, Béala, Mariette étaient sous les verrous.

Dowpotchine aurait pu, il est vrai, fournir d'autres aides à Ravachol.

N'avait-il pas sous la main déjà Leroux et les autres compagnons ?

Mais sans doute, pour des raisons particulières, ne voulait-il le faire ou jugea-t-il inutile d'accorder à Ravachol des auxiliaires, pensant que celui-ci pourrait agir plus prudemment seul.

Il est vrai que les détails fournis par Dowpotchine étaient si précis et ses recommandations si nettes, qu'après les avoir entendues, l'anarchiste pouvait manœuvrer en toute assurance.

C'est ainsi qu'il apprit comment l'immeuble était disposé intérieurement, les noms et les fonctions des différents locataires et l'étage où demeurait M. Bulot.

L'appartement de celui-ci était situé sur le cinquième palier.

Dowpotchine avait également entretenu longuement Ravachol de la construction de l'engin destructif.

Il lui avait rappelé la valeur des dégâts dans la maison du boulevard Saint-Germain. L'explosion, en ce lieu, n'avait pas répondu au but cherché par le comité anarchiste.

Il fallait frapper plus fort, effrayer davantage.

Cette fois, la maison de la rue de Clichy devrait s'écrouler !

Il y aurait d'autres victimes que M. Bulot, mais qu'importait ! ces victimes n'appartenaient-elles pas à la bourgeoisie ?

Mais à côté des locataires bourgeois, il y avait également des travailleurs populaires, leurs domestiques, victimes eux aussi d'un si horrible attentat, victimes mêlées à celles choisies également par le comité !

Qu'importait encore une fois ! Dowpotchine n'avait certes pas consulté Emeline, à ce sujet ; nous connaissons trop les théories terribles du mystérieux chef pour ne pas savoir combien peu il s'embarrassait de la vie humaine pour la propagation de ses idées.

Et Ravachol n'avait pas protesté non plus !

Et il avait trouvé absolument simple de tuer tant d'innocents pour se venger d'un seul !

...'éveilla assez tard dans la journée. Ce ne pouvait l'empêcher de pré... r sa machine infernale !

Ravachol sortit, après avoir pris le soin de se grimer suffisamment pour ...re pas reconnu, et vint jusqu'à Paris.

Ce n'était pas pour l'unique plaisir de se promener que l'anarchiste avait quitté son logement de Saint Mandé. Il avait à acheter un objet utile.

Il s'arrêta dans le faubourg Saint-Antoine, devant un layetier, entra, choisit une valise de dimension moyenne, paya sans marchander et sortit.

Au passage du tramway de Vincennes, il prit la voiture et grimpa sur l'impériale.

De retour dans sa chambre, il se mit en demeure de commencer la confection de l'engin destiné à la maison de la rue de Clichy.

Il soupesa sa valise avec satisfaction et l'ouvrit en murmurant :

— Ça vaudra mieux que la marmite.

Il plaça la valise ouverte sur une table, alla prendre dans un placard un paquet qu'il porta avec précautions et le plaça au centre de la valise. Ce paquet n'était autre que de la sébastine.

Autour de cette sébastine, il entassa soixante cartouches de dynamite et coula de la poudre de mine dans tous les vides.

Il opéra de la même manière pour l'autre compartiment de la valise, disposa fort ingénieusement une mèche que Dowpotchine lui avait remise, en lui assurant qu'elle ne s'éteindrait pas, et ferma la valise.

— Soyons prudent, murmura-t-il, et mettons cela en sûreté. Diable ! si la valise éclatait pendant que je la tiens à la main, on aurait quelque peine à retrouver même la moindre parcelle de mon corps.

Ravachol plaça donc sa terrible valise en un coin où elle n'avait à craindre aucun choc.

Il achevait à peine qu'on sonna.

C'était une dépêche qu'on apportait à Ravachol.

L'anarchiste la décacheta vivement et lut :

« Venez me voir demain matin.
           » EDGARD. »

— Bon ! partie remise encore, murmura-t-il, ce n'est pas pour demain, ah ça ! quand vais-je utiliser cette valise ? Qu'est-ce qu'il y a encore ?

Le lendemain, Ravachol, obéissant aux ordres de Dowpotchine, allait rejoindre ce dernier, toujours à Saint-Denis, dans la boutique de Lamberti.

— Ce serait fini à cette heure, dit-il, après avoir salué Dowpotchine.
— Ou bien l'explosion ne se serait même pas produite.
— Pourquoi ?
— Parce que peut-être on t'aurait arrêté.
— Moi !... On saurait... On connaîtrait...
— J'ignore encore exactement, peut-être me trompé-je, cependant à certains indices je crois que la police a de vagues soupçons sur nos intentions. Je ne sais ou plutôt Leroux n'a pas tout appris du traître ; ce dernier aura peut-être informé M. Clément de je ne sais quoi, ou insinué... enfin, bref, il faut attendre quelques jours.

Ainsi donc demeure paisiblement à Saint-Mandé, ne sors pas trop, et patiente jusqu'à ce que je t'avise.

— Me donnerez-vous rendez-vous encore ?
— Non. A la réception d'une dépêche ainsi conçue :
« Ne m'attendez pas aujourd'hui, impossible de venir »

Tu pourras agir.

— Convenu. A propos, avez-vous des nouvelles au sujet de l'événement d'Aubervilliers ?

Dowpotchine eut un sourire.

— Oui, M. Clément a été averti à la première heure ; il n'a pas été peu surpris en reconnaissant son homme et non moins ému. C'est un magistrat trop intelligent pour s'être trompé un instant sur la cause réelle de la mort du traître ; il a compris immédiatement et ce ne l'a pas peu surpris, je ne dirais pas inquiété, c'est un homme de trop grand courage. Mais il a deviné instantanément qu'il se trouvait en présence d'une puissance dont il n'avait pas soupçonné la valeur.

— Mais alors il est à craindre.

— La manière dont il a arrêté Béala et les autres l'indique suffisamment... Seulement on n'arrête pas Dowpotchine ! Ni ceux qu'il couvre de sa protection. L'habileté, l'intelligence, l'ingéniosité la plus complète ne peuvent rien contre moi, je suis insaisissable.

Ces paroles n'étonnèrent nullement Ravachol dont nous connaissons les sentiments pour Dowpotchine. Bien au contraire il les prit comme pour mots de l'Evangile, si bien il était persuadé de la toute puissance de son mystérieux chef.

La conversation se continua encore quelque temps, après quoi Ravachol prit congé de Dowpotchine et revint à Saint-Mandé.

Le 26 mars, à cinq heures du soir, Ravachol reçut la fameuse dépêche l'invitant sous formes déguisées à agir.

Il poussa un soupir de grande satisfaction et murmura :

— Enfin, les bourgeois vont encore un peu parler de nous !

Il passa une nuit agitée sans pouvoir dormir et s'éveilla ou plutôt se leva le lendemain matin à cinq heures.

Il se jeta à bas du lit et procéda sans perte de temps à une toilette différente de celle des derniers jours. Au lieu du vêtement noir qu'il avait coutume d'endosser, il endossa un veston gris par dessus lequel il passa un pardessus marron, et se coiffa d'un chapeau melon, sa figure subit comme d'habitude un grimage convenable.

A six heures vingt il sortit de sa chambre, tenant sa valise à la main et alla attendre le tramway de Vincennes devant le conduire au Louvre.

Place du Châtelet il descendit et, avec sa correspondance, monta dans l'omnibus allant du Jardin des Plantes aux Batignolles, laquelle voiture monte la rue de Clichy.

La maison habitée par M. Bulot fait l'angle de la rue de Clichy et de la rue de Berlin.

C'était un immeuble de belle apparence bourgeoise, où tout semblait encore endormi à cette heure matinale.

Ravachol, sa valise à la main et la tenant avec précaution, descendit de l'omnibus devant la porte cochère servant d'entrée à la maison.

Il était huit heures. A ce moment de la journée il n'y avait en ce lieu que de rares passants. De plus, ce 27 tombant un dimanche, l'animation était encore moindre qu'en semaine.

Dowpotchine, calculant tout et connaissant bien les physionomies des différents quartiers parisiens, n'avait pas choisi cette date au hasard, non plus que cette heure.

Il savait qu'à ce moment de la journée, en ce quartier, les fournisseurs viennent apporter leurs provisions ; il n'ignorait pas non plus que les concierges, encore enfermés dans leurs loges, s'inquiètent peu des allées et venues, les attribuant à ces seuls fournisseurs.

Ravachol pouvait donc entrer au numéro 39 et monter à l'aise.

Pendant les quelques secondes employées par lui à considérer l'immeuble, l'anarchiste se remémorait toutes ces indications de Dowpotchine.

Il soupesa légèrement sa valise, sourit et pénétra dans la maison.

Il passa, en effet, devant la loge du concierge sans avoir même été remarqué par lui, monta le grand escalier et s'arrêta au deuxième palier pour examiner si l'intérieur de sa valise n'était pas dérangé.

Il ouvrit do... tte dernière et constata avec contrariété que ses cartouches étaient dérangées et que la poudre se répandait au hasar...

Il fallait réparer le désordre, ce que fit Ravachol qui, hâtivement, remit les choses en bon état.

L'anarchiste voulait placer la valise sur le palier même de M. Bulot.

Mais il lui fallait pour cela monter trois étages encore, c'est-à-dire augmenter la durée de son opération.

Si énergique qu'on soit, quelque audace qu'on possède, on n'accomplit pas une œuvre pareille sans une appréhension facile à concevoir. Ravachol eut peur soudain qu'une porte ne s'ouvrît, que quelqu'un n'apparût à l'improviste, qu'on n'empêchât son action d'avoir lieu, qu'on ne le prît sur le fait.

Il voulait **réussir dans son entreprise** et n'avait **nul** désir d'être arrêté.

LES COMPAGNONS DE RAVACHOL
Par Pierre Delcourt et J. H.

En ce moment, on procédait au sauvetage des blessés.

Ravachol n'osa donc pas escalader les trois derniers étages et se résolut à laisser la valise sur le deuxième palier. Au surplus, avec une telle charge explosible il comptait bien que la maison s'écroulerait tout entière.

Il s'empressa donc de disposer sa mèche, longue de 90 centimètres, y mit le feu avec les plus grandes précautions et se hâta de redescendre.

Ravachol sortit de la maison toujours sans avoir été remarqué du concierge, sans doute mieux préoccupé de ses propres affaires que de la surveillance de la maison, sortit, tourna à gauche et monta la rue dans la direction de la place Clichy.

A peine avait-il fait une cinquantaine de mètres qu'une explosion épouvantable se fit entendre.

Nous l'avons dit, c'était un dimanche et à cette heure matinale la rue de Clichy était presque déserte.

Le bruit de l'explosion n'attira tout d'abord que quelques rares voisins et deux ou trois passants. Ravachol profita de cette solitude pour fuir rapidement. Arrivé à la rue de Boulogne, il y entra prestement.

Il ne craignait plus d'être remarqué par le fait de s'éloigner d'un lieu où se portait la curiosité publique.

Ravachol, au contraire de ce qu'il avait ressenti après l'attentat du boulevard Saint-Germain, fut pris du singulier besoin de rester dans ce quartier.

Il aurait voulu voir le résultat de son œuvre épouvantable et, cependant, il n'osait retourner rue de Clichy ni même s'en approcher.

La maison était-elle complètement détruite? sa vengeance s'était-elle accomplie? M. Bulot avait-il succombé?

L'anarchiste se mit à errer dans le quartier, allant et venant, croisant continuellement les gens de plus en plus nombreux se rendant vers le lieu du sinistre, la nouvelle de l'attentat s'étant rapidement répandue.

Une heure il marcha ainsi, n'osant arrêter quelqu'un pour l'interroger, de peur d'être remarqué.

A la fin, il pensa à l'omnibus qu'il avait pris pour venir et se dit qu'en montant sur l'impériale, à la descente de la rue de Clichy, il serait aux premières places pour voir.

Alors Ravachol, sans plus tarder, revint au bureau des omnibus de la place Clichy et y attendit la voiture se rendant au Jardin des Plantes.

Malheureusement pour lui, le commissaire de police du quartier avait fait barrer la rue de Clichy à tous véhicules ; l'omnibus suivit une autre voie.

Ravachol en fut pour ses frais de curiosité ; néanmoins, il ne perdit pas son temps, car ses voisins, au courant déjà de tous les détails de la catastrophe, lui apprirent ce qu'il désirait connaître.

Il sut de la sorte que, par un hasard miraculeux, l'immeuble qui aurait dû s'émietter tenait debout. Cette circonstance heureuse avait sauvé la vie aux locataires. Il sut également que cinq personnes avaient été blessées, des domestiques et, sauf une bonne, tous assez légèrement.

Il apprit que le premier, le deuxième, le troisième étage et l'escalier étaient complètement détruits et, ironie du sort, le seul appartement préservé était celui de M. Bulot. En ce moment on procédait au sauvetage des blessés.

Ravachol, sa curiosité satisfaite, descendit rue de la Chaussée-d'Antin, à l'angle de la rue de Provence, et prit cette dernière voie, qu'il suivit jusqu'au bout, c'est-à-dire au point où elle débouche, après divers changements de noms, sur le boulevard Magenta.

Ravachol était furieux de la mauvaise issue de son crime.

Il maugréait, jurait, sacrait, fermant les poings et adressant des injures au ciel.

Eh quoi ! une seconde fois, il avait travaillé en pure perte !

Comme au boulevard Saint-Germain, l'objet de sa vengeance lui échappait !

Et cette fois il y avait des victimes !

Il s'en moquait bien, au fait ! des domestiques ! des valets, parasites de la bourgeoisie, bourgeois eux-mêmes ! Eux, des travailleurs ! non, des domestiques, il ne regrettait pas ce qui leur arrivait.

Et les appartements des bourgeois aussi avaient sauté, tant mieux ! c'était évidemment cela de gagné !

Mais l'avocat bêcheur était sauf !

Eh bien ! on recommencerait ! tous les magistrats y passeraient ! et la police ensuite !

Ah ! c'était comme cela ! et puis si ça ne suffisait pas, on emploierait le couteau et le revolver.

Cette irritation de Ravachol, pour si grande qu'elle fût, n'allait pas jusqu'à annihiler ses fonctions animales ; l'anarchiste s'aperçut qu'il avait grand appétit.

Toujours maugréant et pestant, il s'arrêta à son entrée sur le boulevard et regarda à droite et à gauche s'il ne découvrirait pas quelque restaurant.

Machinalement il tourna à gauche au lieu de se diriger vers la place de la République, traversa le boulevard et s'arrêta devant le premier marchand de vin-restaurant qu'il rencontra. C'était devant le numéro 22, une boutique pas très grande, assez élégamment installée.

Ravachol lut machinalement :

Vins-Restaurant

Et en dessous :

Maison Véry

Il lut également à la hauteur du premier étage de l'immeuble :

Hôtel de Belfort

Et murmura :

— Un hôtel, on ne sait pas ce qui peut arriver, j'y descendrai peut-être.

Ravachol pénétra dans l'établissement, et se fit servir d'abord une absinthe, en attendant qu'on lui mît son couvert.

Il considéra le garçon le servant et demeura fort satisfait de sa physionomie intelligente, ce qui lui donna aussitôt l'idée bizarre de faire du prosélytisme anarchiste, en tentant de convertir ce garçon.

Nous savons que Ravachol était beau parleur.

De suite il voulut commencer, l'instant étant propice, car il n'y avait que très peu de clients dans l'établissement.

— Dites donc garçon, dit-il, au moment où ce dernier achevait de lui verser son absinthe, vous prendrez bien un verre avec moi

Le garçon n'avait aucun motif de refuser bien qu'il vit ce client pour la première fois.

C'est une coutume qui n'étonne pas chez les marchands de vin, bien que l'habitude soit plutôt de boire de la sorte au comptoir.

Le garçon alla chercher un verre, l'apporta à la table de Ravachol et se servit.

On trinqua et on but tout en causant de choses d'abord assez indifférentes.

Tout à coup Ravachol, comme pris l'expansion, trinqua à nouveau avec le garçon, lui demandant

— Vous me plaisez ; comment vous appelez-vous?

— Lhérot, répondit le garçon.

— Vous avez été soldat ?

— Oui.

— Ah! Et dans quel régiment?

— Au 4ᵉ zouaves, en Tunisie. J'y ai bien souffert ; on nous faisait faire des marches très pénibles, sous un soleil de feu ; je ne comprends pas qu'on fatigue ainsi le soldat sans motifs.

Ravachol frappa sur la table et s'écria :

— Vous avez raison ! C'est dégoûtant ce qu'on commet d'injustices au régiment... Je vous demande un peu, du reste, à quoi ça sert, les armes ? à défendre le bien des riches ! .. Si les conscrits m'écoutaient...

Lhérot hocha la tête sans vouloir donner tort ou raison à ce client généreux et se borna à répondre :

— Je suis content d'avoir été libéré.

Sans doute, Ravachol prit-il ces paroles évasives pour un acquiescement à ses théories; très satisfait, il enfla la voix et commença une théorie virulente de l'anarchie.

Lhérot l'écoutait sans trop comprendre et plutôt par une sorte de condescendance professionnelle.

— Oui, continua Ravachol, il n'y a que l'anarchie de vraie, elle seule remettra les choses à leur place, il y a trop longtemps que les bourgeois exploitent les travailleurs, ainsi vous êtes garçon, c'est pas pour vous que vous travaillez, mais pour votre patron qui ne vous en tiendra pas compte.

— Oh! moi, ça m'est égal, le patron, c'est mon cousin.

— Il s'appelle Véry? j'ai vu son nom sur la porte.

— Oui.

— Mon garçon, croyez-moi, lisez le *Père Peinard*.

— Qu'est-ce que c'est que le *Père Peinard*?

— Un journal anarchiste. Il faut le lire et aussi l'*Egalité*, et d'autres encore. Vous apprendrez ce que doit être la société et comment nous devons nous conduire.

— Où ça se trouve-t-il, ces journaux?

— Je vous les apporterai.

— Je vous remercie.

— Allez, il va y avoir de beaux jours pour les travailleurs. Les bourgeois vont la danser. Voyez ce qui s'est passé au boulevard Saint-Germain.

— Pour sûr que c'est vraiment fort.

— Ce n'est rien auprès de ce qui a eu lieu ce matin rue de Clichy.

— Quoi?

— Il y a une maison qui a sauté.

— Pas possible !

— C'est vrai, cependant.
— Ce matin! à quelle heure?
— A huit heures.
— Vous êtes le premier qui en parlez, on ne sait rien de cela par ici. Vous avez des détails?
— Oui.

Lhérot commença à s'étonner que cet homme fût si bien informé, alors que tout le monde dans le quartier ignorait cette explosion. Sans doute, sa figure manifesta-t-elle assez son impression, car Ravachol s'en aperçut et ajouta vivement :

— Comme tout le monde, je passais par là, ça a fait un bruit!

Et il fournit complaisamment au jeune homme des détails, d'après les renseignements qu'il avait recueillis sur l'impériale de l'omnibus.

Lhérot, très indigné, faisait de grands gestes auxquels se méprit à nouveau Ravachol, les prenant pour des formules d'assentiment.

— Oui, continua-t-il, d'un ton emphatique, c'est comme cela qu'on effraie les bourgeois. Et puis, on a bien fait de faire sauter cette maison ; elle était habitée par un substitut.

Lhérot ne répondit pas et se hâta de vider le contenu de son verre.

— Couchez-vous seul? demanda Ravachol.

A cette question assez insolite, le garçon, déjà pris d'une méfiance instinctive pour cet étrange client, sentit ses soupçons augmenter, soupçons dont il ne pouvait analyser la valeur exacte, et se leva en répondant :

— Pourquoi me demandez-vous cela?

— Pour pouvoir vous causer plus à l'aise qu'ici, sans crainte d'oreilles indiscrètes.

— Si c'est de vos idées, c'est pas la peine de vous déranger.

— Pourquoi cela?

— Parce que...

Et Lhérot eut quelques secondes d'hésitation, ne voulant encore trop déplaire à ce client qu'il comptait bien ne plus revoir.

— Parce que, quoi ? demanda Ravachol.

— Parce que... ce sont des choses qui ne me regardent pas. J'ai assez de mon travail... Je n'ai pas le temps... Le soir, je suis fatigué et je me couche tout de suite.

Ravachol n'insista pas davantage et se fit servir à déjeuner.

Une heure après, il prenait congé de Lhérot après avoir réglé ses dépenses et rentrait à Saint-Mandé, où il trouvait une dépêche signée Edgard l'invitant, comme la première, à venir le trouver à Vaugirard.

Nous savons que cela signifiait un rendez-vous à Saint-Denis, chez Lamberti.

La dépêche était pressante.

Ravachol reprit son chapeau et sortit.

Dowpotchine était seul dans l'arrière-boutique.

Il tendit vivement les mains à Ravachol en se précipitant au-devant de lui.

— Bravo ! s'écria-t-il, voilà, cette fois, qui est bien travaillé !

— Oui, mais...

— Je sais ce que tu vas dire : l'appartement de M. Bulot est intact.

— C'est donc à recommencer ?

— On recommencera ! nous ne sommes qu'au prélude d'opérations plus vastes.

Et, tendant le poing, l'œil fulgurant :

— Allez ! bourgeois et vous, grands, dormez en paix, vautrés dans votre réjouissance, c'est moi qui vous réveillerai ! Quand nous aurons vaincu la magistrature qui vous défend, vous vous prendrez à trembler comme des lièvres poltrons et votre sommeil se terminera dans un horrible cauchemar !...

— Bravo ! on recommencera, c'est ce que je pensais, s'écria Ravachol ; je suis toujours prêt.

— Et moi, je me félicite de mon choix en ta personne. Oui, tu vas m'être plus utile que jamais ; oui, je t'emploierai tôt Mais redouble de précautions.

— Précautions ?

— Oui.

— Mais...

— Je sais, tu vas me répondre que tu en prends suffisamment.

— Oui.

— T'imagines-tu qu'après l'opération de ce jour, la police va demeurer paisible ? Oublies-tu que les magistrats chargés de te découvrir se sont promis de réussir et qu'ils ont à leur disposition outre leur profonde intelligence, des moyens énergiques ?

Ravachol eut un geste d'insouciance et de défi.

— Oublies-tu, continua imperturbablement Dowpotchine, qu'ils s'appellent Atthalin et Clément, qu'ils sont des plus énergiques et ont le sentiment le plus complet de leur devoir envers la société en une telle circonstance?

— Bah ! la police ne me découvrira pas.

— On sait ton nom, on n'ignore pas que tu es l'auteur de l'attentat du boulevard Saint-Germain, de même qu'on t'a immédiatement accusé de celui de ce matin ; ainsi donc, il faut, je te répète, redoubler de précautions pour ne point être reconnu, te parfaitement déguiser et ne sortir qu'à bon escient.

— Je vous obéirai. D'abord, croyez bien que je n'ai nul désir d'aller me mettre entre les mains de la justice, d'autant plus que, du jour où elle me tiendra, je crois fort que mon compte sera bon.

Dowpotchine eut un geste.

— Eh ! quoi, en douteriez-vous ? demanda Ravachol étonné.

— Je suis puissant, fit en souriant Dowpotchine.

— Si puissant qu'on soit, on n'arrête pas une instruction criminelle.

— Ce n'est pas mon intention.

— On ne s'évade pas des prisons de Paris, c'est plus facile en province.

— Je le sais.

— Mais alors ?

Dowpotchine sourit à nouveau et répondit :

— J'aurai d'autres moyens d'action peut-être, probablement même, dont le premier résultat sera tout au moins de m'accorder du temps. C'est tout ce que je peux faire ici, à Paris. Mais au moins, essayons. Cependant, comme une telle action réclamera une somme de travail extraordinaire que je préférerais employer à d'autres causes, j'insiste à nouveau pour que tu m'évites ce travail en ne te faisant pas arrêter. Il te suffit d'être prudent.

— Je le serai.

— Une des principales recommandations est celle de ne pas aller te promener du côté de la rue Lamartine.

Et Dowpotchine appuya singulièrement sur ces derniers mots.

Ravachol, quelque peu troublé, balbutia une réponse vague que Dowpotchine eut l'air de prendre pour un assentiment à sa recommandation.

— Ainsi donc, c'est convenu ? demanda le chef mystérieux.

— Comptez sur moi.

— Je ne t'ai pas fait venir uniquement pour te recommander d'être prudent ; nous avons à nous entretenir d'opérations à venir de la plus grande importance. Peut-être t'enverrai-je en Russie.

— En Russie ! exclama Ravachol.

— Eh ! oui. A Saint-Pétersbourg. Je m'occupe du préfet de cette ville, le général Gresser... Il doit mourir !

— Pour quels motifs ?... Ah ! oui... un exemple à donner aux bourgeois de ce pays...

Dowpotchine eut un étrange sourire.

— Un exemple !... dit-il d'une voix sourde, oui... un exemple !

Ravachol et Dowpotchine passèrent toute l'après-midi dans l'arrière-boutique de Lamberti, où Vanoff et Isambert vinrent les rejoindre.

Une heure avant que Ravachol prît congé de Dowpotchine pour retourner à Saint-Mandé, Marthe et Emeline arrivèrent à leur tour.

A la vue de Mlle Ricard, l'anarchiste sentit son cœur bondir dans sa poitrine et n'eut plus de pensées que pour la jeune fille.

Quand il quitta la boutique du coiffeur, il avait oublié toutes les recommandations de Dowpotchine, et surtout celle relative à la rue **Lamartine**.

Il s'en revint, l'esprit troublé et repris du désir de s'entretenir avec Marthe, de lui parler à nouveau, seul avec elle.

En de telles conditions d'esprit, Ravachol oublia complètement les idées de prudence que lui avait suggérées Dowpotchine.

CHAPITRE XI

L'Arrestation

De retour à Saint-Mandé, Ravachol s'enferma dans sa chambre pour ne songer qu'à Marthe.

Tout aux préoccupations de ses dernières aventures, il avait, non pas oublié cette femme, mais son esprit surexcité s'était certainement moins préoccupé d'elle.

Aujourd'hui qu'une détente nerveuse avait fait place à l'excitation de tout son être, il était naturel qu'il songeât plus entièrement à Marthe.

Et, par un singulier hasard, Marthe Ricard était apparue à ses yeux ce même jour !

Ainsi, cet homme qui ne reculait pas devant le crime le plus monstrueux, qui n'hésitait pas à sacrifier d'innombrables victimes à ses pensées de vengeance sociale, cet assassin avait **un cœur susceptible de battre comme celui d'un jouvenceau** !

LES COMPAGNONS DE RAVACHOL
Par Pierre Delcourt et J. H.

La police russe à Paris! exclama Vanoff, en considérant l'owpotchine retombé dans ses réflexions.

(Reproduction interdite.)

Liv. 19.

René MOROT, Éditeur, 40, rue Laffitte, Paris.

Ravachol aimait Marthe de la façon la plus naïve !

Il resta donc enfermé, en sa chambre de Saint-Mandé, occupé à soupirer et à se complaire imaginativement de son amour pour Marthe.

Il oublia tout, cette soirée, pour ne rêver que de la jeune fille.

Il ne songea pas, même un instant, aux événements de la matinée et il ne se rappela nullement sa longue conversation avec Dowpotchine.

Que lui importait, au surplus ? De son après-midi passée à Saint-Denis il n'avait qu'un souvenir, celui de Marthe.

De son acte abominable du matin, il n'avait retenu qu'un point : l'approbation de la jeune fille.

Le lendemain, cependant, il revint à son esprit quelque souvenir des paroles de Dowpotchine et, entre autres choses, les recommandations du mystérieux chef touchant sa sécurité, recommandations dont l'insistance l'avait frappé

En effet, Dowpotchine avait raison.

En ce moment la police qui, sans hésiter, ne pouvait manquer de mettre sur son compte l'explosion de la rue de Clichy, devait le chercher avec acharnement. Evidemment, il était de toute prudence de suivre les injonctions de Dowpotchine.

Toute la journée Ravachol demeura enfermé.

Mais aussi tout ce jour sa pensée fut reprise du souvenir de Marthe et, dans l'isolement et la non activité de son cerveau, Ravachol fut davantage impressionné à l'évocation de l'image de la jeune fille.

Le lendemain, ce fut la même chose.

Le surlendemain, Ravachol n'y put tenir ; une rage violente de revoir Marthe l'avait pris au cœur !

En vain avait-il essayé de résister ; il ne pouvait davantage demeurer enfermé.

Oui, il voulait revoir Marthe, ne fût-ce qu'un instant! lui parler, entendre sa voix !

Ce fut comme une rage de fuir Saint-Mandé et de courir rue Lamartine.

Eh ! Dowpotchine n'avait-il exagéré ses craintes de la police ? La police ! ne la voyait-on pas trop souvent comme un épouvantail ?

Evidemment, il eut été ridicule de ne point se précautionner contre elle, mais de là à se terrer comme un fauve poursuivi par les chasseurs et à ne plus voir le jour de longtemps, il y avait exagération.

Et puis qu'importait, au surplus, il voulait revoir Marthe !

Sous l'empire de cette préoccupation d'esprit, Ravachol s'habilla le plus élégamment qu'il put, sans se grimer, désireux de se montrer à la jeune fille avec son visage ordinaire.

Il sortit sans crainte, ou plutôt tellement enfiévré de revoir Marthe Ricard qu'il en oubliait la police, et prit le tramway pour arriver plus vite à Paris.

Il se dirigea hâtivement rue Lamartine, et ce fut avec une grande émotion qu'il sonna à la porte de l'appartement occupé par Marthe.

On ne vint pas ouvrir.

C'était un contretemps auquel Ravachol n'avait guère songé.

Il apprit que Marthe, sortie, ne rentrerait que dans l'après-midi.

Un peu désappointé, il quitta la maison et marcha tout d'abord au hasard. C'est ainsi qu'il arriva boulevard Magenta.

Il se rappela alors le marchand de vins chez lequel il avait déjeuné le matin même de l'explosion de la rue de Clichy et, comme il était onze heures et demie, il songea à retourner chez Véry et à y déjeuner en attendant le retour de Marthe.

Il ne songeait guère, en ce moment, aux propos qu'il avait tenus dans cet établissement et son esprit, tout à Marthe, n'avait plus le souvenir de la conversation engagée avec le garçon restaurateur.

Ravachol entra chez le marchand de vins aussi paisiblement que s'il y fût venu pour la première fois, alla s'attabler et se fit servir à déjeuner.

Lhérot l'avait reconnu pour être ce même personnage lui ayant parlé de l'anarchie avec une si grande virulence, mais en même temps il fut frappé d'un doute sur la personnalité de ce singulier client.

Le matin même il avait lu dans les journaux le signalement complet de Ravachol.

Bien que, ce jour, ce dernier ne fût pas grimé, il n'y avait pas à s'y tromper, c'était le même personnage que celui du dimanche, seulement aujourd'hui sa figure semblait véritablement correspondre au signalement dont il avait pris connaissance.

Ravachol était silencieux et ne paraissait pas se préoccuper du garçon.

Lhérot fut enchanté de cette indifférence, lui permettant d'examiner avec plus d'attention son client. Aussi s'ingénia-t-il à découvrir des particularités susceptibles de le mettre sur la voie.

Bientôt il fut fixé définitivement.

Les mains, les pieds, les bras étaient bien ceux que l'on avait signalés ; une main portait une cicatrice et les cheveux, ramenés sur le front du client, pouvaient bien, semblait-il, cacher la seconde cicatrice dont toute la presse avait parlé.

Oui, c'était bien Ravachol.

Le patron, Véry, était à son comptoir. Lhérot s'approcha de lui, naturellement, comme pour affaire de service et, se penchant à son oreille, lui dit, à voix basse, rapidement :

— Regardez cet individu, tout à l'heure, sans faire attention.

Et il lui désigna Ravachol discrètement.

— Eh bien ? demanda Véry du même ton.

— C'est Ravachol.

Véry eut un mouvement.

— Pas de bêtises, reprit Lhérot, n'ayons pas l'air de le connaître ; s'il se doutait de quelque chose, il filerait.

Véry avait reporté les yeux sur Ravachol dont le nom, mis en circulation par la presse, était dans toutes les bouches. Lui aussi avait lu le signalement et le possédait assez pour se convaincre que Lhérot ne s'était pas trompé.

— Oui, c'est bien Ravachol, dit-il, il faut prévenir la police ; je m'en charge.

Lhérot reprit son service pendant que Véry quittait son comptoir.

Nous avons dit que l'établissement était au rez-de-chaussée de l'hôtel de Belfort ; il y pouvait communiquer par le derrière.

Véry descendit à sa cave, opération qui n'avait rien que de très naturel, gagna l'escalier menant dans le couloir de l'hôtel et vint frapper vivement à la porte du bureau de la gérante.

— Madame Allemoz, dit-il, d'une voix essoufflée, Ravachol est chez nous.

— Pas possible ! êtes-vous sûr ?

— Absolument. C'est Lhérot qui l'a reconnu.

Et il fit part à la gérante de l'hôtel de Belfort des observations de Lhérot.

— C'est ce signalement, dit Mme Allemoz. Vous avez bien fait de venir me trouver. Il faut le faire arrêter. Je cours chercher les agents ; pendant ce temps-là, amusez-le.

— Vous avez raison, je rentre. Il ne faut pas que je reste trop longtemps, ça pourrait le rendre méfiant.

Et Véry prit congé aussitôt pour retourner à son comptoir par le même chemin.

En s'asseyant, il échangea avec Lhérot un coup d'œil significatif.

Mme Allemoz n'avait pas perdu de temps.

Derrière Véry, elle descendit. Sur le trottoir, la gérante de l'hôtel de Belfort regarda à droite et à gauche si elle n'apercevrait pas un gardien de la paix. Elle en vit deux qui stationnaient, à quelque distance de la Bourse du Travail.

Mme Allemoz se mit aussitôt à courir dans cette direction, et arriva tout essoufflée devant les deux agents dont l'un était un sous-brigadier.

— Voulez-vous arrêter un dynamiteur ? dit-elle, tout d'une haleine, aux deux hommes, entrez au numéro 22, chez M. Véry.

— Un dynamiteur ? s'écria le sous-brigadier.

— Oui, répondit Mme Allemoz, il paraît que c'est Ravachol.

— Oh ! oh ! Ravachol, dit le simple agent, qui ne semblait pas très convaincu, vous croyez donc qu'il s'amuse à se promener comme cela. Pourquoi le marchand de vin ne vient-il pas lui-même chez le commissaire y faire sa déclaration ?

— M. Véry, répondit-elle, ne veut pas quitter l'établissement pour ne pas donner l'éveil à Ravachol... Mais, dépêchez-vous !... Le temps presse !... Venez vite l'arrêter !

— Nous n'avons pas le droit d'entrer comme ça dans les maisons si nous ne sommes pas requis par les propriétaires.

— Mais enfin, s'écria Mme Allemoz, vous n'allez pas laisser échapper Ravachol !

— Si on était sûr que c'est lui.

— M. Véry en est sûr et son garçon aussi.

— Il faudrait alors prévenir le commissaire de police.

— Eh bien ! allez-y.

Les deux agents se décidèrent enfin devant cette insistance, car pour dire vrai, ils craignaient une fumisterie. Convaincus cette fois, ils allèrent en hâte au bureau du commissaire de police du quartier, M. Dresch.

Ce dernier était à déjeuner, à son domicile.

Un des inspecteurs de police, mis au courant, vint prévenir son chef

— Ravachol ! s'écria M. Dresch, aux premiers mots, j'y cours !

Et se levant brusquement de table, sans prendre la peine d'achever son repas, il s'en vint précipitamment à son bureau. Là, il donna l'ordre à son secrétaire de l'accompagner, glissa un revolver dans sa poche, et suivi des deux agents, il se dirigea en toute hâte au restaurant Véry.

En route, il avait requis un troisième gardien de la paix de marcher à sa suite.

Avant d'entrer chez le marchand de vin, il arrêta les trois agents et leur dit :

— Tenez-vous à la porte, et soyez prêts à intervenir au premier signal.

Ces dispositions prises, le commissaire de police et son secrétaire pénétrèrent à l'intérieur.

M. Dresch était connu de Véry.

Ce dernier, à la vue du commissaire, lui indiqua, d'un signe discret, Ravachol.

M. Dresch s'installa à une table voisine de l'anarchiste, et se fit servir à déjeuner. Il mangea peu, dans sa préoccupation de bien examiner Ravachol et d'acquérir la certitude que c'était bien le criminel recherché si activement. Bientôt sa conviction fut absolue à cet égard.

Ravachol, mangeant distraitement, n'avait prêté aucune attention à la sortie de Véry non plus qu'à l'arrivée du commissaire et de son secrétaire.

C'est à peine si son regard s'était levé machinalement sur ces nouveaux clients installés devant lui.

Mais à la fin, ses yeux, toujours distraits, croisèrent ceux de M. Dresch.

Il tressaillit, croyant voir dans son regard autre chose qu'une curiosité banale.

Il considéra alors en dessous ce nouveau voisin et constata, non sans inquiétude, qu'il l'examinait avec persistance.

Soudain, Ravachol se rappela les recommandations de Dowpotchine ; il eut peur. Sa pensée abandonna Marthe et son esprit fut seulement préoccupé des suites de son imprudence.

Eh quoi ! il avait été assez naïf pour revenir dans cet établissement ! Il fallait partir au plus tôt, s'il n'était trop tard déjà.

Trop tard !

A cette pensée, Ravachol eut un éclair dans les yeux. Arrêté !... Lui, prisonnier de la police !... Ne plus revoir Marthe !... car son compte serait bon... Ah non ! il se défendrait plutôt cruellement... Mais il valait mieux s'échapper.

Ravachol se leva en disant :

— Garçon ! l'addition !... Je suis pressé.

Et il alla au comptoir pour payer.

Lhérot fit la note, s'élevant à deux francs quinze centimes. Ravachol remit deux francs vingt au garçon et, comme ce dernier s'apprêtait à rendre cinq centimes :

— C'est bon, dit-il, gardez.

Et il se dirigea vers la patère où il avait accroché son chapeau et son pardessus, qu'il prit prestement ; après quoi, il marcha hâtivement vers la porte. En passant devant le commissaire de police, il ne put s'empêcher d'abaisser son regard sur M. Dresch, dont il semblait avoir deviné la personnalité ; ce regard était chargé de méfiance et de haine.

Le commissaire de police, qui s'inquiétait peu d'une semblable menace, se leva en cet instant, suivi de son secrétaire, se plaça entre la porte d'entrée et Ravachol, vers qui il étendit la main et s'écria :

— Au nom de la loi, je vous arrête !

Ravachol n'eut pas une seconde d'hésitation.

D'un brusque mouvement, il écarta le bras du commissaire, repoussa vigoureusement les deux hommes placés devant lui et parvint à ouvrir la porte.

Mais M. Dresch était un homme au moins aussi énergique que l'anarchiste.

D'un bond, il fut sur ce dernier, le prit à bras-le-corps et dit aux agents :

— A moi ! attention, vous autres !

Avant que le brigadier et les agents fussent sur lui, Ravachol avait déjà sorti de sa poche son revolver qu'il braqua sur le sous-brigadier. Mais il n'eut pas le temps de faire feu. Les six hommes l'eurent aussitôt entouré et désarmé.

Néanmoins, ce n'était pas chose aisée que de s'emparer de Ravachol.

Ce dernier, au comble de la fureur, désespéré surtout d'avoir perdu son arme et de ne pouvoir tuer quelqu'un de ces agents qu'il détestait tant, se défendait comme une bête fauve acculée dans sa dernière retraite.

Nous savons que Ravachol était doué d'une force peu commune.

Il bondit sur le premier agent à sa portée et lui envoya dans l'estomac un si formidable coup de tête que le malheureux en demeura quelques secondes sans respiration. Puis, se retournant avec une vivacité extraordinaire sur un second, il le frappa au ventre d'un terrible coup de pied ; presque en même temps ses mains, crispées désespérément au cou d'un troisième, étranglaient à moitié ce dernier.

De ses six adversaires, Ravachol, en moins de temps qu'il ne faut pour l'écrire, en avait mis trois hors de combat.

L'anarchiste se crut sauvé une seconde et poussa un rugissement de joie.

Il avait compté sans M. Dresch.

Le commissaire de police, braquant aussitôt son revolver sur Ravachol, s'écria :

— Ravachol, si vous cherchez à fuir, je vous brûle la cervelle ! tant pis pour vous, je suis décidé à vous livrer mort ou vif.

Cette scène, nous le répétons, avait été si vivement accomplie que de l'intérieur du marchand de vin on n'avait pas eu le temps d'accourir à l'aide du commissaire et des agents. Seulement, si rapide qu'eût été la lutte, des passants en avaient été les témoins et s'étaient arrêtés pour voir cet étrange spectacle.

M. Dresch eut une inspiration.

— C'est Ravachol ! s'écria-t-il, en s'adressant à la foule.

Ce fut comme une traînée d'indignation ; chacun voulut prêter main forte à la police. En quelques minutes, l'anarchiste était mis dans l'impossibilité de fuir.

Soit par l'effet d'une réaction brusque, soit qu'il jugeât inutile de lutter davantage, Ravachol cessa toute résistance et se laissa mener au poste du X⁰ arrondissement.

Durant la route, Ravachol ne se départit pas de son calme.

Il réfléchissait et se reprochait d'avoir manqué de prudence en venant en quelque sorte se livrer aux mains de ses ennemis. Qu'avait-il besoin de choisir à nouveau cet établissement ?

A la vérité, il y était allé machinalement, comme on va droit à un endroit connu déjà, en un moment d'indécision ; à cet instant, n'était-il pas sous l'empire d'une telle préoccupation, qu'il marchait au hasard ? avait-il conscience de ses actes ? se souvenait-il de sa conversation antérieure avec Lhérot ?

Si son esprit avait été capable de concevoir ces choses, certes il aurait pris ombrage de ce garçon marchand de vin, assurément mis en éveil par les propos de dimanche.

Mais Ravachol avait la tête perdue et le cerveau uniquement préoccupé de l'image de Marthe !

Marthe ! ainsi il ne la verrait plus ! elle était à jamais perdue pour lui !

A cette pensée, revenue une seconde fois à son cerveau, Ravachol se sentit repris instantanément d'un accès de folie furieuse. Il oublia tout, ne vit rien de ce qui l'entourait, ne se préoccupa nullement du nombre de personnes chargées de sa garde, et, pris d'une sorte de délire, il imprima une violente secousse à ceux qui le maintenaient.

Ravachol et ses gardiens étaient arrivés à ce moment à la porte du poste.

Les agents, malgré les efforts quasi surhumains de l'anarchiste pour se débarrasser d'eux, parvinrent à le maintenir et cherchèrent à l'entraîner à l'intérieur.

La colère de Ravachol, sa folie furieuse plutôt, redoubla de force.

L'anarchiste se laissa tomber à terre, se roulant et lançant des coups de pied et des coups de poing à tort et à travers.

Il était si redoutable, que les agents l'ayant conduit jusque-là, sentirent qu'ils ne pourraient le contenir. Ils appelèrent à l'aide. Dix gardiens de la paix sortirent du poste.

Contre une quinzaine d'hommes, Ravachol ne put lutter davantage et fut enfin introduit dans le poste. Mais loin de se calmer, l'anarchiste était plus furieux encore.

Moins tenu, il fit un bond, sauta sur le sabre d'un agent, le tira hors du fourreau, brandit l'arme avec un cri de joie féroce, et se précipita sur un gardien de la paix pour le transpercer. Heureusement on put arrêter le bandit à temps.

Force fut alors de le ligoter comme un saucisson pour en avoir raison.

CHAPITRE XII

Le petit hôtel de la rue Labruyère

Deux heures environ après l'arrestation de Ravachol, un fiacre s'arrêtait rue Labruyère, devant la porte d'un petit hôtel d'apparence mystérieuse, à demi caché entre de grandes constructions, élevé entre cour et jardin, et voilé à moitié par sa devanture.

Un homme descendit de la voiture, paya le cocher et au lieu de sonner, pénétra purement et simplement dans l'avant-cour en ouvrant une porte bâtarde, à l'aide d'une clef tirée de sa poche.

Ce personnage opéra si rapidement qu'il parut plutôt se glisser à travers la muraille, que pénétrer par l'ouverture béante de la porte.

Il referma prestement celle-ci, traversa rapidement la cour, monta le perron de l'hôtel, et pénétra à l'intérieur.

LES COMPAGNONS DE RAVACHOL
Par Pierre Delcourt et J. H.

L'homme à la longue redingote sonna à la porte grillée d'un petit hôtel.

(Reproduction interdite.)

RENÉ MOROT, Éditeur, 40, rue Laffitte, Paris.

Liv. 20

Sans la moindre hésitation, il parcourut différentes pièces fort élégamment meublées, et arriva à un salon où se trouvaient déjà deux personnages, un homme et une femme. A l'arrivée du nouveau venu, tous deux levèrent vivement la tête vers lui.

— Tu as reçu l'ordre à temps, Vanoff, fit l'homme qui n'était autre que Dowpotchine, et cependant Emeline est ici depuis longtemps.

— Oui, maître, fit Vanoff en s'inclinant, j'étais en course et n'ai eu connaissance de votre avis que tard.

— C'est peut-être pour cela que Marthe n'est pas encore arrivée.

Oui, c'était bien Dowpotchine, Emeline et Vanoff qui se trouvaient réunis dans cet élégant hôtel, mais changés d'allures et de costumes, du moins les deux hommes.

Dowpotchine qui possédait à fond l'art de se métamorphoser, était un beau vieillard aux cheveux blancs un peu ébouriffés, et aux favoris de même nuance, encadrant parfaitement une physionomie des plus respectables. Il était élégamment vêtu d'un vêtement noir orné à la boutonnière d'une rosette multicolore.

Vanoff, de tournure aristocratique et la figure rasée, était fort correct de maintien et de costume.

Emeline, seule, n'avait pas modifié son vêtement, et portait son éternelle jaquette longue à col rabattu, sans taille, sorte de fourreau peu élégant, d'une mode remontant à plus de dix ans.

L'hôtel de la rue Labruyère était l'une des mystérieuses retraites du comité suprême de l'anarchie universelle.

— Quelle grave nouvelle? demanda Vanoff.

— Grave, en effet, dit Dowpotchine, en s'asseyant dans un fauteuil placé près de la table, Ravachol est arrêté !

Emeline et Vanoff se rapprochèrent de Dowpotchine et se placèrent de chaque côté du fauteuil en poussant la même exclamation :

— Arrêté !

— Oui.

— Mais, dit Vanoff, êtes-vous sûr de lui!... Ne nous dénoncera-t-il pas ?

Au lieu de répondre, Dowpotchine, le coude appuyé sur le bras du fauteuil, le corps renversé au dossier, s'était pris à réfléchir profondément.

— Mais ce malheureux est en danger de mort, dit doucement Emeline.

Dowpotchine haussa les épaules légèrement, et s'interrompant dans sa rêverie, dit d'une voix grave :

— Ravachol ne m'inquiète pas... pour l'instant, bien que cette arrestation me contrarie fort. Un danger plus grave nous menace, c'est pour cela que je vous ai convoqués : la police russe a envoyé contre nous Yvan le terrible et ses hommes !

— Yvan à Paris ! exclama Vanoff en considérant Dowpotchine retombé dans ses réflexions. La police russe a retrouvé nos traces !

— Non, pas encore, mais ce ne pourrait tarder si je ne me mettais pas en travers.

— Yvan ! fit Emeline frémissante, je ne connais pas cet homme, mais j'ai entendu sur son compte tant de récits ! on parle de sa cruauté...

Dowpotchine haussa les épaules.

— Cruauté !... Un mot vide de sens. Yvan n'épargne pas ses ennemis, mais il ne verse jamais le sang inutilement... pas plus que moi.

— Oh ! Dowpotchine, murmura douloureusement Emeline.

A ce moment, un bruit de pas rapproché se fit entendre, et la porte s'ouvrant brusquement pour livrer passage à Marthe, interrompit cet échange d'observations.

Dowpotchine s'était levé, toujours correct d'allures vis-à-vis d'une femme, et était allé au-devant de la jeune fille qu'il amena à un siège.

Sans attendre qu'elle l'interrogeât, sans préambule, il dit, d'une voix brève, dès qu'elle se fut assise :

— Ravachol est arrêté.

— Arrêté !

Et la jeune fille eut une rapide contraction des sourcils.

Ravachol arrêté ! un auxiliaire de moins, un homme sûr, sur qui elle ne pouvait plus compter ! il ne lui restait plus que Lamberti !... Comment donc s'était-il laissé arrêter ? elle le croyait plus prudent et énergique.

Dowpotchine semblait lire dans l'esprit de Marthe, et considérait la jeune fille avec un mélange d'amertume et d'étrange raillerie.

— Vous vous demandez, Marthe, dit-il, d'un ton singulier, comment Ravachol a pu se laisser arrêter ?

Effrayée d'être si complètement devinée, Marthe leva brusquement les yeux sur Dowpotchine et considéra ce dernier avec effarement ; le mystérieux chef secoua lentement la tête et continua :

— Savez-vous pourquoi Ravachol a été arrêté ? dit-il lentement. C'est pour avoir voulu aller, ce matin, rue Lamartine.

Marthe poussa un cri et se leva à demi.

Emeline et Vanoff considéraient les deux interlocuteurs, sans comprendre.

— Mais... je... bégaya la jeune fille.

— Je sais, interrompit Dowpotchine, que Ravachol est allé de sa propre autorité rue Lamartine, qu'il n'a pas été invité directement à accomplir une pareille démarche, et Dowpotchine appuya sur ces derniers mots. Il a transgressé mes prescriptions. Le malheureux a été de lui-même, pour ainsi dire, se livrer à la police.

— Mais, comment savez-vous ? demanda Vanoff.

— Nul journal n'a encore annoncé... fit Emeline.

— Et qui vous a appris qu'il s'était rendu... rue Lamartine ? balbutia Marthe.

Dowpotchine redressa la tête, et les bras croisés, regarda une seconde ses interlocuteurs.

— Pourquoi suis-je le chef véritable de l'anarchie universelle ? dit-il d'un ton grave. Pourquoi le terrible comité obéit-il, en réalité, à toutes mes prescriptions? Parce que je sais tout prévoir, tout deviner, tout comprendre! parce que rien ne m'échappe! parce qu'enfin ma police est supérieure à toutes les autres! Quand un accident se produit, comme l'arrestation de Ravachol, cet accident ne m'est pas imputable. Il a toujours pour cause une non observation de mes prescriptions. Ravachol était surveillé.

On l'a suivi, pas à pas, je sais tous les détails de son arrestation.

Et Dowpotchine fit en effet connaître par le menu à ses compagnons les faits que nous avons racontés dans le chapitre précédent.

— Nous trahira-t-il? murmura Vanoff.

Dowpotchine haussa les épaules.

— Non, dit-il. Ne sais-je pas choisir mes gens? il ne dira rien, je l'affirme. Et puis, que nous importerait? Que dirait-il? il dévoilerait notre cachette de Saint-Denis. Ce serait regrettable assurément. Mais enfin n'en avons-nous pas d'autres? Je le répète, je l'affirme, il se taira.

— Et puis, fit Marthe, sait-on qu'il se nomme Ravachol, on le soupçonne seulement.

— On le sait, dit gravement Dowpotchine, qui reprit son récit, et apprit à ses compagnons les faits suivants :

Quand Ravachol fut mis hors d'état de résister, au poste, on le fouilla.

Sur lui, on trouva :

Un porte-monnaie avec 140 francs ;

Un mouchoir ;

Un revolver à percussion centrale entièrement chargé ;

Six cartouches de revolver ;

Une quittance de loyer d'un logement sis à Saint-Mandé

Désireux de savoir si réellement cet anarchiste était Ravachol. M. Dresch le fit déshabiller entièrement

L'examen du corps confirma les suppositions du commissaire. C'était bien Ravachol.

Il portait au poignet gauche une trace de brûlure, des cicatrices sur le côté gauche de la poitrine et certains tatouages qui ne devaient laisser aucun doute sur son identité.

Cette reconnaissance faite, M. Dresch fit venir un fiacre à quatre places et Ravachol, réduit à l'impuissance, y fut placé en compagnie de quatre agents. M. Dresch avec son secrétaire monta dans une autre voiture.

A peine dans la voiture, Ravachol se mit à crier :

— Vive l'anarchie !

A deux heures, le fiacre entrait dans la cour du Dépôt ; Ravachol en était extrait et conduit dans le bureau du chef de la sûreté.

Il y trouva réunis le procureur de la République, M. Atthalin, le préfet de police.

A première inspection, Ravachol répondait bien au signalement donné. Il avait une barbe transformée depuis huit jours. Puis on avait trouvé sur lui de quoi établir sa personnalité à défaut d'identité : son revolver chargé, un bâton de cosmétique (or, on savait qu'il se maquillait) et une quittance de loyer, au nom de M. Laurent, 68, Grande-Rue de la République, à Saint-Mandé.

M. Atthalin, pensant qu'une perquisition faite à son domicile serait précieuse, conseilla à M. Goron de l'aller faire.

Escorté de Rossignol, le chef de la sûreté fit diligence. Il partit en fiacre à Saint-Mandé.

Pendant ce temps, Ravachol était conduit au service anthropométrique.

Il refusa d'abord de se déshabiller. On y procéda de force. On recommença à l'examiner minutieusement ; on fit les mensurations nécessaires. On observa les cicatrices, celle du front cachée par les cheveux, les grains de beauté de l'estomac qu'on avait essayé de faire disparaître avec des acides.

— Ravachol, c'est lui, Monsieur le Préfet, dit alors M. Bertillon, j'en réponds.

— Je ne suis pas Ravachol, disait le prisonnier, je l'affirme.

Il ne restait plus, pour s'assurer d'une façon définitive de l'identité de Ravachol, que de le confronter avec Chaumantin, Béala et Mme Chaumantin.

On les introduisit en sa présence.

Aucun des trois ne le reconnut.

Mme Chaumantin affecta de ne point connaître Ravachol, mais elle avait fait un mouvement involontaire qui n'avait pas échappé à M. Bertillon.

Ce ne fut qu'un éclair ; elle se domina très vite.

— Je ne connais pas ces individus, disait Ravachol très paisible.

Devant ces dénégations et cette assurance, la religion du préfet lui-même était ébranlée.

Mais M. Bertillon soutenait ne point se tromper. « C'est lui ! c'est lui ! je vous dis que c'est lui ! »

M. Atzalin prit à part Chaumantin et lui dit :

— Voyons Chaumantin, vous êtes un brave homme, vous. Vous ne jouez pas un rôle à effet dans le parti ; vous êtes là-dedans par bonnasserie. A quoi bon mentir ? On est pris, on est pris. Dites cela à Ravachol.

Alors Chaumantin s'avança vers Ravachol.

— Avoue, lui dit-il, d'un ton bonhomme. Dis ton nom. Je t'ai reconnu. Ta barbe d'abord m'a fait hésiter, mais à présent je n'ai plus d'hésitation.

Ravachol éclata d'un rire nerveux, convulsif :

— Eh oui, c'est moi, dit-il. Et après ? C'est moi Ravachol !

Dowpotchine cessa de parler.

On l'avait écouté avec la plus profonde attention.

— Peut-être avez-vous raison, dit Vanoff, Ravachol a fait montre de caractère ; il ne parlera sans doute pas.

— J'en suis convaincu.

— C'est nous qui l'envoyons à la mort, murmura Emeline, en poussant un soupir.

— Dowpotchine, s'écria Marthe, ne pouvez-vous le sauver ?

— Comment ?

— Vous êtes puissant, ce doit être un jeu pour vous de l'arracher des mains de la police.

Dowpotchine regarda la jeune fille d'un air singulier.

— Votre.. sympathie pour Ravachol, dit-il, s'est vite prononcée. .

— C'est l'un des nôtres, repartit vivement Marthe, un éclair dans les yeux et soutenant hardiment le regard du mystérieux chef.

— Et sans doute, peut-être, ajouta Dowpotchine, d'un ton railleur, êtes-vous aussi émue à la pensée qu'il a été arrêté pour avoir voulu aller rue Lamartine?

— Peut-être. Pouvez-vous l'enlever?

Dowpotchine éclata de rire.

— Vous imaginez-vous qu'on enlève qui que ce soit des mains de la police parisienne? Etes-vous folle de penser qu'une pareille chose puisse être accomplie. Il n'y a pas de puissance capable d'enlever à la police de Paris un prisonnier. Je suis sans force.

— Alors, dit Emeline, il faudra le laisser mourir.

Dowpotchine eut un nouveau rire accompagné d'un haussement d'épaules.

— Qu'entendez-vous par mourir? demanda-t-il.

— Monter à l'échafaud, répondit Emeline.

— Pour cela, continua imperturbablement Dowpotchine, il faudrait qu'il soit condamné à mort par le jury de la Seine.

— Songez à l'irritation publique, au cri général d'indignation, repartit Emeline. Avec vos moyens d'actions brutaux, vous avez soulevé l'opinion contre vous. La société détient l'un de nous, elle sera impitoyable. Hélas! se sera justice!

— Ravachol ne sera pas condamné à mort par le jury de la Seine, dit gravement Dowpotchine.

Chacun, devant une affirmation aussi étrange, demeura surpris et regarda le mystérieux chef avec une sorte d'effroi.

— Que dites-vous ! s'écria Vanoff. Disposez-vous à ce point des hommes que vous puissiez assurer par avance une telle chose ! Songez que le jury de la Seine sera composé de personnalités dont les noms sortiront de l'urne, au hasard, quelques jours à peine avant le procès ! Voudriez-vous circonvenir ces hommes, et le pourriez-vous, qu'il vous faudrait attendre cette époque ; alors le temps vous manquerait !

— Circonvenir les jurés, par la parole ! le tenter même ! niais ! ce serait folie. Je ne veux pas risquer même une imprudence aussi insigne. Je connais le caractère français. Il n'est pas de juré capable de se laisser influencer. En ce pays et en une telle circonstance, chacun a trop le sentiment de son devoir. Les jurys jugent impartialement. Mais je peux employer un moyen autre et m'attaquer à la faiblesse humaine, je suis sûr de réussir. J'ai trop l'expérience de la vie ; cette faiblesse, je la connais.

— Que ferez-vous ? demanda Marthe.

— L'heure n'est pas venue de le dire ; vous le verrez. Je ne veux pas que Ravachol soit condamné à mort, parce qu'il est nécessaire à mes projets qu'il quitte Paris et soit transféré à Montbrison.

— Je ne comprends pas, fit Vanoff.

— Tu n'ignores pas les différents assassinats commis par Ravachol ?

— Non, mais puisqu'on va le juger à Paris...

— Pour faits de dynamite, uniquement, interrompit Dowpotchine. On disjoindra les deux causes de façon, en cas de surprise de la part du jury, à avoir une ressource dans celui de la Loire.

— Je comprends, dit Vanoff. Ravachol, hors des mains de la police parisienne, vous pensez avoir plus de chance de le sauver ?

— Peut-être. Mais assez causé de Ravachol ; j'ai le temps de m'occuper de lui. Parlons d'Yvan.

Marthe eut toutes les peines du monde à réprimer un tressaillement de tout son être à l'audition de ce nom ; cependant elle parvint à rester calme et ce fut d'une voix à peine émue qu'elle demanda :

— Quel est cet Yvan ?

Dowpotchine, repris déjà de cette singulière préoccupation qu'avait constatée Vanoff, ne remarqua pas le mouvement de Marthe et répondit :

— Yvan le terrible... notre plus terrible ennemi... le seul peut-être que j'arriverai un jour à craindre.

— Mais quel est cet homme ?

— Tu l'apprendras bientôt !

CHAPITRE XIII

Yvan le Terrible

Avant de poursuivre notre récit, qui, nous le répétons, puisé aux sources les plus authentiques, grâce aux dossiers de notre mystérieux collaborateur J. H, est des plus exacts, avant de faire connaître à nos lecteurs quel était cet Yvan le terrible, si craint de Dowpotchine et de ses compagnons, il nous faut ouvrir une courte parenthèse, relative aux faits généraux de la police russe.

Celle-ci, l'une des premières du monde, est administrée de la façon la plus intelligente, et a à sa disposition des ressources très étendues qui lui permettent d'agir en toute assurance sur tous les points du globe.

C'est surtout au point de vue politique, et nous le répétons, parce qu'elle possède le grand nerf de la guerre de toutes les polices, l'argent versé sans compter, qu'elle est supérieure aux autres.

La troisième section de Saint-Pétersbourg a à sa tête un homme aussi intelligent que dévoué au czar.

Le nihilisme, longtemps à l'état de doctrine quasi ésotérique, c'est-à-dire divulguée à peu d'adeptes, s'était soudain transformé en principe d'action, dans les dernières années du czar Alexandre II, par le fait de l'argent allemand.

On sait, en effet, aujourd'hui, de la façon la plus formelle, que le prince de Bismarck, au pouvoir, voulant se venger du gouvernement russe, refusant de l'aider contre la France, et peut-être aussi pour l'effrayer, avait inondé la Russie d'agents chargés d'ajouter le nihilisme à ses odieux moyens d'action.

On se rappelle les nombreux complots et les troubles ayant si justement ému le peuple russe, et on se souvient de la fin lamentable du malheureux czar Alexandre II.

La police russe semblait débordée, quand un jour le czar nouveau, Alexandre III, eut enfin la preuve des agissements criminels du prince de Bismarck.

Ce dernier dut rappeler ses agents, fermer sa caisse. Le nihilisme actif cessa, du moins en Russie.

Mais les révolutionnaires russes avaient été trop profondément agités pour ne pas demeurer longuement encore en état d'effervescence. Seulement, impuissants en Russie, ils durent s'éparpiller dans le monde.

Naturellement ils se réfugièrent dans les grandes capitales, à Londres, à Paris, à Vienne, et aussi en Suisse et en Belgique.

La police russe les suivit intimement et établit des succursales de la troisième section dans ces différents endroits.

C'est ainsi qu'à Paris un service parfaitement organisé de police vint s'adjoindre aux agents disséminés existant déjà.

Ce service reçut du gouvernement français un accueil très sympathique. Ce n'était que justice, après les services rendus par le gouvernement russe à la France, et nous devons ajouter qu'après les événements de Cronstadt, par un accord tacite, sorte d'article additionnel à l'entente franco-russe, on parut ignorer même les agissements de la brigade de police russe.

Pour mieux dire, depuis cette époque on peut affirmer qu'il existe une police mystérieuse, inconnue de presque tous et volontairement ignorée des quelques hauts fonctionnaires qui en savent l'existence.

LES COMPAGNONS DE RAVACHOL

Par Pierre Delcourt et J. H.

Michel Popoff cacha dans le coffre-fort les lettres fausses du professeur.

(Reproduction interdite.)

Liv. 21

RENÉ MOROT, Éditeur, 40, rue Laffitte, Paris.

Cette police agit directement, sans demander d'aide à l'administration française, surveille les révolutionnaires russes, arrête ceux que lui désigne la troisième section et les fait disparaître ou sortir de France par des moyens mystérieux dont nul ne se doute.

On croirait lire certains chapitres de romans mouvementés au récit de quelques-uns des agissements de cette brigade spéciale et si nous n'avions sous les yeux les dossiers de J. H., nous n'oserions ajouter foi à des faits qui, cependant, se sont accomplis en plein Paris.

Les exploits de Ravachol avaient fortement inquiété la troisième section de Saint-Pétersbourg. Où la police française n'avait cru voir que des éléments nationaux parmi les anarchistes, la police russe, devinant juste avec un étrange flair, avait soupçonné Dowpotchine.

Depuis plusieurs mois la brigade de Paris avait perdu les traces du terrible chef, et, pour se justifier ou sincèrement, elle avait, dans ses rapports, annoncé son départ de France.

Les explosions parisiennes apprirent à l'intelligent chef de la troisième section que Dowpotchine était toujours à Paris.

Il pressentit la main de Dowpotchine dans ces nouveaux crimes, et, voyant plus haut, devinant qu'ils ne constituaient qu'un commencement d'hostilités, une sorte d'étude préparatoire d'agissements plus terribles, devant avoir pour théâtre futur la Russie, il résolut d'en finir avec Dowpotchine, par tous les moyens possibles.

C'est alors qu'il dépêcha à Paris un homme qu'on eut pu appeler le prince des policiers, personnage mystérieux, dont les nihilistes avaient durement senti la main, protée insaisissable, être quasi imaginaire, si bien il apparaissait et disparaissait avec une fantaisie qui tenait du miracle.

Cet homme, les nihilistes l'avaient appelé Yvan le terrible.

Lui et le chef de la troisième section avaient détruit le nihilisme en Russie.

Avant son départ de Saint-Pétersbourg, Yvan et le chef de la troisième section eurent une longue conversation au sujet de Dowpotchine.

. . . .
. . . .

Ce matin même, un fiacre s'arrêta rue La Fontaine, à Auteuil ; un homme, de haute stature, en descendit ; il était vêtu d'une longue redingote, du genre de celles, depuis longtemps démodées, dites « à la propriétaire », d'un pantalon ample, et d'un gilet ouvert ; son cou était enfoui dans un immense faux-col entouré d'une longue cravate comme on n'en porte plus. Un chapeau haut de forme, à larges bords, lui couvrait la tête jusqu'aux yeux.

Bien qu'il eût un peu neigé dans cette nuit de mars et que la brise fût âpre, notre homme ne semblait nullement incommodé par le froid ; sa redingote restait large ouverte.

Il fit quelques pas, appuyé sur sa canne, et vint sonner à la porte grillée d'un petit hôtel. Pendant ce temps, le cocher hermétiquement enveloppé dans son carrick, attendait philosophiquement.

On ne tarda pas à venir ouvrir. Ce fut un homme, ayant toutes les apparences d'un domestique, qui livra passage à l'étranger.

Sans doute connaissait-il le nouveau venu, car il s'inclina profondément devant lui sans dire un mot. L'étranger passa, silencieux, et suivi du domestique qui avait prestement fermé la porte, pénétra dans l'intérieur de l'hôtel.

Dans l'antichambre il accrocha son chapeau à une patère, déposa sa canne et monta au premier où il pénétra dans un cabinet de travail. Là, après avoir pris place à un bureau, près d'une cheminée garnie d'un bon feu, il déplia une volumineuse correspondance.

Ce travail dura assez longuement.

Quand il fut terminé, l'homme pressa sur un bouton électrique ; le domestique apparut.

— Johan, dit l'étranger à ce dernier, es-tu bien sûr que Dowpotchine habite la petite maison de la rue Labruyère ?

— Oui, Yvan.

— Ce ne doit pas être sa demeure véritable.

— Je ne crois pas non plus, cet homme est si terrible.

Yvan, car c'était le nouveau chef de la brigade spéciale russe, eut un sourire orgueilleux.

— Moi aussi, dit-il, je suis terrible! n'ont-ils pas accolé cette épithète à mon nom. Rude jouteur! Johan, nous aurons quelque peine à le vaincre.

— Avec un maître comme toi, Yvan, l'on n'a pas à désespérer.

— Toi et les autres vous êtes dévoués au czar, notre bien-aimé souverain.

Et Yvan s'inclina respectueusement, imité par Johan.

— Mais lui aussi, cet homme, est entouré d'esclaves, incapables de le trahir, continua-t-il.

Et il murmura, si bas, que Johan ne put l'entendre :

— Ce n'est point étonnant, il est fait pour commander... Je sais le fatal secret de sa naissance !... Quelle tâche lourde !... Un tel homme !..

Et s'adressant à nouveau à Johan :

— Comment as-tu découvert cette maison ?

— Par Emeline, qui si bien cachée qu'elle soit, a été surprise par moi, malgré ses précautions.

— Emeline, l'ancienne fiancée de Michel Zélaïeff... Fiancée ?... non pas, maîtresse... C'est cela, je me rappelle, elle a même eu un enfant de Michel Zélaïeff, une fille, morte depuis. Elle voulait épouser son amant... La famille l'a fait envoyer en Sibérie. Là, un prisonnier l'a initiée au nihilisme... elle s'est évadée, a rejoint Dowpotchine à Genève.. C'est, paraît-il, un de ses meilleurs conseillers... très dangereuse... Et, dis-tu, c'est par elle ?...

— Je l'ai vue entrer dans l'hôtel de la rue Labruyère. Comme elle prenait de très grandes précautions, j'ai supposé qu'elle allait rejoindre Dowpotchine.

— Tu as raison. Evidemment c'est un de leurs rendez-vous. Mais, lui, l'as-tu vu y pénétrer?

— J'ignore si un vieillard courbé, à favoris blancs, de très grande allure, qui y est entré peu après Emeline, est Dowpotchine.

— De taille cassée, dis-tu, Dowpotchine est plus grand que moi. Ce n'est pas un vieillard, mais au contraire un homme dans toute la force de l'âge. Cependant il peut s'être assez habilement déguisé et grimé pour en tromper de plus perspicaces que toi.

A cet instant, la sonnette du dehors se fit entendre.

— Ce sont eux, va ouvrir.

Johan s'inclina respectueusement devant Yvan et s'empressa d'obéir.

Quelques minutes après, trois hommes suivis de Johan, pénétraient dans le cabinet d'Yvan et saluèrent respectueusement ce dernier.

— Bonjour Vladimir, bonjour Nikolaieff, bonjour Varvarof, dit Yvan en saluant de la main.

— Bonjour Yvan, firent d'une même voix les trois hommes.

Sur l'invitation que leur fit ce dernier, ils s'assirent, Johan les imita. Yvan se prit tout à coup à réfléchir au lieu de converser avec les nouveaux venus.

Renversé sur son siège, le regard comme perdu dans une direction imaginaire, il concentrait ses pensées sur un même point et forçait sa mémoire à se souvenir de faits sans doute fort importants pour lui.

Les quatre hommes, habitués à l'obéissance passive et sans doute aussi façonnés aux agissements d'Yvan, attendaient, silencieux, qu'il plût à leur maître de les interroger.

Par intervalles un nuage obscurcissait le front du policier et un pli amer contractait les coins de sa bouche.

A la fin un soupir s'échappa de sa poitrine et il murmura, paraissant avoir oublié ses compagnons :

— Maria Pétrovna ! on dit qu'elle est ici !... Je l'aime cent fois plus encore depuis qu'elle a disparu.

Soudain son œil s'éclaira de lueurs fauves, ses poings se crispèrent, et toujours, sans souci des quatre auditeurs, il continua, d'un ton rauque :

— Elle l'aimait bien, ce Gourgourine !... Heureusement, il est mort !... Ah ! je le haïssais !... Et cependant je ne suis pour rien dans son trépas !... On dit que Maria Petrovna m'a accusé !... Elle m'aurait en horreur alors !... et je l'aime !... Qu'elle est belle !...

Ces paroles hachées se rapportaient à une histoire douloureuse d'amour que nous allons raconter, avant de poursuivre notre récit, car ainsi qu'on le verra par la suite elle se relie intimement aux événements de ce drame.

CHAPITRE XIV

Maria Petrovna

Un an environ avant les faits que nous racontons, il y avait dans le gouvernement de Péterhoff un conseiller veuf, père d'un unique enfant, une fille, nommée Maria Petrovna, âgée de dix-huit ans et si belle qu'elle en était presque un objet de vénération. Le peuple, en effet, n'avait pu admettre l'existence d'une pareille beauté qu'en l'attribuant à une intervention divine.

Maria Petrovna n'était pas seulement belle, son intelligence et son instruction supérieure, la distinction de toute sa personne, faisaient d'elle un être presque accompli.

Elle était fille unique du conseiller, avons-nous dit. Or, ce dernier, immensément riche, devait magnifiquement doter sa fille.

C'est dire que Maria Petrovna était le point de mire de tous ceux qui étaient susceptibles de se marier ; et cependant il faut dire que sa fortune immense frappait moins les esprits que sa merveilleuse beauté.

C'est que la jeune fille possédait un charme étrange et comme une sorte de pouvoir fascinateur qui attirait à elle et faisait presque l'esclave de ses volontés quiconque la voyait pour la première fois.

Il n'était pas un jeune homme qui ne fût amoureux passionné d'elle, et bien des cœurs d'hommes avancés en âge battaient douloureusement à sa pensée.

Et cependant Maria Petrovna ne recherchait aucun hommage. Elle n'était pas coquette et se tenait réservée selon son âge et son rang.

Elle avait au surplus trop le sentiment de sa dignité.

Maria Petrovna possédait une âme ardente, capable d'aimer passionnément mais fidèlement. Jusqu'alors cependant, elle n'avait distingué aucun des nombreux soupirants attachés à ses pas, bien que, parmi eux, quelques-uns fussent dignes d'être remarqués.

Les déclarations directes ou indirectes, passionnées ou timides, ne lui manquaient pas et jusqu'alors Maria Petrovna les avait à peine entendues même.

Parmi ceux de ses adorateurs les plus opiniâtres, la jeune fille avait néanmoins remarqué, en raison même de son héroïque insistance, un homme, d'une beauté farouche, à la figure empreinte d'une sombre énergie. Il était fils d'un marchand fortuné et paraissait vivre des revenus de son père, c'est-à-dire à ne rien faire. Nous disons paraissait vivre à ne rien faire, parce que en réalité son existence était assez mystérieuse. Bien que domicilié dans le gouvernement de Péterhoff, il s'absentait fréquemment pour des temps inégaux sans qu'on sût où il se rendait.

Cet homme se nommait Yvan Yvanovitch.

Passionnément épris de Maria Petrovna, il osa plus que tous ces conquérants, mais la jeune fille le repoussa comme les autres, plus durement peut-être puisqu'il avait été plus audacieux.

Elle n'avait cependant aucune antipathie pour Yvan, que peut-être elle eût distingué entre tous, mais elle éprouvait pour lui une vague terreur et faut-il le dire, le cœur de Maria Petrovna venait de parler.

Un jeune homme nommé Gourgourine, arrivé depuis peu dans le gouvernement de Péterhoff, y avait ouvert une sorte de professorat libre dans lequel il enseignait gratuitement. C'était plutôt une chaire de philosophie positiviste qu'il venait d'ouvrir, chaire libre dans laquelle il enseignait à tous des principes de haute morale expliqués sous une forme suffisamment administrative pour ne pas inquiéter les autorités du gouvernement.

Mais, sous l'étiquette officielle de cette chaire, se cachait un enseignement révolutionnaire ou plutôt allait se cacher bientôt, car Gourgourine, l'un des chefs du nihilisme, avait été désigné pour l'apostolat du gouvernement de Péterhoff.

C'était un homme sur qui la nature semblait avoir voulu réunir tous ses biens ; il possédait dans une acception presque parfaite : beauté, science intelligence, courage.

Il devait être aimé de Maria Petrovna, et c'était justice qu'un pareil couple s'assortît.

A l'ouverture du cours de Gourgourine, la jeune fille et le professeur se virent pour la première fois, et instantanément échangèrent leurs cœurs, naturellement, comme présentés l'un à l'autre par la nature elle-même.

Ce fut un long duo d'amour qui bientôt ne tarda pas à être connu de tous et jeta la confusion dans le troupeau des prétendants à la main de Maria Petrovna.

Yvan était absent, lors de la venue de Gourgourine. A son retour la jeune fille et le professeur s'étaient fiancés. Il ignorait donc la cause du refus de Maria Petrovna à sa demande.

Mais il ne pouvait tarder à l'apprendre, il la sut bientôt, une haine terrible entra aussitôt pour Gourgourine. Vingt fois il fut sur le point de tuer son rival heureux; chaque fois il recula par son amour même pour Maria Petrovna.

C'est qu'il s'était attaché aux deux jeunes gens de la façon la plus intime, avait épié tous leurs actes, pour s'assurer de l'état réel du cœur de Maria Petrovna et des sentiments vrais de Gourgourine.

Leur amour était vrai !

Tuer Gourgourine, c'eut été conduire la jeune fille à la mort, et Yvan aurait souffert plutôt mille tourments que de causer la moindre souffrance à celle qu'il adorait.

Bientôt il fit une autre découverte, celle des idées politiques de son rival.

Alors Yvan eut peur. Gourgourine nihiliste, c'était l'effondrement du bonheur de Maria Petrovna, effondrement à brève échéance, car Gourgourine ne tarderait à être arrêté. Et Yvan ne pouvait se tromper à cet égard; il n'était autre que cet Yvan le terrible dont nous avons parlé.

Yvan qui n'avait pas voulu tuer Gourgourine pour éviter toute douleur à Maria Petrovna, pouvait encore moins songer à l'arrêter.

Par une abnégation sublime, au contraire, il résolut d'éviter à son rival tous dangers, et, dans l'ombre, il veilla activement sur ses jours.

Mais la catastrophe que redoutait Yvan le terrible devait se produire, par un renversement extraordinaire des événements.

Toute supériorité engendre la haine jalouse, basse, vile, d'autant plus dangereuse qu'elle s'agite dans l'ombre.

Gourgourine avait pour ennemi un homme, peut-être son seul confident réel, un nihiliste comme lui, nommé Michel Popoff. Celui-ci l'avait accompagné dans le gouvernement de Peterhoff, et l'aidait dans son professorat.

Il était jaloux de Gourgourine à la folie.

Lui aussi fut épris de Maria Petrowna et l'on conçoit la recrudescence de sa haine quand il eut connaissance de l'amour des deux jeunes gens.

Cette fois, c'en était trop, sa bile envieuse débordait.

Il se résolut de faire mourir Gourgourine.

Mais voulant que cette mort fût profitable à ses intérêts, il la différa jusqu'à l'instant propice à la réalisation de ses projets, et s'imagina de mettre à profit l'amitié de Gourgourine pour accaparer celle de Maria Petrowna.

Il voulait pénétrer au plus profond du cœur de la jeune fille pour pouvoir, avec le temps et d'insidieuses manœuvres, recueillir la succession de son maître.

Ses calculs étaient fondés en apparence.

Gourgourine n'avait pas caché à sa fiancée son rôle véritable dans la société, et la jeune fille, âme ardente, esprit sérieux et rempli d'une énergie virile, avait partagé ses idées. Nihiliste à son tour, elle s'était prise à aimer les révolutionnaires, et parmi eux, celui à qui elle faisait le plus d'amitiés était Michel Popoff. La jeune fille le considérait comme le second de son fiancé, l'homme en qui elle devait avoir le plus de confiance après Gourgourine.

Michel Popoff avait préparé soigneusement les fils de sa trahison. Il ne pouvait dénoncer Gourgourine à la police, n'ayant pas en mains des preuves assez convaincantes pour le faire non seulement condamner à mort, mais exécuter. Que lui importait, en effet, une dénonciation si Gourgourine ne mourait pas.

Il fallait trouver mieux.

Michel Popoff n'ignorait pas les règles terribles du nihilisme dirigeant, les traîtres pouvaient être absous quand ils n'appartenaient qu'aux représentants infimes de la masse, mais les chefs engageaient leur vie et l'existence de chacun d'eux était subordonnée à ses actes.

Un tribunal secret instruisait la conduite de tout membre soupçonné, jugeait celui-ci et le condamnait sans qu'il eût eu le moindre soupçon de ces différents agissements contre sa personne.

Condamné à mort, le nihiliste était sûrement tué au plus prochain jour.

Michel Popoff qui n'ignorait rien de ces choses, avait jugé plus convenable d'employer ce moyen pour se débarrasser de Gourgourine. Il présentait ce double avantage de n'offrir aucun danger et de n'être pas soupçonné. Michel Popoff étant trop lâche pour frapper lui-même le professeur.

Patiemment et avec un art infini, il réunit contre Gourgourine les accusations les plus justifiées en apparence, et les fit parvenir au comité central, dirigé par Dowpotchine.

Il importait surtout de prouver que Gourgourine allait trahir la cause du nihilisme pour obtenir la main d'une personne aussi riche et belle que Maria Petrovna.

Michel Popoff n'était pas embarrassé pour si peu. Il confectionna toute une correspondance fausse signée des noms du conseiller et de Gourgourine, dans laquelle il établit nettement les phases diverses de trahison du professeur.

Dans une première lettre, Gourgourine demandait au conseiller la main de Maria Petrovna, et donnait comme référence sa position. Le conseiller répondait par un refus accompagné d'excuses banales.

Puis de nouvelles missives du professeur annonçaient au conseiller qu'il pouvait voir sa situation honorifique complètement modifiée et prétendre aux plus grands honneurs. Le conseiller alléché avait demandé des explications.

Bref, de lettres en lettres et sur l'assurance écrite qui lui en avait été faite s'il épousait Maria Pétrovna, Gourgourine faisait connaître sa qualité de chef du nihilisme et promettait de découvrir tous les secrets du comité central, le lendemain de son mariage.

Ce dernier, devant les accusations formelles, avait commencé une enquête ordinaire. Michel Popoff, très au courant des agissements du comité par quelques indiscrétions malheureuses de Gourgourine, savait comment on procéderait, et n'ignorait pas la puissance d'investigation des enquêteurs.

Tchernaieff saisit Gourgourine à la gorge et l'accula contre le mur.

Or, pour donner plus de poids à ces accusations, Michel Popoff s'était bien gardé d'envoyer directement la fausse correspondance au comité; il s'était borné à déclarer son existence probable à la suite d'une lettre assez banale en apparence, mais contenant quelques mots suspects, lettre, disait-il, tombée accidentellement en sa possession, la seule qu'il eût envoyée au comité, à l'appui de sa dénonciation.

Il savait que les enquêteurs étaient assez puissants pour pénétrer de jour et de nuit, et à l'aise, aux domiciles du conseiller et du professeur, y chercher cette correspondance et l'enlever.

Aussi, après avoir calculé le temps nécessaire à la venue des enquêteurs anonymes, Michel Popoff pénétra une nuit chez le conseiller, parvint à ouvrir son coffre-fort et y glissa la fausse correspondance de Gourgourine. Le lendemain matin il plaça dans le secrétaire de ce dernier les fausses lettres du conseiller.

Huit jours après, l'enquête était terminée. Les nihilistes avaient fait main basse sur la correspondance, sans que le conseiller et le professeur eussent eu le moindre doute.

Gourgourine était irrémédiablement perdu, et, malheureusement pour lui, Yvan était en ce moment hors du gouvernement de Peterhoff et fort occupé dans une expédition contre les nihilistes.

Le professeur et sa fiancée étaient loin de s'attendre à une telle catastrophe, ils s'aimaient d'un ardent amour, ne vivant que l'un pour l'autre, souriant à l'avenir, ravis d'une longue existence de bonheur ouverte devant eux.

En les voyant si amoureusement unis, en surprenant l'échange de leurs sourires, Michel Popoff, devant qui ils ne craignaient pas d'étaler leur amour si bien ils le considéraient comme leur meilleur ami, était pris de rage immense et d'impatiences monstrueuses.

Il comptait fébrilement les heures, attendant avec agitation la mise à exécution du jugement que le comité central nihiliste ne pouvait manquer de rendre contre Gourgourine.

Où en était l'enquête ?

Avait-on pénétré chez le conseiller et au domicile du professeur ? Pour le savoir, il eut fallu que Michel Popoff renouvelât sa démarche criminelle, et il n'osait le faire.

Force était donc au misérable de ronger sa jalousie en silence et d'assister, la rage au cœur, à cette expansion amoureuse qui le rendait fou d'envie.

Cependant, le comité central agissait.

Au reçu des dénonciations, signées du reste, de Michel Popoff et de la fausse lettre y annexée, Dowpotchine et ses conseillers ordonnèrent l'enquête d'usage et envoyèrent l'ordre à deux affiliés du gouvernement de Peterhoff d'agir sans retard.

Ceux-ci, munis d'instructions détaillées, se mirent en mesure d'obéir immédiatement, et ce ne fut pour eux qu'un jeu de s'emparer de la fausse correspondance.

Le comité central, mis en possession de cette dernière, jugea Gourgourine et le condamna à mort.

Il n'y avait pas d'appel à pareille sentence.

A quelques jours de là, un matin, le professeur reçut un avis mystérieux l'invitant à se rendre à trois lieues environ de la ville et d'y attendre, en un endroit qu'on lui indiquait, la venue de deux personnages ayant à l'entretenir de choses fort importantes.

Cette lettre portait comme signature un signe bizarre que Gourgourine ne put voir sans tressaillir. C'était la marque particulière du comité central, mais marque spéciale employée rarement, très rarement, dans des circonstances d'importance capitale.

Seuls les chefs de l'ordre de Gourgourine la connaissaient.

Tout à son bonheur de fiancé aimé, tout à ses rêves d'amoureux, il avait, non pas négligé le nihilisme dont les principes ne pouvaient avoir de plus fervent admirateur, d'apôtre plus zélé, mais un peu oublié l'existence du nihilisme.

Cette lettre le rappela à ses devoirs.

Bien qu'il eût initié Maria Petrovna aux doctrines révolutionnaires, il ne lui parla pas de cet envoi, pour deux raisons : la première, c'est que la signature mystérieuse ne devait pas être montrée à un profane ; la seconde, c'est que Gourgourine, eût-il eu le droit de faire voir cette lettre à sa fiancée, n'eut pu le faire par peur d'effrayer la jeune fille.

C'est qu'en effet un pareil avis annonçait quelque chose d'anormal ; il ne s'envoyait jamais que dans les circonstances difficiles, dangereuses, des plus importantes.

Contrairement à la coutume de frapper les coupables sans avis préalable, Dowpotchine avait voulu déroger à l'usage pour Gourgourine, l'enfant chéri du comité, le seul peut-être, jusqu'à ce jour, en qui on eût eu la plus entière confiance. Plein d'une juste colère, il voulait aviver la vengeance par ce moyen.

Gourgourine n'eut pas le temps même d'aller voir sa fiancée ; l'ordre était péremptoire, il devait partir au reçu de la lettre.

Le professeur s'éloigna donc aussitôt.

Néanmoins, par un sentiment indéfinissable et comme s'il eût pressenti qu'il ne reverrait plus Marie Petrovna, il voulut passer devant la maison du conseiller.

Il eut un long regard vers les fenêtres de la chambre de la jeune fille, et éprouva une subite émotion, indéfinissable.

C'était son suprême adieu et comme une envolée de son âme, un sanglot intérieur impossible à analyser.

Gourgourine, surpris de cette émotion sans motif apparent, la chassa vivement, haussa les épaules et eut un sourire en murmurant :

— Insensé que je suis ! quelle angoisse sans sujet !

Il continua sa route jusqu'au bureau de poste, commanda une téléka, voiture légère conduite par un moujick, la fit prestement atteler et s'installa dedans.

Trois lieues à une téléka ne sont rien à franchir. Une demi-heure après, Gourgourine faisait arrêter la téléka au milieu de la route, ne voulant pas qu'elle allât jusqu'à l'endroit indiqué, et ordonnait au moujick d'attendre à cet endroit.

Il descendit alors et gagna à pied le lieu fixé comme rendez-vous dans le billet mystérieux.

C'était un relais de poste, à moitié enfoui dans un bouquet de bois.

Gourgourine y pénétra, et à son grand étonnement il le trouva absolument vide. Il pénétra jusque dans la dernière pièce.

Deux hommes s'y trouvaient, l'un enveloppé hermétiquement dans un ample manteau, l'autre vêtu d'une houppelande l'enveloppant entièrement, au collet relevé sur le visage. Tous deux étaient coiffés de casquettes rabattues sur les yeux.

Ces deux hommes étaient assis à une table de bois, sur laquelle reposaient un registre tout ouvert, un encrier, une plume, deux verres et une bouteille.

Au bruit des pas de Gourgourine, l'un d'eux, l'homme à la houppelande, sans bouger de place, leva les yeux sur le professeur, le regarda fixement, fit un signe rapide avec le pouce, auquel Gourgourine répondit de la même manière.

— Avance ! dit l'homme d'un ton bref, toujours sans bouger et s'adressant à Gourgourine.

Ce dernier, sans s'étonner de ce ton de commandement, obéit et s'approcha.

L'homme se leva alors, s'éloigna de la table de quelques pas, et, indiquant du doigt le registre tout ouvert.

— Approche, Gourgourine, dit il du même ton, prends cette plume, trempe-la dans l'encre, et signe de ton nom, là, à cette place, au bas de ce qui est écrit.

Et, en effet, il montra un endroit du registre.

Gourgourine, toujours imbu de l'esprit d'obéissance, fit ce qu'on demandait de lui. Cependant, au moment d'apposer son nom, il eut un moment de curiosité et s'apprêta à lire ce qu'il y avait d'écrit sur le registre.

— Ne lis pas ! cela t'est défendu, dit le même personnage.

Gourgourine obéit encore une fois, signa prestement et se redressa.

L'homme revint au registre et, du geste, fit reculer le professeur.

— Ecoute maintenant, dit-il, en se penchant sur le registre, je vais te donner lecture de tes dernières volontés.

Gourgourine tressaillit et eut un geste de profonde stupéfaction.

Mais avant qu'il eût pu faire un autre mouvement, le deuxième personnage, se débarrassant de son manteau, apparut, vêtu d'une blouse blanche et d'une cotte de même couleur.

D'un bond, il se précipita sur Gourgourine, un poignard à la main, le saisit à la gorge et l'accula contre le mur.

— Attends ! Tchernaïeff, dit son compagnon, mais à la moindre résistance, enfonce ton poignard. Il faut qu'il entende la lecture.

Gourgourine, au surplus, était incapable d'échapper à l'étreinte de fer le maîtrisant. Et puis, la tête perdue dans une surprise aussi extraordinaire, il lui fallait au moins quelques secondes pour rappeler ses esprits.

L'homme à la houppelande se pencha sur le registre et lut d'une voix très grave.

« Moi, Gourgourine, membre du comité central nihiliste, chef du district de Peterhoff, je reconnais avoir trahi notre cause sainte, déclare mériter la mort et ne point protester contre mon exécution.

» GOURGOURINE. »

Et avant que le malheureux professeur eût eu le temps de pousser une exclamation de protestation, l'homme à la houppelande ajouta, d'un ton grave empreint de tristesse :

— Frappe, maintenant !

Tchernaïeff enfonça son poignard dans la gorge du malheureux Gourgourine.

Gourgourine tomba comme une masse.

Tchernaïeff se retourna vers son mystérieux compagnon et le consulta du regard.

L'homme à la houppelande fit un signe bref à la suite duquel Tchernaïeff se baissa, ramassa son manteau, le mit sous son bras gauche, prit le registre après l'avoir refermé et attendit.

— Partons, fit le premier.

— Et l'homme ? dit Tchernaïeff en indiquant le cadavre du doigt.

— L'ordre est de le laisser ici.

Tchernaïeff haussa les épaules, indifférent, sans paraître s'étonner davantage.

Quelques secondes après, les deux hommes avaient disparu.

Michel Popoff, comme on s'en doute, épiait avec le plus grand soin les faits et gestes de Gourgourine. Il attendait d'heure en heure l'exécution du décret, rendu bien certainement déjà par le comité central.

Ce même jour, il vit le professeur sortir en téléka et ne douta pas que ce ne fût de sa part une action en concordance avec ses propres pressentiments.

Il eut tôt remarqué la ligne suivie par Gourgourine et, sans perdre de temps, il courut louer un cheval de poste, sous prétexte d'une promenade. A son tour, il prit le chemin suivi par la téléka et ne tarda pas à l'apercevoir arrêtée à l'endroit que nous savons.

Très prudent, il n'osa d'abord continuer et resta en observation, à distance assez grande pour n'être pas remarqué du moujick, et attendit, curieux de savoir si la voiture s'était arrêtée accidentellement ou pour toute autre raison.

Bientôt il comprit la véritable cause de cet arrêt.

Il reprit alors sa route, dépassa la téléka sans paraître s'en préoccuper et arriva au bureau de poste peu d'instants après que les deux hommes en furent sortis.

Là encore il demeura indécis. Qu'allait-il faire ?

Un secret instinct le fit descendre de cheval et entrer dans la maison.

En apercevant le corps de Gourgourine, il poussa un cri de joie féroce, se pencha hâtivement sur lui et constata, avec une horrible satisfaction, la mort du professeur.

Michel Popoff sortit alors précipitamment, remonta à cheval et revint à la ville par un chemin détourné.

Le lendemain l'émotion fut grande à la nouvelle du crime. Le maître de poste, en entrant chez lui, avait trouvé le cadavre et s'était empressé d'avertir les autorités. Le corps fut ramené au domicile de Gourgourine.

Maria Petrovna, informée par Michel Popoff du terrible malheur, s'évanouit. Mais à cet acte de faiblesse succéda un désir ardent de venger son fiancé.

Gourgourine avait été assassiné. Par qui ?

La jeune fille voulait le savoir.

Son énergie native avait repris le dessus ; une seule pensée préoccupait son esprit : celle de retrouver les assassins.

Maria Petrovna, confiante en Michel Popoff, qu'elle croyait être l'ami réel de Gourgourine, eut la force d'aller trouver le traître et de lui demander s'il pouvait l'aider, tout au moins dans ses premières recherches.

Michel Popoff affecta une profonde ignorance, mais cependant laissa échapper quelques paroles qui provoquèrent chez la jeune fille une demande d'explications. Il insinua, sans paraître y attacher d'importance, que Gourgourine, n'ayant aucun ennemi, aurait pu être la victime de la police russe.

Ce fut un éclair pour Maria Petrowna.

Oui, ce devait être ! Gourgourine n'était-il pas un des chefs du nihilisme et, dans ces conditions, n'avait-il pas été l'objet des préoccupations de cette police.

Elle interrogea minutieusement Michel Popoff et apprit de lui que le plus grand ennemi des nihilistes, l'homme les ayant dispersés, était Yvan le terrible.

Le traître sut parler avec un tel art que, tout en n'émettant que des suppositions, il parvint à convaincre Maria Petrovna de la culpabilité d'Yvan le terrible dans l'assassinat du professeur.

Cependant une instruction avait été ouverte. La jeune fille, également informée par Michel Popoff, voulut voir le juge. Michel la supplia d'éviter toute imprudence et chercha à la dissuader de faire cette démarche. Mais devant l'idée nettement arrêtée de Maria Petrovna, il changea ses batteries et borna ses efforts à convaincre la jeune fille à ne pas éveiller la méfiance du juge par des propos inconsidérés.

— Maria Petrovna, lui dit-il, si vous voulez tirer vengeance d'un crime aussi odieux, il faut savoir dissimuler dans votre intérêt même. Feignez d'ignorer les idées politiques de Gourgourine. Allez voir le juge, puisque vous voulez l'entretenir, mais, pour mieux le tromper, ayez l'air de supposer que Gourgourine aurait pu être la victime des nihilistes. Le juge alors perdra toute méfiance et peut-être pourrez-vous, par d'habiles questions, apprendre de lui quelque chose vous intéressant.

Il termina en assurant Maria Petrovna de tout son zèle pour elle.

La jeune fille fut frappée de ce raisonnement qu'elle trouva juste. Elle remercia Michel Popoff, son seul ami, et le supplia de ne pas l'abandonner. On devine avec quel empressement le misérable promit son concours à la jeune fille.

Sans plus tarder, Maria Petrovna voulut aller chercher le juge chargé de l'instruction ; il était au domicile de Gourgourine, en compagnie du médecin chargé de pratiquer l'autopsie. Quand elle arriva, le juge allait partir.

Gourgourine, couché dans son lit et recouvert d'un drap, reposait souriant dans la mort. La jeune fille poussa un grand cri en revoyant en cet état son fiancé.

Elle n'avait pu, par suite des formalités judiciaires, être encore mise en sa présence, et ce fut avec une explosion de douleur qu'elle se précipita sur le corps du malheureux professeur. Le juge et le médecin respectèrent cette douleur.

Enfin, la jeune fille se redressa et, les mains jointes, s'adressant au juge très ému :

— Oh ! monsieur, s'écria-t-elle, vous trouverez l'assassin.

Le juge répondit à la jeune fille par d'affectueuses paroles et voulut séance tenante l'interroger au sujet des relations que pouvait avoir Gourgourine. Maria Petrovna répondit ce qu'elle put, nous savons qu'elle ne pouvait guère renseigner la justice.

Le juge lui montra alors la lettre fixant un rendez-vous, trouvée dans dans les vêtements de la victime, et demanda à la jeune fille si elle en connaissait l'écriture.

Maria Pétrovna prit cette lettre et la lut mot par mot, comme si elle eût voulu en graver la teneur dans sa mémoire pour toujours.

— Non, dit-elle, en la rendant, j'ignore qui a pu écrire cette lettre.

Après les obsèques de Gourgourine, Maria Petrovna, demeurée seule sur la tombe de son fiancé, renouvela son serment de le venger.

C'était désormais entre elle et Yvan le terrible une guerre à mort.

Mais pour agir au mieux en de pareilles conditions, il fallait à la jeune fille l'aide des chefs du nihilisme. Ce ne l'embarrassait pas de les rencontrer, Gourgourine lui ayant fait connaître tous les mystères de l'association.

Maria Petrovna savait où rencontrer ces hommes dont elle avait besoin.

Mais voudraient-ils l'aider ? Accueilleraient-ils immédiatement sa demande ?

Elle se résolut alors, par crainte d'échouer tout d'abord, de se mettre simplement à leur service, de faire montre de sa valeur et de se rendre si utile qu'au moment où elle demanderait leur aide pour sa vengeance, ils ne pourraient plus la lui refuser.

Et pour mieux les tromper elle résolut de changer de nom.

Maria Petrovna allait devenir Marthe Ricard !

La jeune fille s'échappa un jour du domicile paternel sans avoir prévenu personne, même Michel Popoff.

Quelques jours après, Yvan le terrible revenait et apprenait, en même temps que le départ de Maria Petrovna, le terrible drame.

. . . .

. . . .

Yvan le terrible songeait donc à cette Maria Petrovna dont le souvenir le hantait sans cesse, et, pour la millième fois, se demandait en quel lieu elle pouvait s'être réfugiée.

La jeune fille avait fui si étrangement et avec un si profond mystère qu'il avait été impossible à Yvan, malgré les moyens dont il disposait, de retrouver ses traces.

Au reçu de l'ordre du chef de la troisième section, le terrible ennemi des nihilistes avait éprouvé une étrange sensation d'âcre plaisir, un frissonnement indéfinissable, quelque chose comme l'intuition, à peine perceptible, d'un bonheur à venir. Était-ce le pressentiment de rencontrer Maria Petrovna à Paris ?

Maria Petrovna à Paris ! oui, cela était possible.

Et cependant, Dieu sait s'il avait fait fouiller cette capitale.

Mais, un pressentiment de retrouver la jeune fille aux côtés de Dowpotchine agitait son cœur et le secouait de profonds tressaillements.

Cette fois il agirait lui-même, et par saint Michel ! il comptait bien être plus habile que ses agents. Si Maria Petrovna était à Paris, il l'y découvrirait en quelque lieu et sous quelque nom qu'elle se cachât.

LES COMPAGNONS DE RAVACHOL
Par Pierre Delcourt et J. H.

Vous trouverez l'assassin! s'écria Maria Petrovna en joignant les mains.

(Reproduction interdite.)

René MOROT, Éditeur, 40, rue Laffitte, Paris.

Liv. 23

Yvan releva lentement la tête et regarda ses trois compagnons, d'abord d'un œil vague.

Peu à peu, cependant, son regard perdit cette indécision et reprit sa dureté ordinaire ; après un dernier éclair, écho suprême sans doute d'une pensée inattendue jaillissant du cerveau d'Yvan au sujet de Maria Petrovna.

— Oui, murmura si faiblement le terrible policier, qu'à peine ses lèvres remuèrent, oui, là où Dowpotchine se trouve, je rencontrerai Maria Petrovna! je le sens!... A nous deux, Dowpotchine!

Alors, redevenu Yvan le terrible et tout à ses seules fonctions, il s'adressa aux nouveaux arrivants :

— Nikolaïeff, Varvarof, savez-vous ce que me disait Johan, tout à l'heure?

— Non, Yvan.

— Il m'annonçait qu'il avait découvert le lieu de retraite de Dowpotchine.

— Je le crois du moins, Yvan, répondit Johan.

— L'un de ses lieux de retraite, car évidemment Dowpotchine est trop habile pour n'en posséder qu'un. Vous n'avez pas vite marché.

— Yvan, répondit Nikolaïeff, vous nous avez donné une mission avec défense de nous en écarter.

— Il est vrai, mais elle se rattache à la recherche de Dowpotchine. Où se trouvent Vladimir et Poliakoff?

— Ils attendent dans la petite maison de la rue de la Py, à Charonne, répondit Varvarof.

— Il faudra aller les prévenir de l'ordre, continua Yvan. C'est toi, Nikolaïeff qui te chargeras de ce soin. Tu prendras la voiture attendant dans la rue Lafontaine, ici près, celle qui m'a amené; c'est André qui en est le cocher.

— Je ferai comme tu le dis, Yvan, répondit Nikolaïeff du ton le plus soumis. Quel est l'ordre ?

— Johan a vu Émeline rentrer dans un petit hôtel de la rue Labruyère ; un vieillard voûté et tout blanc de figure y a pénétré à son tour. Était-ce Dowpotchine ? je ne le crois pas encore. Mais où va Émeline, Dowpotchine arrive bientôt, s'il ne s'y trouve déjà. Vladimir et Poliakoff devront se rendre cette après-midi dans la tenue numéro 5, chez le marchand de vin qui fait le coin des rues Léonie et Labruyère, ils y seront à 2 heures.

— C'est tout ? demanda Nikolaïeff.

— Oui.

— Et moi ?

— Tu attendras, dans la tenue numéro 3, rue Victor-Massé, devant le magasin d'antiquités de M. Leblanc.

— Le brocanteur contigu au *Chat Noir* ?

— Oui.

— Devrai-je attendre à la même heure ?

— Non, à quatre heures.

— Est-ce tout ?

— Oui. Tu peux partir.

Un instant après, il était hors de la maison et s'éloignait dans la voiture d'Yvan.

Varvarof reçut à son tour l'ordre de se trouver à la même heure à l'*Auberge du Clou*, avenue Trudaine. Un instant après il s'éloignait.

Resté seul avec Johan, Yvan lui dit, un léger sourire aux lèvres :

— Tu as découvert Émeline, moi, j'ai trouvé autre chose : j'ai la preuve que Constantinéwicht et Pultowschi vont au *Chat Noir* et à l'*Auberge du Clou*, et j'espère bien y trouver Dowpotchine, à moins que...

— Quoi ?

— Qu'il n'ait pas l'habitude de fixer ses rendez-vous en des lieux publics, ce que je crains.

— Que viendraient faire là Papaloff, Constantinéwicht et Pultowschi ?

— Je ne sais. Peut-être simplement s'y distraire... Enfin, je verrai.

— Et moi, qu'aurai-je à faire ?

— Encore la même chose, dit Yvan avec un soupir, la rechercher.

— Je ferai de mon mieux. Dieu sait cependant si j'ai fouillé... Je connais tous les ménages des quartiers Saint-Marceau et de la Glacière...

— Es-tu fou ! interrompit Yvan, en haussant les épaules, de t'imaginer que Maria Petrowna est en relations intimes avec ces misérables étudiants russes dispersés, vermine malpropre, au delà du Panthéon, autour de Saint-Médard ! T'imagines-tu que sa nature aristocratique s'abaisserait à frayer de près avec ces malheureux ! Allons donc, Maria Petrovna est allée à la lumière et non dans les ténèbres C'est dans l'aristocratie entourant Dowpotchine qu'il faut la chercher et non pas au milieu de cette plèbe, à qui elle veut bien, sans doute, accorder son aide, mais de haut et qu'elle emploie sans lui permettre de l'approcher. Tu as donc perdu ton temps à chercher parmi les étudiants nihilistes.

— Je pensais que par les femmes...

— Femmes ou hommes appartiennent à la même classe.

— Au surplus, Yvan, tu as raison, puisque je n'ai rien découvert de ce côté...

— Par Emeline.

— Oui, j'y songeais.

— Je pars à mon tour. Prends bien toutes précautions. Tes fonctions sont plus délicates que celles des autres et Dowpotchine est un frelon terrible ; gare à ses piqûres ! La partie est engagée dès maintenant.

— Notre vie est au czar. Nous devons travailler au mieux des intérêts de notre auguste maître, cela suffit à nous faire prendre toutes les précautions que tu indiques pour arriver à détruire les ennemis de notre père.

— C'est bien, Johan, va.

Johan, de même que Nikolaïeff et Varvarof, s'inclina respectueusement devant Yvan, mais, de plus qu'eux, et sans doute par faveur spéciale, il lui prit la main et y déposa un affectueux baiser.

Demeuré seul, Yvan se leva, arpenta quelques instants son cabinet en murmurant :

— Oui, ils sont dévoués au czar, notre maître. Ce sont aussi de tels hommes qu'il faut pour vaincre le nihilisme et empêcher l'ordre d'être troublé dans notre sainte Russie... Dowpotchine!... lui, qui devrait... Il est leur chef!... je le vaincrai!...

Yvan le terrible revint à son bureau, enferma soigneusement les lettres dont il avait pris connaissance, serra dans son portefeuille quelques papiers mis à part, et sortit à son tour. Hors de la maison il s'éloigna à pied dans la direction de la gare d'Auteuil.

CHAPITRE XV

Premières escarmouches

Ce même jour, dans l'après-midi, dans une petite maison située entre cour et jardin, à peu près au milieu de la cité des Bains, rue Dancourt, à Montmartre, un homme de haute stature, paraissant âgé de trente-cinq ans environ, le visage rasé, la lèvre supérieure ornée d'une fine moustache, l'œil noir, au regard si vif qu'à peine on pouvait le supporter, était assis en un fauteuil bas, dans une pièce du rez-de-chaussée.

Cet homme n'était autre que Dowpotchine, à ce moment sous sa véritable enveloppe que jusqu'alors, pour des raisons particulières, il avait diversement modifiée selon les circonstances.

Ce n'était plus le Dowpotchine que connaissent nos lecteurs, mais l'homme de fer bien capable de diriger l'entreprise engagée par lui.

Plus de sourire à ses lèvres, un seul pli : celui d'une volonté indomptable.

Plus de bénignités ou de lueurs diverses dans son regard : une flamme sauvage, étrangement cruelle. Aucune autre sensation sur sa physionomie que celle de l'idée implacable.

Dowpotchine, le sourcil démesurément froncé, le front coupé en deux par un pli profond, indicateur d'une tension cérébrale extraordinaire, était immobile dans son fauteuil et eût pu poser pour la statue de la réflexion.

Soudain le timbre d'une pendule venant à résonner, le tira brusquement de ses pensées.

Il tressaillit et se leva vivement.

— Trois heures, murmura-t-il, ils vont venir tous.

Et redressant la tête d'un geste superbe :

— Ils ne connaissaient pas encore Dowpotchine, continua-t-il... L'instant du danger n'était pas venu !.. Ils ne me reconnaîtront ! ah ! il faut leur montrer quel sang coule en mes veines. Yvan, Yvan, la Russie va s'éveiller !... Ah ! tu es à mes trousses !..

Et secouant les épaules comme un lion eût pu le faire de sa crinière, il apparut réellement beau, d'une étrange beauté.

Et comme s'il eût conscience de cette imposante beauté, il ajouta, dans un sourire :

— Il faut qu'ils courbent la tête, en quelque sorte éblouis.

Et dans un rire de suprême mépris, il continua :

— Les hommes !... Enfants qui appartiendront toujours à ceux bien rares à qui la nature a donné tous ses dons.

A ce moment le timbre de l'antichambre résonna.

Dowpotchine redevenu calme, alla paisiblement ouvrir.

Ce fut Emeline qui parut en compagnie de Marthe.

Les deux femmes considérèrent avec un profond étonnement cet homme, qu'elles semblèrent voir pour la première fois, et le devinèrent plutôt qu'elles ne le reconnurent tout d'abord.

— Dowpotchine ! s'écria Marthe.

— Vous ! fit Emeline.

— Chut! fit Dowpotchine en mettant un doigt sur ses lèvres et en fermant vivement la porte.

Puis précédant les deux femmes, il les amena dans la pièce où il attendait auparavant et les installa tout près de la cheminée dans laquelle brûlait un grand feu de bois.

— Oui, moi, Emeline, moi le véritable Dowpotchine. Je me montre à vous aujourd'hui sous mes véritables traits, que vous n'avez jamais connus malgré notre amitié, car j'ai un motif grave d'agir... Vous me connaissez au surplus puisque, rue Labruyère, je vous ai annoncé la présence d'Yvan le terrible.

Pendant que Dowpotchine parlait, Marthe le considérait avec une étrange curiosité et semblait le dévorer des yeux.

C'est qu'elle aussi voyait un nouveau Dowpotchine.

La jeune fille éprouvait d'indéfinissables sensations à ce visage empreint d'une énergie si extraordinaire; à considérer ces traits farouches elle ne pouvait maîtriser un tressaillement de tout son être, et à voir les fauves reflets de ces yeux, Marthe sentait son cœur bondir dans sa poitrine.

Non, ce n'était plus le Dowpotchine jusqu'alors entrevu, mais un personnage qu'elle sentait terrible, l'effrayant dans sa sauvagerie mise à nu désormais.

Elle le voyait dans son implacable volonté et soulever le rideau voilant l'avenir, tant lui était facile de lire la pensée véritable de cet homme, dans le clair de son être.

Et alors elle s'épouvantait presque à deviner les conceptions terribles de Dowpotchine.

Mais alors aussi son sein se soulevait plus violemment et le sang ardait furieusement ses tempes à l'idée qu'un tel homme allait mieux la venger d'Yvan le terrible qu'elle n'aurait pu le faire elle-même.

Émeline, elle aussi, était troublée; elle n'avait jamais vu son compagnon aussi intimement.

Mais le trouble de la jeune femme provenait d'une autre cause.

Dans l'éclair du regard de Dowpotchine, elle voyait le sang répandu impitoyablement et soupirait.

— Pourquoi, Dowpotchine, demanda-t-elle après une légère pause, nous parlez-vous ainsi à cette heure ? Pourquoi cette transformation à ce moment ? Pour quelle raison n'avoir point agi de la sorte rue Labruyère ? Quels motifs vous ont fait choisir comme lieu de rendez-vous cet endroit qui m'était inconnu ? Pourquoi ?

— Parce qu'à cette heure Yvan connaît la maison de la rue Labruyère.

Et Dowpotchine montra du doigt l'aiguille de la pendule.

Les deux femmes poussèrent le même cri d'étonnement.

— Comment savez-vous ? demanda impétueusement Marthe, sans prendre la peine de dissimuler son admiration.

La jeune fille était si belle en cet état que Dowpotchine ne put maîtriser un mouvement.

— Je sais, dit-il, en dissimulant un léger tremblement dans la voix, qu'aujourd'hui, à deux heures, deux hommes de la police russe se trouvaient en costume de palefrenier, attablés chez le marchand de vin qui fait le coin des rues Léonie et Labruyère. Nul doute que ces hommes n'aient été apostés là pour nous surveiller, et s'ils sont chargés de cet emploi en ce lieu c'est qu'on nous a vus pénétrer à l'hôtel de la rue Labruyère.

— Vous n'en êtes pas sûr ? demanda Emeline.

— Matériellement, non, moralement, oui.

— Vous avez donc vu ces hommes, vous les avez reconnus sur leur costume ?

— Non.

Emeline et Marthe regardèrent Dowpotchine d'un air suffisamment interrogateur.

Celui-ci eut un sourire.

— Vous me supposez des intelligences dans la brigade libre, dit-il.

Peut-être. Mais ce n'est point comme cela que j'ai été informé, les hommes d'Yvan ne sont pas capables de le trahir. Le hasard seul m'a servi en cette circonstance. Un de nos affiliés, de ceux en qui j'ai le plus de confiance, spécialement chargé de la surveillance d'Yvan, est arrivé à Paris en même temps que ce dernier. Il s'est logé à Charonne dans la même maison que deux des agents d'Yvan pour pouvoir ne jamais les perdre de vue. Son appartement est contigu à celui occupé par ces deux hommes. Grâce à un trou percé par lui dans la cloison, il peut voir en partie chez ses voisins et parfaitement entendre ce qu'il s'y dit. C'est ainsi que, ce matin, il a constaté qu'ils recevaient une visite, et a surpris l'ordre qui leur était donné de se trouver à deux heures, dans le costume que j'ai mentionné et à l'adresse indiquée par moi. Ils devaient attendre le maître... le maître, entendez-vous c'est-à-dire Yvan, bien que le nom de ce dernier n'ait pas été prononcé.

— Et vous n'avez pas eu la curiosité de voir ces individus ?

— Je n'avais pas le temps, ayant donné rendez-vous à cette heure à nos amis.

— C'est fort malheureux, s'écria Marthe. En vérité, la connaissance de nos deux ennemis eût été précieuse.

— Bah ! je les verrai bientôt en d'autres circonstances qui ne tarderont pas à se produire, qui me seront signalées à temps. Michel Popoff est un habile homme.

A ce nom lui arrivant en pleine poitrine sans qu'elle s'y fût attendue, Marthe poussa un cri.

Dowpotchine la regarda, étonné, et lui demanda la cause de son trouble. Mais la jeune fille avait déjà maîtrisé son émotion.

Elle répondit par une excuse plausible qui parut satisfaire Dowpotchine, bien que ce dernier eût froncé imperceptiblement les sourcils.

Que signifiait cette réticence ? Pourquoi Marthe avait-elle été émue au nom de Michel Popoff ?

Si loin qu'il fut de sa pensée d'éprouver le moindre soupçon sur la jeune fille, Dowpotchine, obligé par sa situation même à percer l'état intime de tous les membres soumis à sa domination, se promit de connaître les causes de ce trouble.

Quant à Marthe, son cri lui avait été arraché naturellement au souvenir poignant de son malheur, brusquement rappelé par ce nom de Michel Popoff prononcé à brûle-pourpoint.

Jusqu'à ce jour, par un sentiment de pudeur tout particulier, Marthe avait conservé enfoui au fond de son cœur le secret de son affiliation au nihilisme, se réservant de le faire connaître peut-être plus tard.

Le timbre d'entrée se fit à nouveau entendre.

Dowpotchine alla ouvrir et revint suivi de Vanof, de Lamberti et d'Isambert, très étonnés de la nouvelle incarnation du maître.

Un instant après, Papaloff, Constantinéwicht et Pultowschi arrivèrent à leur tour.

— Nous sommes au complet, dit Dowpotchine en fermant la porte du salon sur ces derniers.

— Et ce... Michel Popoff, demanda, un peu hésitante, Marthe.

— Nous ne le verrons pas aujourd'hui, Marthe, répondit tranquillement Dowpotchine, du moins vous ; il surveille les faux palefreniers.

Chacun s'était assis sans s'être communiqué ses impressions. Lamberti avait pris place auprès de Marthe, le cœur battant fort, voilant l'ardeur de son regard chaque fois que ses yeux se posaient sur la merveilleuse figure de la nihiliste, n'osant la contempler qu'à la dérobée, de peur d'être surpris par Dowpotchine à qui rien n'échappait.

Marthe, rêveuse, n'avait pas paru prêter à l'Italien la même attention que les autres jours, ce qui désespérait le coiffeur, inquiet instinctivement d'une telle attitude.

Dowpotchine, demeuré seul debout, promena sur l'assemblée un regard souverainement dominateur et, la lèvre hautaine, la tête haut levée, l'œil flamboyant, il dit, d'un ton qu'on ne lui avait pas encore connu :

— Regardez-moi, vous, mes compagnons, attentivement!

Considérez ma figure avec soin; détaillez-en les traits!

Je suis Dowpotchine et, cependant, vous me voyez tel pour la première fois... et aussi la dernière!

Jusqu'à ce jour il ne m'avait pas convenu de montrer mon visage réel, même à Emeline, ma compagne la plus fidèle.

Si je me dévoile à vous quelques heures, en ce moment, c'est que nous commençons, dès ce jour, dès cet instant, la grande lutte, le combat suprême contre la Russie!

Contre la Russie! entendez-vous... c'est-à-dire contre le czar... et les autres!

Et vous avez vu mon visage!... Vous savez maintenant quel est l'homme qui vous parle et qui veut détruire la Russie aristocrate!

Et Dowpotchine, se croisant les bras, regarda, superbe, ses compagnons.

Un cri presque unanime, exclamation sourde de profonde stupéfaction, se fit entendre.

Tous, à l'exception de Lamberti, levèrent les mains et manifestèrent instinctivement une sorte de respect étrange, force soudaine, inconsciente, à laquelle ils obéissaient malgré eux.

— Vous... Alexaïeff Ro...

— Silence! Emeline, fit d'une voix vibrante Dowpotchine, silence! Quel nom alliez-vous prononcer!...

Et, se retournant vers les autres assistants, il reprit, du même ton:

— On ne me nomme que Dowpotchine, entendez-vous?

— Maître, fit Pultowschi en s'inclinant profondément, ton cœur et ton esprit suffisent à nous conduire; nous obéirons à Dowpotchine plus fidèlement encore, maintenant que nous savons ta véritable origine.

— Il suffit. Causons maintenant, reprit le personnage mystérieux, changeant le ton de sa voix et perdant l'attitude hautaine qu'il avait eue jusqu'à cet instant.

LES COMPAGNONS DE RAVACHOL
Par Pierre Delcourt et J. H.

N'oublie pas mes instructions, Georgevitch Orioli! fit Dowpotchine.

J'ai voulu vous apprendre un secret terrible, pour que vous n'ayez pas à craindre, conduits par moi, de vous engager dans la lutte terrible qui commence ce jour ; j'ai voulu que vous sachiez quel chef était à votre tête.

Vous ne l'ignorez plus.

Il faut vous apprêter à mourir tous, à moins d'être victorieux. Etes-vous prêts ?

Un oui unanime fut la réponse à ses paroles.

— Je vous ai convoqués en cette maison, un de mes meilleurs refuges par sa situation, son isolement au milieu de cette cité, les deux sorties opposées qu'elle possède sans compter une troisième, mystérieuse, connue de moi seul, et la façon discrète qu'on peut mettre à y pénétrer. Elle sera notre quartier général jusqu'à nouvel ordre. Allez, et que chacun attende mes instructions. Vous possédez mon secret, qu'il meure avec vous, et n'oubliez pas notre devise de liberté.

Tous s'étaient levés.

Chacun, à l'exception de Lamberti, qui ne pouvait comprendre en sa qualité d'Italien, le mystère du visage de Dowpotchine, vint prendre la main de ce dernier, y déposer un baiser respectueux et sortit.

Dowpotchine arrêta le coiffeur resté le dernier.

— Tu as vu, dit-il, tu as entendu et tu ne t'expliques pas. Sache seulement que je suis le maître sans conteste Ces hommes, les directeurs du mouvement nihiliste, se sont inclinés devant ma toute puissance. Je voulais te rendre témoin de ce spectacle. Va.

Lamberti sortit à son tour, tout étourdi et néanmoins contrarié de n'avoir pu partir en compagnie de Marthe.

— Quel est donc cet homme ? murmura-t-il, une fois dehors... Marthe, ah ! je l'aime de toutes les forces de mon âme !.. Eh ! que m'importe ! qu'elle soit à moi ! j'ai damné mon âme pour elle ! mais s'il la touchait du bout des doigts, si elle courait quelque danger par son fait, par le sang du Christ! quel qu'il soit... je ne suis pas Russe, moi, peu m'importe son rang et son nom véritables.

Demeuré seul, Dowpotchine resta longuement enfoncé dans un fauteuil, méditant profondément. Enfin il se leva, un sourire cruel aux lèvres.

Le terrible personnage sortit de cette pièce et se dirigea vers un grand cabinet de toilette aux armoires ouvertes, laissant apercevoir de nombreux vêtements de toutes natures et de toutes formes.

Il se déshabilla complètement, choisit parmi les costumes une jaquette en drap gris assez usée, un gilet et un pantalon de même étoffe et endossa ce vêtement par dessus une chemise à faux col haut. Il s'assit ensuite, chaussa ses pieds de gros souliers et ceignit ses jambes jusqu'au dessus du genou de houseaux en toile grise.

Cette opération terminée, il vint s'installer devant une toilette supportant quantité de fioles et cosmétiques.

En un instant il eut transformé sa chevelure en lui donnant une teinte poivre et sel et en lui donnant une forme spéciale ; il plaqua à droite et à gauche de ses joues des demi-favoris de même couleur, et enleva de sa lèvre supérieure la moustache qu'il avait cru devoir y coller.

Son visage, préalablement épongé avec un liquide brun, prit la teinte bistrée des méridionaux. Et comme ce ne parut suffire à Dowpotchine, il eut tôt fait, à l'aide d'un crayon, de se marbrer très habilement les joues comme s'il eût été atteint autrefois de la petite vérole.

Dowpotchine se regarda complaisamment dans la glace de la toilette et put se convaincre de paraître même au plus près complètement méconnaissable.

Il se sourit, alla prendre un pardessus court, à l'une des armoires, pardessus croisé qu'il endossa et boutonna hermétiquement. Après quoi, il passa en bandoulière une petite gibecière, se coiffa d'un chapeau de feutre gris à calotte ronde, prit un parapluie, un de ces gros et solides ustensiles comme en portaient nos aïeux, et sortit du cabinet de toilette.

Sous cet accoutrement, Dowpotchine ressemblait à s'y méprendre à un propriétaire fermier de province, assez fortuné, âgé d'une cinquantaine d'années. Nul en effet, si habile examinateur qu'il fût, n'aurait pu soupçonner même sous cette figure placide et dans une pareille enveloppe, portée naturellement, le terrible chef de l'anarchie universelle.

Dowpotchine s'en vint à un cabinet de travail où il prit sur un bureau, un portefeuille contenant différents papiers, des billets de banque, et le glissa dans la poche de sa jaquette. Il alla ensuite ouvrir un coffre en fer d'où il enleva un revolver, un poignard et différents objets qu'il enfouit dans ses différentes poches.

Cette dernière opération accomplie, Dowpotchine sortit de la maison, qu'il ferma soigneusement, et gagna la voie publique par les escaliers débouchant sur le boulevard Rochechouart.

Il traversa ce dernier, enfila la rue Violet-Leduc et vint prendre une voiture à la station de l'avenue Trudaine.

Une demi-heure après, il s'arrêtait devant une maison de la rue des Patriarches, immeuble d'un âge trop reculé pour être établi même par à peu près, renvoya le cocher après l'avoir payé et pénétra dans l'immeuble.

— M. Georgevitch Orioli ? demanda-t-il à la concierge.

— Au deuxième à gauche, répondit cette dernière.

Dowpotchine monta d'un pas pesant, frappa à la porte indiquée et pénétra, à l'aide d'une clef posée extérieurement à la serrure, à l'invitation qui lui fut faite.

Après avoir franchi une antichambre ou plutôt un carré étroit et fort sombre, il pénétra par une porte vitrée ouverte, dans une chambre carrelée, assez propre, maigrement meublée, aux murs décorés de lithographies encadrées.

Du premier coup d'œil il aperçut deux jeunes gens occupés à travailler fiévreusement à une table surchargée de livres et de papiers ; l'un était assez élégamment vêtu, l'autre au contraire en manches de chemise, paraissait n'attacher que la plus médiocre importance à son vêtement tout dépenaillé.

Au bruit que fit Dwpotchine en rentrant, les jeunes gens relevèrent la tête et regardèrent avec étonnement le nouveau venu, absolument inconnu pour eux.

— Salut Georgevitch, salut Narcisseïef Lebeauzorff, dit Dowpotchine en levant son chapeau.

En s'entendant nommer par ce personnage, les deux jeunes gens échangèrent un regard de soupçon et se levèrent vivement. Quel était cet homme qui les connaissait et sur la figure duquel il leur eût été impossible de mettre un nom ?

Sans doute Dowpotchine devina-t-il les pensées secrètes des deux jeunes gens, car il sourit.

Puis levant la main droite à hauteur du front, il décrivit avec le pouce un signe rapide qu'il accompagna de ce seul mot :

— Robertdzorff !

Les deux jeunes gens s'inclinèrent respectueusement et courbèrent profondément la tête.

— Maître, dit l'un d'eux, nous vous attendions, disposez de nous.

— Yvan est à Paris, dit Dowpotchine d'un ton froid.

Georgevitch Orioli et Narcisseïeff Lebeauzorff tressaillirent.

— Yvan le terrible ! exclamèrent-ils en même temps.

— Oui le czar a parlé ! le chef de la troisième section a tremblé, c'est pourquoi il a donné l'ordre à Yvan d'accourir à Paris. L'heure de la lutte a sonné. Comme moi vous savez que la police française ignore la police russe ; elle ne veut savoir ses agissements. Yvan est venu accompagné de ses plus terribles auxiliaires. Il a juré de nous abattre.

Un frisson secoua les deux jeunes gens, telle était la terrible renommée d'Yvan le justicier.

Dowpotchine releva la tête, son œil eut un éclair.

— Eh quoi! dit-il, d'une voix vibrante, en considérant avec une sorte de mépris Georgevitch Orioli et Narcisseïeff Lebeauzorff, quel trouble agite donc vos âmes que vous trembliez ainsi à entendre prononcer le nom d'Yvan. Me suis-je trompé en venant à vous?

— Non, maître, répondit Georgevitch Orioli, tout soumis, nous n'avons point peur.

— Et sommes les vôtres, répartit vivement Narcisseïeff Lebeauzorff.

— En ce cas prenez place et venez m'écouter.

. . . .
. . . .

Dowpotchine se leva.

Il ouvrit son pardessus, tira de la poche de sa jaquette le portefeuille, y prit plusieurs billets de banque et les déposa sur la table de travail des deux jeunes gens, en disant :

— Cet argent est utile à notre sainte cause ; usez-en à la manière que je vous ai indiquée.

Puis remettant le portefeuille dans son vêtement, boutonnant à nouveau complètement son pardessus, il se dirigea vers la porte accompagné respectueusement des deux jeunes gens.

Au moment de dépasser le seuil de la porte vitrée, il se retourna, grave, et s'adressant à celui de ses hôtes placé à sa gauche :

— Georgevitch Orioli, n'oublie pas mes instructions, dit-il froidement.

— Non, maître, fit ce dernier en tortillant dans ses mains son chapeau.

— Eh bien, marche à quelques pas derrière moi.

Et sans en plus dire davantage, Dowpotchine, se retournant, sortit de la chambre.

Retournons un peu en arrière, c'est-à-dire à l'heure fixée par Yvan à Vladimir et à Polïakoff pour se trouver chez le marchand de vin formant le coin des rues Léonie et Labruyère.

Vers une heure, les deux policiers russes quittant leur maisonnette de la rue de la Py, avaient gagné par la rue des Montibœufs, la place de la mairie du XX⁰ arrondissement.

Là, ils prirent l'omnibus qui va à la gare de Montparnasse. Ils descendirent, avec une correspondance, boulevard Voltaire, et montèrent dans le tramway se dirigeant vers Montmartre.

Arrivés au boulevard de la Chapelle, ils descendirent et firent à pied le chemin devant les conduire rue Labruyère, en filant par la rue Gérando, l'avenue Trudaine, et la rue Bréda.

A l'heure dite ils étaient attablés chez le marchand de vin désigné par Yvan, sans avoir remarqué un personnage vêtu en ouvrier maçon, la figure, la barbe et la chevelure étoilées de plâtre; cet individu installé avant leur arrivée semblait uniquement préoccupé à vider le contenu d'une chopine de vin et à découper en portions parfaitement égales du pain et du fromage qu'il accouplait fraternellement.

Au surplus, l'ouvrier maçon ne semblait nullement avoir attaché d'importance à l'entrée des deux palefreniers.

Vladimir et Poliakoff avaient commandé de la bière.

Ils buvaient paisiblement, quand tout à coup une ombre s'interposa entre eux et le vitrail de l'établissement.

Ils levèrent les yeux et aperçurent un homme leur étant absolument inconnu. Ils le regardèrent avec d'autant plus d'étonnement qu'il semblait, par son costume, appartenir à un monde ouvrier avec lequel ils n'avaient nulle ramification.

Le nouveau venu n'était autre en effet qu'un récureur d'égout en attirail complet de travail : bottes montant par dessus le genoux, cotte et veste de toile bleue, casquette à oreillettes. Il tenait en mains une lampe en fonte à levier et une clef de regard. Ses bottes tout humides semblaient indiquer qu'il quittait à peine son travail souterrain.

Si exercés qu'ils fussent à inspecter rapidement un inconnu, les policiers russes ne virent rien susceptible de fixer leur mémoire à l'examen de cette figure à barbe entremêlée, tachée par place, au nez commençant à bourgeonner, aux yeux clignotants.

L'homme eut un rire sans éclat et s'assit paisiblement entre les deux consommateurs en disant à mi-voix.

— Oh! Vladimir et toi Poliakoff, vous pouvez, à votre aise, me dévisager...

— Yvan, firent les deux hommes.

— Parce que j'ai parlé. S'il m'avait convenu de changer ma voix...

— Certes, nous ne t'aurions pas reconnu.

Le récureur d'égout appela le garçon et se fit servir un verre d'eau de-vie.

— L'ordre est changé, dit-il à voix basse, il y a un traître ici.

Vladimir et Poliakoff se regardèrent au comble de la stupéfaction.

— Non pas un traître, reprit Yvan, un espion.

Les deux policiers firent le geste de se retourner, mais Yvan les arrêtant d'une main de fer, les contraignit à demeurer en place.

— Êtes-vous fous, dit-il d'une voix sourde, sans que son visage eût cessé de sourire. Oui, il est ici. N'ayez donc pas l'air de vous en douter par un mouvement imprudent.

— Un traître, ici! dit Vladimir.

— Mais on ne nous a pas suivis! fit Poliakoff.

— Je le sais parbleu bien, on vous a précédés, riposta Yvan.

— Comment le sais-tu? demanda Vladimir.

— L'ordre eût été de surveiller très étroitement, à tout instant de jour et de nuit, un petit hôtel de la rue Labruyère, à quelques pas d'ici, où Émeline a été vue en compagnie de différents personnages. C'est dire que Dowpotchine s'y trouvait.

Je vous avais précédés tous les deux depuis longtemps, pour étudier par moi-même le terrain.

Tout d'abord, transformé en voyageur anglais, j'avais sonné à la porte de l'hôtel ; on ne m'a pas répondu. Je suis revenu en cocher, sur le siège d'un coupé de remise ; j'ai stationné assez longuement en face l'hôtel et je n'ai rien vu. Quoique la rue fût très propre, je me suis transformé en cantonnier, dans la voiture même, après avoir cédé ma place à André et j'ai fort minutieusement lavé et balayé les ruisseaux, toujours à proximité de l'hôtel.

Comme l'heure de votre venue arrivait, je songeais déjà à prendre champ quand j'ai failli me cogner contre le traître en question.

— Ah ! s'écrièrent à la fois Vladimir et Poliakoff très intéressés au récit de leur chef.

— Du premier coup d'œil je le reconnus malgré son habile déguisement : c'est Michel Popoff.

— Lui !

Et les deux policiers eurent un haussement d'épaules indiquant en quelle piètre estime ils tenaient le personnage.

— Attendez donc, poursuivit Yvan.

Michel Popoff travesti en ouvrier maçon devait accomplir par ici quelque opération désignée par Dowpotchine. Peut-être même se rendait-il au petit hôtel. J'avais un commencement de piste.

Au contraire il s'arrêta au coin de la rue Léonie, s'approcha de cet établissement, jeta un regard à l'intérieur et y entra.

Michel Popoff, un homme de Dowpotchine, déguisé et venant s'attabler avec cette allure mystérieuse dans un lieu où précisément je vous avais donné rendez-vous ! ce me parut suspect. Je résolus donc, bien loin de m'en aller, de profiter de la facilité que j'avais de le surveiller de par mes fonctions improvisées de cantonnier, et j'attendis votre arrivée. Il fallait absolument que je fusse fixé sur la cause de la présence de Michel Popoff ici, et je ne pouvais l'être qu'à la condition de bien m'assurer qu'il vous reconnaîtrait à votre entrée ou bien au contraire ne s'occuperait nullement de vous.

Je vous vis arriver de loin et me mis à balayer avec acharnement la partie du trottoir mitoyenne à l'endroit où était attablé Michel Popoff.

Il ne put maîtriser un tressaillement à votre vue, bien qu'il fût placé en apparence de manière à ne pas remarquer votre entrée.

Par le carreau du marchand de vin, aucun de ses mouvements ne m'échappaient. Il vous attendait impatiemment, et votre entrée opérée il parut plus calme et ressembla à un homme satisfait de n'avoir pas manqué une mission importante. En même temps il prenait toutes ses dispositions, sinon pour vous entendre, du moins pour ne perdre aucun de vos mouvements. J'étais fixé ?

— Que conclus-tu ? demanda Poliakoff.

— Dowpotchine est un adversaire digne de moi. Non seulement il sait mon arrivée à Paris mais il vous a brûlés tous les deux, si bien brûlés qu'il savait déjà l'ordre qui vous était donné d'être ici à deux heures, puisque Michel Popoff vous a devancés assez longtemps en avance.

C'est lui qui avait indiqué à Michel ce lieu de rendez-vous.

— Il y a donc un traître parmi nous ! s'écria Vladimir.

Les yeux d'Yvan brillèrent d'une fauve lueur.

— Un traître ! fit-il d'une voix sourde. Non, c'est impossible ! Varvarof m'aurait-il trompé ? Nikolaïeff ou Johan qui ont entendu donner l'ordre ?... Vous autres ?...

Les deux policiers firent un geste que réprima immédiatement Yvan.

— Je ne vous soupçonne pas, je ne vous ai pas un instant soupçonnés non plus que les autres, tellement il serait absurde à vous de trahir. Est-ce que vous pouvez même le tenter ! et si votre fidélité ne m'était connue, n'aurais-je pas encore l'assurance absolue de vous tenir en mon entière dépendance ! Non c'est une fatalité. Au surplus nous saurons bientôt c'est Michel Popoff qui nous apprendra.

— Oui, firent les deux policiers en grinçant des dents, il faudra bien qu'il dise...

— Silence ! que nul de vous n'agisse sans mon ordre ! Il est désormais inutile de nous occuper de l'hôtel de la rue Labruyère. Dowpotchine prévenu et sachant que vous veniez ici pour le surveiller, n'y reviendra jamais. C'est donc à Michel Popoff qu'il faut nous attacher. Il importe qu'il ne revoie Dowpotchine. C'est le premier qui va me tomber sous la main... Si les autres apprennent de quelle façon je vais le traiter !... Je pars le premier, amusez-le vingt minutes ; sortez ensuite et allez rapidement rue Damrémont où vous savez, vous pénétrerez dans la cité jusqu'à l'endroit convenu.

Sur votre tête, qu'il ne s'échappe pas! qu'il vous suive et qu'il entre derrière vous! ne paraissez en aucune façon le savoir sur vos talons ; prenez néanmoins quelque mine effarouchée, de manière à ce qu'il morde bien à l'hameçon en vous supposant une mission des plus importantes.

Ne vous préoccupez pas de moi, mais tenez-vous prêts à vous retourner et à me porter aide à notre signal ordinaire. Au revoir, à bientôt !

Yvan se leva et sortit sans avoir tourné la tête du côté de l'ouvrier maçon.

Il suivit la rue Léonie jusqu'à la cité Gaillard, tourna brusquement à gauche et entra vivement dans la deuxième allée où il s'arrêta devant la porte d'un logement situé au rez-de-chaussée, dans lequel il pénétra prestement.

Un quart d'heure après il ressortait, vêtu d'une longue blouse blanche, d'une cotte bleue, la tête recouverte d'un chapeau de forme ronde. Il portait au bras gauche un seau à moitié plein de colle, duquel émergeait un long pinceau, avait accroché à l'épaule droite une courte échelle et supportait sur le ventre une toile, repliée en forme de sac et renfermant un certain nombre d'affiches.

Yvan le terrible était transformé en un honnête colleur d'affiches.

Il attendit paisiblement, au coin de la cité et de la rue Léonie, le départ de Vladimir et de Poliakoff.

LES COMPAGNONS DE RAVACHOL

Par Pierre Delcourt et J. H.

Yvan, penché sur la poitrine de Michel Popoff, fouilla son gilet, sa chemise...

(Reproduction interdite.)

Liv. 25

RENÉ MOROT, Éditeur, 40, rue Laffitte, Paris.

Ceux-ci, scrupuleusement fidèles à la consigne, se levèrent automatiquement, les vingt minutes écoulées, réglèrent le prix de leurs consommations et quittèrent l'établissement de vins.

Il se trouva qu'à ce moment l'ouvrier maçon ayant avalé sa dernière bouchée de pain et bu son dernier verre de vin, se leva à son tour et s'approcha du comptoir pour régler. Comme il était adossé de trois quarts à ce comptoir, il pouvait aisément suivre du regard les deux palefreniers.

Il ne put maîtriser un geste d'étonnement en les voyant tourner à droite, dans la rue Léonie, au lieu de demeurer dans la rue Labruyère.

— Ils ne surveillent donc pas l'hôtel, songea-t-il. Qu'est-ce que cela veut dire ? Est-ce que par hasard ce récureur d'égout serait de la bande et leur aurait donné un nouvel ordre ? Dowpotchine m'a recommandé expressément de ne point les perdre de vue et de savoir à tout prix leur secret. Suivons-les.

L'ouvrier maçon, qui n'était autre en effet que Michel Popoff, détala prestement, assez embarrassé néanmoins, craignant d'être remarqué des deux palefreniers. Il les laissa arriver jusqu'à l'extrémité de la rue Léonie et ne s'engagea à leur suite qu'après les avoir vus tourner à gauche dans la rue Chaptal.

Il se mit alors en route et passa devant l'ouvrier colleur sans lui prêter la moindre attention. Celui-ci, à son tour, emboîta le pas à l'ouvrier maçon, riant fort intérieurement de cette curieuse contre-filature.

Les deux palefreniers remontèrent la rue Blanche jusqu'au boulevard de Clichy, tournèrent à gauche et se dirigèrent vers le pont Caulaincourt qu'ils traversèrent en suivant scrupuleusement les prescriptions d'Yvan, c'est-à-dire après s'être arrêtés quelques secondes et avoir manifestement indiqué leur crainte d'être suivis.

L'ouvrier maçon, surpris brusquement par ce double mouvement auquel il ne s'attendait pas, fut tout interloqué, une seconde.

— Oh ! oh ! murmura-t-il, quel coup méditent-ils, pour avoir si peur d'être filés. Suis-je bête d'être inquiet! ils ne peuvent avoir même l'idée de me soupçonner. Ah! ils reprennent la route. Mais où diable vont-ils?

Vladimir et Poliakoff, après avoir franchi le pont Caulaincourt, obliquèrent à gauche légèrement, s'engageant dans la rue Damrémont. Au pied des derniers contreforts de la butte Montmartre, ils trouvèrent à leur droite, une cité dans laquelle ils s'engagèrent.

Michel Popoff craignant de perdre la trace, doubla le pas et entra à son tour dans la cité, sorte de boyau aussi étroit qu'infect, bordé de masures ne se soutenant que par un équilibre des plus extraordinaires.

Sur la droite, vers le milieu de ce boyau, s'élevait une maison à un étage formant tache sur l'ensemble de la cité par son extérieur quasi-propre; une porte basse en constituait l'entrée.

Michel Popoff ignorant la topographie de la cité et ne pouvant savoir à quel point exact les deux policiers s'arrêteraient, était obligé, bien à contre-cœur, de continuer sa route. Il est vrai que son costume lui paraissait être une précieuse sauvegarde en un pareil endroit; l'ouvrier maçon continua donc à marcher derrière les deux Russes.

Soudain il entendit des pas et se retourna instinctivement.

Il aperçut alors l'ouvrier colleur et eut un premier mouvement de défiance, réprimé presque aussitôt par le raisonnement. Quel rapport pouvait-il y avoir en effet, entre cet ouvrier rentrant assurément chez lui et les deux Russes? Il continua donc sa marche.

Poliakoff et Vladimir s'arrêtèrent soudain à la porte de la maison dont nous venons de parler, et se retournèrent, naturellement, regardant l'ouvrier maçon sans affectation et semblant continuer une conversation.

Le premier mouvement de Michel Popoff fut de s'arrêter et de retourner sur ses pas; mais il réfléchit qu'agir de la sorte pouvait éveiller la méfiance des deux hommes, que mieux valait continuer sa route.

Il s'avança donc avec une parfaite insouciance apparente.

Poliakoff et Vladimir calculaient de l'œil le chemin parcouru par l'espion.

Quand ils jugèrent suffisamment rapprochée la distance les séparant de Michel Popoff, Vladimir ouvrit la porte de la maison, sans toutefois pénétrer à l'intérieur et continua sa conversation avec Poliakoff.

L'ouvrier maçon avançait en se dandinant, affectant de ne prêter aucune attention aux deux hommes, assuré fermement qu'ils ignoraient sa véritable identité.

Mais au moment précis où il passait devant eux, il se sentit pris à chaque bras, comme dans un étau, en même temps qu'une force inconnue l'étreignait par derrière.

En une seconde, avant qu'il eût pu opérer le moindre mouvement de résistance et ouvrir la bouche pour laisser échapper un cri, il était enlevé de terre et précipité dans l'intérieur de la maison. Derrière lui la porte fut refermée prestement.

— Le bâillon ! dit une voix rude, et qu'on le porte dans le fond.

Jamais enlèvement féerique n'aurait pu être accompli avec plus de rapidité ; un témoin oculaire aurait aperçu une vision indéfinissable. Or, cette scène n'avait eu d'autres témoins que les deux palefreniers et l'ouvrier colleur d'affiches.

Michel Popoff se sentit à moitié étouffé par l'application sur la bouche de quelque chose de froid qui n'était autre qu'un emplâtre de poix, il lui était impossible désormais d'exhaler la moindre protestation. En même temps on l'entraîna violemment le long d'un couloir jusqu'à un escalier s'enfonçant en terre par où on l'obligea à descendre.

Après une dégringolade d'une trentaine de marches, il pénétra sous une voûte très sombre, toujours tiré brutalement en avant, arriva à un deuxième escalier d'une dizaine de marches, fut obligé de les gravir et se sentit poussé vivement.

Subitement ses yeux virent clair, il était dans une chambre élégamment meublée d'où le jour venait par le plafond, en lueur douce, tamisée au passage de verres dépolis.

Derrière Michel Popoff, trois hommes se trouvaient, parmi lesquels l'espion reconnut avec une stupéfaction immense l'ouvrier colleur d'affiches.

Il se recula alors, instinctivement, les mains étendues et vint s'asseoir, se laisser tomber plutôt, machinalement, sur une chaise auprès d'une table recouverte d'un tapis.

Yvan semblait lire ouvertement dans l'esprit de l'ouvrier maçon.

— Oui, fit-il, en éclatant d'un air sombre, je suis leur allié. Michel Popoff, tu ne possèdes pas les qualités nécessaires du bon policier.

En entendant prononcer son nom, l'espion poussa un grand cri et se redressa brusquement en balbutiant :

— Michel !... Je... Tu... Vous vous trompez. . Je ne suis pas...

Sans paraître se préoccuper de ces paroles, Yvan continua :

— Assieds-toi donc... Tu n'as point vu un ennemi dans l'ouvrier récureur d'égout venu causer avec ces deux palefreniers dont cependant tu connaissais l'identité... Or ça, tu vas parler, Michel Popoff.

Ce dernier s'était assis à nouveau, obéissant malgré lui à l'injonction de ce terrible inconnu qu'il devinait être le chef des deux palefreniers.

En s'entendant appeler une deuxième fois par son nom, il tressauta, pris par une peur immense. Ainsi, lui qui croyait surprendre ces policiers, était non seulement vaincu par eux, mais ils connaissaient sa qualité et son nom ! On ne l'avait pas arrêté et introduit violemment dans cette maison par simple précaution en se surprenant suivis par un étranger ! Ces hommes, au contraire, avaient agi sciemment, sachant exactement quel personnage ils violentaient.

Michel Popoff se sentit perdu et se mit à trembler de tous ses membres. Il tressaillit à nouveau et plus violemment en entendant l'ouvrier colleur lui répéter :

— Tu as compris ! vas-tu parler ?

— Parler !... balbutia l'espion. Que dire ?

— Tu t'appelles Michel Popoff...

— Non... non... je...

Imperturbable, Yvan tira de sa poche un revolver et se mit à jouer avec cette arme, continuant à parler, sans tenir compte de la protestation de Michel.

— ... Tu es nihiliste, aux ordres directs de Dowpotchine. C'est lui qui t'a donné pour instructions de suivre Vladimir et Poliakoff déguisés en palefreniers.

Michel Popoff frissonnant de tous ses membres, regardait éperdu cet homme, qui lisait au plus profond de son cœur. Il n'eut pas la pensée de résister, et lâche, abandonnant entièrement tout sentiment d'honneur, il n'eut qu'une pensée, celle de sauver sa vie en avouant tout ce qu'on lui demanderait.

— C'est vrai, balbutia-t-il, j'avoue !... tu ne t'es pas trompé... mais aie pitié de moi.

Un sourire méprisant fut la seule réponse d'Yvan.

— Je parlerai, fit Michel pris d'un tremblement nerveux.

— Il le faudra bien, dit Yvan. Et d'abord comment Dowpotchine m'a-t-il découvert ?

— Toi !... qui es-tu ?...

— Yvan... Celui que vous appelez Yvan le terrible !

— Toi ! toi !

— Parle ! encore une fois !... Comment Dowpotchine a-t-il été mis au courant de mes projets? Qui l'a renseigné sur le rendez-vous que j'avais donné à Vladimir et à Poliakoff chez ce marchand de vins de la rue Léonie?

— Moi.

— Toi ?... Comment !...

— Le hasard.

Et Michel Popoff fit connaître à Yvan les conditions par lesquelles il avait surpris le secret de l'ordre apporté par Varvarof.

Yvan ne put réprimer un soupir de soulagement. L'explication était plausible, il la crut vraie tout d'abord, bien qu'il se réservât d'en contrôler l'exactitude.

— Tu me jures qu'il n'y a pas d'autre cause que celle indiquée par toi ?
— Je le jure ! s'écria l'espion.

Et il étendit vivement le bras.

— Mais, Dowpotchine savait sans doute...
— Je ne peux te répondre à ce sujet.
— Tu connaissais l'hôtel de la rue Labruyère ?
— Oui.
— Y retournera-t-il ?
— Je l'ignore.
— Ah ! tu ne veux pas parler !
— Je ne sais pas !
— Bah ! tu ne peux ignorer en quel endroit nouveau Dowpotchine t'a donné rendez-vous.
— Il ne m'a pas donné de rendez-vous.
— Où lui porterais-tu ton rapport, aujourd'hui ?
— En aucun endroit.
— Comment ?
— Non. Je n'ai point de rendez-vous. Dowpotchine m'ayant déclaré qu'il m'aviserait.

Yvan fronça le sourcil.

— Tu te moques de nous. Tu sais où est Dowpotchine, tu connais la retraite devant remplacer l'hôtel de la rue Labruyère, mais tu ne veux pas parler, tu ne parleras pas. Je n'ai pas de temps à perdre en discussions avec toi à ce sujet.. Et comme tu m'es inutile, tu deviendrais dangereux...

Yvan n'acheva pas.

D'un mouvement rapide, il avait levé le bras tenant le revolver. Il ajusta, une seconde, Michel Popoff, et pressa la détente

Le misérable, atteint d'une balle en pleine poitrine, roula à terre, baigné dans son sang.

— Vladimir, fit Yvan, en s'adressant à l'un des deux hommes, va préparer la civière. Toi, Poliakoff, aide-moi à retourner le corps.

Pendant que Vladimir sortait pour exécuter l'ordre d'Yvan, ce dernier et Poliakoff mirent prestement Michel Popoff sur le dos. Yvan tendant son revolver à Poliakoff, demeuré debout aux pieds du corps et considérant, impassible, les traits inertes de l'espion, abandonna son bâton, se mit à genoux et penché sur la poitrine de Michel Popoff, après lui avoir enlevé sa blouse fouilla son gilet, sa chemise et les poches de sa cotte.

— Rien, dit-il en se relevant, aucun papier, nulle pièce pouvant nous fixer sur un lieu quelconque de rendez-vous. C'est regrettable, il va falloir user de ruse.

A cet instant Vladimir revenait avec la civière.

Sur un signe d'Yvan, Poliakoff et son compagnon transportèrent le corps inerte de Michel Popoff sur le brancard, le recouvrirent, et comme s'ils avaient reçu par avance leurs instructions, ils s'attelèrent au brancard et l'enlevèrent.

Ils descendirent les quelques marches du petit escalier, traversèrent à nouveau la voûte sombre, remontèrent le premier escalier et revinrent dans le couloir où Michel Popoff avait été si prestement entraîné.

Au fond de ce couloir une porte s'ouvrait donnant accès sur les derrières de la maison, un terrain vague s'étendant assez loin et communiquant à d'autres terrains de même nature plus ou moins bien enclos.

Les deux hommes munis de leur fardeau, traversèrent le premier terrain et vinrent déverser leur charge dans un bas-fond, à l'extrémité d'un des terrains avoisinants.

Bien qu'accomplie en plein jour, cette opération ne pouvait avoir aucun témoin, les derrières de la cité étant démunis de toute croisée.

Et puis Poliakoff et Vladimir semblaient-ils seulement se préoccuper d'une telle éventualité, si grande était leur confiance en Yvan et leur certitude dans l'impunité de tous actes commis par la brigade russe à Paris.

Et nous savons qu'ils raisonnaient en toute justesse.

De retour à la maison mystérieuse, Vladimir et Poliakoff retrouvèrent Yvan qui les attendait.

— Un mauvais gredin de moins, dit Yvan. En route. Il faut que j'aille retrouver Nikolaïeff devant la boutique d'antiquités de la rue Victor-Massé, et comme je ne peux me présenter en ce costume, il me faut retourner au plus tôt chez moi. Vous irez m'attendre au *Chat Noir*.

— En cette tenue ?

— Non, dans la tenue numéro 4.

Un instant après les trois hommes étaient hors de la cité.

CHAPITRE XVI

La contre-mine

Après le départ de Dowpotchine, Georgevitch Orioli et Narcisseïeff Lebeauzorff fermèrent livres et cahiers, endossèrent d'autres vêtements et sortirent à leur tour.

Ils se rendaient au cabaret du *Chat Noir*, où, selon les instructions du mystérieux chef, ils devaient se trouver vers cinq heures et, en qualité de paisibles consommateurs, surveiller quiconque apparaîtrait ayant les allures moscovites.

Dowpotchine avait judicieusement pensé qu'Yvan et ses hommes ne devaient manquer de faire surveiller cet établissement fréquenté par la grande société russe, et pour ne pas brûler ses auxiliaires habituels, il avait choisi les deux étudiants, appartenant au menu fretin, se souciant peu qu'ils fussent reconnus par les gens de la troisième section.

Georgevitch Orioli et Narcisseïeff Lebeauzorff, pris au piège, ne pouvaient, en effet, le trahir faute de connaître ses secrets. Et il avait en eux, cependant, assez de confiance pour pouvoir les employer comme espions ordinaires.

Les deux jeunes gens arrivèrent au *Chat Noir* à l'heure dite, s'attablèrent en un coin de l'établissement et, tout en causant, ne perdirent de vue aucun nouvel arrivant.

Pendant que les deux nihilistes accomplissaient ainsi les ordres de Dowpotchine, Yvan, transformé une fois encore, vêtu d'une sorte de houppelande croisée, boutonnée hermétiquement, les pieds chaussés de hautes bottes, la tête coiffée d'un chapeau de soie, une canne à pomme d'ivoire à la main, s'était rendu rue Victor-Massé et avait trouvé, devant l'établissement du marchand de curiosités Leblanc, Nikolaïeff l'attendant tout en ayant l'air d'examiner, avec la plus profonde attention, les bibelots étalés à la devanture de la boutique.

Il fit un signe discret à son agent, sans s'arrêter, et certain d'être suivi par lui, il continua sa route, sans même détourner la tête.

Quelques instants après il s'arrêtait à la terrasse de l'*Auberge du Clou*, devant une table occupée par Varvarof, en compagnie déjà de deux hommes, l'un tout jeune, l'autre d'âge moyen, à la figure placide

— Bonjour monsieur Tomachet, bonjour Ernest, fit-il en s'adressant à ces deux derniers.

Et il tendit la main à chacun.

— Bonjour monsieur Raphaël, répondirent-ils à la fois.

Yvan serra également la main de Varvarof, s'assit à la table et invita Nikolaïeff à l'imiter.

Après quoi, d'un air enjoué, il demanda au plus jeune des deux compagnons de Varvarof, occupé à battre un grand nombre de dés dans un cornet de cuir.

— Ernest, vous jouez au zanzibar? Qui est-ce qui gagne?

— C'est M. Leclair, répondit d'un ton calme, Tomachet, en tirant des bouffées régulières de sa pipe.

Varvarof se mit à rire pour toute réponse.

Le coup de dé d'Ernest terminait la partie; ce dernier perdait définitivement.

Il eut un bon gros rire et régla galamment son compte sans se soucier des railleries du père Tomachet, le plaisantant doucement sur son peu de chance. Ce dernier qui n'était autre que le propriétaire de l'*Auberge du Clou*, se retira discrètement, laissant Varvarof-Leclair et Yvan-Raphaël causer à leur aise en compagnie de Nikolaïeff.

Ernest, le neveu de Tomachet, qui n'avait tenu compagnie à Varvarof que par complaisance, imita son oncle.

Les trois hommes, demeurés seuls, se mirent immédiatement à converser entre eux, en langue russe, de la façon la plus animée, sans se préoccuper le moins du monde d'un personnage placé à une table voisine de la leur et semblant entièrement absorbé par la lecture d'un journal.

Yvan racontait à Varvarof et à Nikolaïeff les incidents accomplis de la rue Labruyère jusqu'à la maison mystérieuse.

— Ainsi, vous le voyez, dit-il, Dowpotchine était au courant d'une partie de nos agissements, par un hasard providentiel, il est vrai, mais néanmoins terrible pour nous. Heureusement, Michel Popoff est mort. Vladimir et Poliakoff ne retourneront plus rue de la Py; Dowpotchine pourra à son aise faire surveiller cette maison.

Et il éclata de rire.

— Nous allons forcément recommencer la lutte sur un autre point, car il est sur ses gardes et bien certainement le petit hôtel de la rue Labruyère ne le reverra de longtemps.

— Certes, dit Varvarof. Après ce que tu viens de nous raconter il n'y a pas de doute à cet égard.

— Où peut-il être? demanda Nikolaïeff.

LES COMPAGNONS DE RAVACHOL

Par Pierre Delcourt et J. H.

Tu es en mon pouvoir, Yvan, dit Dowpotchine.

(Reproduction interdite.)

Yvan demeura quelques instants rêveur.

— L'idée m'est venue de surveiller le *Chat Noir* où, tu le sais, la haute société russe se rend fréquemment. Voici pourquoi. Dowpotchine se faisant le même raisonnement que moi, s'est dit bien certainement, que je le soupçonnerais de se rendre dans cet établissement pour surveiller les notabilités russes et, croyant me rendre la balle, il y viendra pour m'étudier. En résumé nous jouons le même jeu avec cette différence, à mon avantage, que je trompe complètement Dowpotchine.

— Nous ne sommes pas encore allés au *Chat Noir*, fit Nikolaïeff, on nous remarquera peut-être et...

— Tu te trompes, reprit Yvan, j'y ai déjà quelques amis, quelques connaissances plutôt ; c'est ainsi que dans un instant, j'irai y faire une partie de cartes avec le menuisier de la maison, nommé Maten, un excellent homme, très fin et intelligent ; Leblanc, le marchand de curiosités, et un ou deux autres habitués. Comme ici on m'y connaît sous le nom de Raphaël. Nikolaïeff, tu m'accompagneras. Quant à toi, Varvarof, tu resteras ici jusqu'à la nuit. Cet observatoire est merveilleux pour la surveillance de ce carrefour.

Yvan se leva en compagnie de Nikolaïeff et prit congé de Varvarof.

L'homme au journal n'avait pas bougé pendant toute cette conversation.

Au départ des deux policiers russes, il se confina davantage dans sa lecture et se cacha presque entièrement la figure avec le journal ouvert en grand.

Mais Yvan et Nikolaïeff ne songèrent même pas à se préoccuper de cet homme ; ils s'éloignèrent sans se douter qu'aucune de leurs paroles n'avait été perdue pour cet étranger, auditeur attentif d'une conversation tenue en une langue qu'ils croyaient inconnue à tout autre qu'eux.

Le lecteur, par un entrebâillement de son journal, regarda Yvan et Nikolaïeff s'éloigner dans la direction de la rue Victor-Massé, et eut un étrange sourire, en murmurant :

— Va, Yvan, Georgevitch Orioli et Narcisseïeff t'attendent; leur toile est toute tendue, prête à t'emprisonner; et s'ils te laissaient échapper, je suis là pour te rattraper... Ah! tu as éventé la mèche une première fois!... Tu as deviné Michel Popoff!... Il ne fallait pas placer Varvarof ici, bien en vue, à cette terrasse; je ne l'aurais point reconnu au passage et ne me serais pas assis à ses côtés... Imprudent!... Je n'aurais pas entendu ta conversation et appris tes projets... Niais! Ah! tu mines sourdement le terrain autour de moi et tu oublies la contre-mine que je vais établir!... Je vais te faire payer cher la mort de Michel Popoff!

Comme nos lecteurs l'ont reconnu, l'homme au journal n'était autre que Dowpotchine, encore revêtu du costume que nous lui avons vu dans la maison de la rue des Patriarches.

Le mystérieux chef du nihilisme, revenant en voiture à la maison de la cité des Bains, avait aperçu le policier russe et s'était demandé immédiatement les raisons pour lesquelles il était à cette terrasse, bien qu'il parût être en conversation simplement amicale avec le père Tomachet et Ernest.

Il pensa judicieusement qu'il n'était en compagnie de ces deux hommes que pour mieux déguiser sa véritable position; Varvarof attendait en cet endroit sur un ordre d'Yvan. Peut-être même ce dernier le rejoindrait-il ou quelque autre policier.

C'était une bien belle occasion de surveiller de près un pareil ennemi, Dowpotchine n'y pouvait manquer.

Il fit donc arrêter sa voiture, à quelques pas de là, rue Lallier, après que le fiacre eut dépassé la taverne du *Clou*, régla le prix de sa course, et vint paisiblement s'asseoir à la table voisine de Varvarof.

Nous savons que Dowpotchine fut récompensé au delà de ses souhaits.

Yvan et Nikolaïeff trouvèrent en effet au *Chat Noir* le menuisier Mateu et le marchand de curiosités Leblanc attendant impatiemment un partenaire à la manille.

Le prétendu Raphaël fut donc accueilli avec joie.

Il présenta Nikolaïeff sous le nom de Verdure et le fit admettre dans la partie qui commença immédiatement.

Georgevitch Orioli et Narcisseïeff Lebeauzorff, placés devant la porte d'entrée, ne pouvaient manquer d'apercevoir et de distinguer très nettement tout nouvel arrivant.

A la vue d'Yvan et de Nikolaïeff ils eurent un léger tressaillement en reconnaissant en eux des Russes et échangèrent rapidement quelques paroles prononcées à voix basse.

Yvan et Nikolaïeff n'avaient pas prêté d'attention aux deux étudiants en entrant, mais à peine assis et les cartes en mains, le chef des policiers russes eut rapidement inspecté la salle entière d'un unique regard.

Ses yeux en rencontrant les figures d'Orioli et de Lebeauzorff, eurent un léger clignotement.

Lui aussi venait de reconnaître deux physionomies russes.

Tout en jouant, en paraissant seulement préoccupé de ses seules cartes, eut tôt fait de détailler les envoyés de Dowpotchine.

— Des étudiants, pensa-t-il. Des nihilistes, peut-être... Rien... Du menu fretin ;... intelligence ordinaire... s'ils sont employés par Dowpotchine, c'est en qualité de simples soldats... Ils ignorent ses secrets... Peuh !

Et il accompagna ce soliloque muet d'un haussement léger d'épaules.

La nuit vint. Varvarof, selon les instructions d'Yvan, ayant abandonné l'*Auberge du Clou*, rejoignit son chef au *Chat Noir*.

Yvan, d'un coup d'œil, lui indiqua les deux nihilistes. Après quoi, se penchant à l'oreille de Varvarof, il lui dit, vivement :

— C'est pour toi.

Varvarof, d'une simple inclinaison de tête, fit comprendre qu'il avait deviné la pensée de son maître.

Les deux nihilistes étant arrivés avant Yvan, ce dernier bien que par métier les soupçonnant tout d'abord, ne put s'imaginer qu'ils venaient à son intention particulière. Il flaira bien quelque manœuvre préparatoire concordant avec les raisons pour lesquelles ils venaient au *Chat Noir*, mais méprisant de tels ennemis il se borna à leur opposer le seul Varvarof ainsi que nous l'avons vu ; pendant les deux heures que dura la manille, Yvan ne reconnut aucun Russe parmi les nombreux arrivants.

Peu à peu le café se vida de ses clients, l'instant du dîner étant venu ; seuls les deux étudiants ne paraissaient pas disposés à s'en aller.

Cette insistance éveilla autrement la méfiance d'Yvan qui se demanda si ces jeunes gens demeuraient à leur place naturellement ou en vertu d'instructions formelles.

Mais encore une fois il les avait jugés à leur valeur exacte et ne les craignait guère, en admettant même qu'ils l'eussent pour objectif.

La partie enfin terminée, Yvan se leva pour partir ; au surplus à l'heure du dîner il ne restait que de très rares consommateurs.

Georgevitch Orioli et Narcisseïeff Lebeauzorff, en gens naïfs se levèrent en même temps qu'Yvan et ses compagnons, ce qui amena un sourire aux lèvres des policiers, lesquels échangèrent un regard.

— Oui, c'est pour nous, fit Yvan en langue russe, il y a du Dowpotchine là-dessous... Enfants !...

Yvan après avoir serré les mains de Mateu et de M. Leblanc, sortit en compagnie de Nikolaïeff et de Varvarof, sans paraître se préoccuper des deux étudiants, et se dirigea du coté de la place Pigalle.

Mais arrivé au tournant de la rue Frochot, il regarda vivement en arrière et aperçut les espions de Dowpotchine.

— Allons, je n'ai pas de temps à perdre à m'amuser avec eux, fit-il d'un ton bref. Varvarof, à toi. Nikolaïeff et moi nous allons disparaître. Sache rapidement ce que c'est. A ce soir à l'endroit convenu.

Les trois hommes hâtèrent le pas, traversèrent la place Pigalle et tournèrent brusquement dans la première rue qu'ils rencontrèrent, échappant ainsi momentanément aux regards des deux étudiants.

Yvan et Nikolaïeff se dissimulèrent dans la première allée venue pendant que Varvarof continuait sa route ostensiblement en ralentissant le pas.

Georgevitch Orioli et Narcisseïeff Lebeauzorff en débouchant à leur tour dans cette rue, éprouvèrent quelque contrariété de n'apercevoir qu'un homme sur les trois. Mais à défaut d'une prise entière ils devaient se contenter de ce qui leur restait.

Ils s'engagèrent donc sur les traces de Varvarof, dépassèrent l'allée où Yvan et Nikolaïeff attendaient.

Derrière eux les deux policiers sortirent de leur cachette en riant fort de l'inexpérience des deux jeunes gens.

Yvan et Nikolaïeff laissant Varvarof s'éloigner suivi de ses gardes du corps, revinrent place Pigalle.

— Nous ne sommes guère avancés, dit Yvan, en prenant le bras de son compagnon, nous avons détourné les coups, il est vrai, mais nous n'avons aucun indice nous permettant de trouver la piste. Ce n'est pas en allant errer rue Labruyère que nous découvrirons quelque chose... Ce diable de Dowpotchine !... Johan nous attend et sans doute Polïakoff et Vladimir sont-ils déjà avec lui... Allons les retrouver.

Les deux hommes se dirigèrent rapidement vers la place Clichy, en suivant le boulevard et arrivèrent à un établissement de vins où ils pénétrèrent. Johan, Vladimir et Polïakoff attendaient à une table.

Le premier semblait fort préoccupé.

Yvan remarqua aussitôt cet état d'esprit et, sans perdre de temps, interrogea Johan.

— J'ai été abordé tout à l'heure, répondit-il, par un personnage qui s'est planté devant moi, m'a regardé fixement quelques secondes, s'est placé bien en lumière de façon à ce que je reconnaisse ses traits, m'a glissé à l'oreille notre mot de ralliement et a disparu comme par enchantement.

— Qu'est-ce que cela signifie ? fit Yvan très étonné.

— Je ne peux le deviner.

— Et cet homme ?...

— M'est absolument inconnu.

— Notre mot de ralliement ?

— Oui.

— Mais seuls le connaissent les gens que tu sais !

— Tu n'as pas...

— Donné à des étrangers ce mot ? fit Yvan, non

— Mais alors la chose est grave.

— Il faut qu'un traître...

— Un traître !...

— Oui. Je sais. Déjà ce matin j'ai soupçonné à tort .. Michel Pepoff avait dû au seul hasard de surprendre mes secrets... Mais ce mot de ralliement je suis bien certain de ne l'avoir donné à nul étranger.

— J'ai eu le temps d'examiner cet homme, il m'est absolument inconnu.

Johan allait répondre. Tout à coup il eut un frissonnement, saisit fébrilement Yvan au poignet, et dit, vivement, en faisant tous ses efforts pour paraître calme :

— C'est lui !

— L'homme !

— Oui.

Yvan demeura impassible ; pas un muscle de sa figure ne trahit l'émotion l'envahissant. Il eut la force de ne point retourner la tête et de paraître ne pas avoir été informé par Johan de l'entrée de ce personnage mystérieux.

— C'est bien, dit-il, demeure calme.

Mais à la plus grande stupéfaction de Johan, l'homme dont il venait de signaler l'entrée, s'approcha de la table occupée par les policiers, s'arrêta derrière Yvan lui tournant le dos, regarda fixement Johan, jeta sur la table par dessus la tête d'Yvan un papier plié en quatre, mit un doigt sur sa bouche, se retourna brusquement et sortit de l'établissement de vins, avant que Johan eût pu faire un mouvement pour s'y opposer.

Au surplus, cette action du personnage inconnu avait été accomplie si rapidement qu'Yvan tournant le dos à la porte d'entrée ainsi que nous l'avons dit, n'eut pas le temps de se retourner ou même d'examiner dans la glace lui faisant vis-à-vis, les traits du nouvel arrivant. Il sembla qu'il apparut et disparut dans une sorte de fantasmagorie vertigineuse.

Un double cri retentit à demi étouffé cependant, poussé par Yvan, comprenant, sans voir, l'action du personnage mystérieux, à l'aspect du papier tombant sur la table, et par Johan stupéfait d'une disparition aussi subite.

Ce dernier allait s'élancer sur les traces de l'inconnu, Yvan l'arrêta.

— Inutile !... Cherche-t-on à saisir une ombre ? L'homme qui vient d'apparaître et de disparaître aussi rapidement ne s'amuse pas à t'attendre dehors. N'attirons pas l'attention sur nous par quelque imprudence.

Et s'emparant du papier, il ajouta.

— Voyons plutôt cet écrit... Ce que nous veut cet homme.

Et dépliant le papier, Yvan en prit lecture avec une curiosité facile à concevoir.

A mesure qu'il lisait, son œil s'éclairait et ses traits manifestaient la plus profonde surprise.

— Est-ce un piège, murmura-t-il, en laissant retomber le papier sur la table.

Puis le présentant à Johan, il reprit à haute voix.

— Lis, de façon à ce que tous t'entendent.

Johan obéit et donna la lecture suivante, bien capable en effet de provoquer le plus profond étonnement :

« Yvan le terrible est prévenu qu'il peut ce soir s'emparer de Dowpot-
» chine et de ses amis.

» S'il a confiance en l'auteur de cet écrit malgré son anonymat, qu'il se
» rende à sa petite maison de la cité Damrémont. On y cherchera ce soir
» le cadavre de Michel Popoff. » P. P. R. R. »

— Ces initiales ! murmura Yvan.

— Un piège ! dit Johan, sa lecture terminée.

— Comment cet homme connaît-il le secret de la cité Damrémont ? demanda Yvan.

— Comment a-t-il pu savoir la mort de Michel Popoff ? demanda Vladimir.

— Nous étions seuls avec toi, Yvan, ajouta Poliakoff.

— Si vous n'avez trahi, répondit Yvan, c'est le diable.

— Le diable, en effet ! s'écrièrent à la fois les deux hommes.

— Oui, le diable, dit Vladimir, car depuis que je t'ai quitté, Yvan, je n'ai vu personne que Johan et Poliakoff qui ne m'a pas abandonné.

— C'est la vérité, dit ce dernier.

— Je ne crois pas au diable cependant, fit Yvan. Comment expliquer ?... Dowpotchine, ce soir, là-bas, il sait donc...

Yvan regarda tour à tour Vladimir et Poliakoff. Il lui parut absurde de les accuser de traîtrise tant il les connaissait et si naïve eût été leur conduite en pareille circonstance. Il préféra croire à un hasard nouveau, fatal, du genre de celui ayant mis Michel Popoff au fait de ses secrets.

Trahison ou hasard, l'événement important était moins cette découverte que la promesse faite par le mystérieux personnage de faire prendre Dowpotchine et les siens.

Cet homme devait toucher de près au chef du nihilisme pour être si exactement renseigné sur les agissements de ce dernier.

Une vengeance, ou l'ambition de succéder à Dowpotchine ?

Ne pouvait-il poignarder son ennemi ? Voulait-il au contraire qu'il parût succomber de façon naturelle, aux mains des hommes de la troisième section ?

Ou bien enfin, revenant à sa première pensée, était-ce un piège ?

Comme pour répondre à cette dernière crainte, Johan dit :

— Un piège ? puisque ce personnage connaît si intimement nos affaires, quel besoin aurait-il de nous avertir ? Il pourrait nous surprendre à son aise.

— Tu as raison, Johan, son avis est sérieux, nous allons nous rendre à la maison de la cité Damrémont. Et comme il n'y a pas d'indication d'heure, nous partons immédiatement. On dînera là-bas. Varvarof attendra ici ; tant pis, je ne peux le prévenir.

Yvan et ses compagnons sortirent de l'établissement de vins et gagnèrent en hâte la maison que nous connaissons.

Comme il importait de ne pas éveiller l'attention des voisins, ils s'éparpillèrent, avant d'arriver à la cité, et l'ordre fut de pénétrer un ou deux à la fois à plusieurs minutes d'intervalle. Yvan et Johan, pour mieux opérer la protection de la petite bande, décidèrent d'entrer les derniers et se réservèrent le rôle de surveillants généraux.

Pendant la demi-heure que mirent les policiers à pénétrer dans la maison, Yvan et Johan ne relevèrent rien d'anormal.

Enfin leur tour vint.

Les deux hommes pénétrèrent dans la cité et arrivèrent prestement à la porte de la maison mystérieuse ; selon les conventions, elle ne devait pas être fermée.

Ils n'eurent, en effet, qu'à la pousser.

Comme ils étaient les derniers, ils se clôturèrent soigneusement ; après quoi, ils s'avancèrent vers l'escalier que nous connaissons.

Ils marchaient dans l'obscurité, pour ne point donner l'éveil, et s'avançaient en toute sécurité, dans leur connaissance parfaite des lieux.

Soudain, ils trébuchèrent à la fois et tombèrent, les mains machinalement étendues, comme pour parer à leur chute.

Avant qu'ils eussent pu se rendre compte de ce qui leur arrivait, ils étaient solidement empoignés, sans pouvoir se rendre compte par qui, se sentaient liés aux pieds et aux mains.

On les emporta à bras d'hommes et on les amena jusqu'à une chambre éclairée, où ils purent enfin voir à qui ils avaient affaire.

Du premier coup d'œil, Yvan et Johan relevèrent les traces d'une lutte importante accomplie dans cette chambre.

Les meubles étaient renversés pêle-mêle au milieu de débris de toute sorte ; à terre gisait le cadavre d'un homme, qu'Yvan reconnut être Poliakoff. Cette chambre était vide d'êtres vivants.

Les hommes portant Johan et Yvan jetèrent brutalement le premier à terre ; le malheureux alla tomber accroupi contre un meuble. Quant à Yvan, on l'assit sur une chaise où on le garrotta solidement.

Cette opération terminée, les deux policiers furent laissés seuls.

Ils n'eurent pas le temps d'échanger leurs impressions ; une porte s'ouvrant livra passage à deux hommes qui vinrent, silencieux, l'un s'adosser contre le mur derrière les deux prisonniers, l'autre se placer devant Yvan.

Cet homme, vêtu de noir, la figure ornée d'une longue barbe brune, tenait un revolver à la main.

Il considéra Yvan et Johan, quelques secondes, d'un air railleur.

— Yvan le terrible, dit-il en langue russe, tu voudrais savoir qui je suis. Regarde-moi attentivement.

Et comme Yvan demeurait silencieux, dévorant du regard cette figure, il continua :

— Je suis l'homme de la place Clichy, je suis celui qui a tant étonné Johan ; je suis également le tranquille lecteur de l'*Auberge du Clou*, personnage auquel tu n'as nullement prêté attention et qui, au contraire, n'a pas perdu un mot de ta conversation. Comprends-tu maintenant que je sois si bien renseigné sur tes actes les plus secrets. Tu m'as deviné, sans doute. Oui, je suis l'homme que le chef de la troisième section t'a donné l'ordre de prendre mort ou vif. Je suis Dowpotchine !

LES COMPAGNONS DE RAVACHOL
Par Pierre Delcourt et J. H.

Lamberti souleva la tête de Marthe inanimée.

René MOROT, Éditeur, 40, rue Laffitte, Paris.

(Reproduction interdite)

Liv. 27.

Yvan eut un long tressaillement.

Cet homme était donc le diable en personne ; sa figure était encore transformée miraculeusement. Oui, c'était bien Dowpotchine à la voix, dont il avait conservé le souvenir exact du timbre, mais il eût passé vingt fois devant cette figure sans y retrouver les traits du terrible nihiliste.

Yvan n'avait pas peur de la mort.

Il redressa fièrement la tête et s'apprêta à recevoir le coup fatal, bien convaincu de n'être nullement ménagé par son ennemi.

— Eh bien, Dowpotchine, dit-il d'une voix grave, je suis en tes mains, je suis le vaincu. Tue !

— Tu as déclaré la guerre aux nihilistes, tu as été sans pitié toujours. Tout à l'heure encore tu as tué Michel Popoff. En vérité je serai sans pitié ; c'est de bonne guerre, puisque tu t'es fait prendre à un piège aussi grossier ! Oui, je te tuerai, mais lentement. Je veux que tu expies complètement tes cruautés envers nous. Toi et tes compagnons je vous ai condamnés à mourir de faim. Nul ne peut vous sauver. Vous demeurerez ici, en cet état, traînant misérablement votre existence jusqu'au dernier souffle. Les liens qui vous étreignent sont indestructibles ; je n'ai pas peur que vous les brisiez. Adieu, Yvan ! Adieu, Johan !

Et, sans attendre de réponse des deux hommes, Dowpotchine fit signe à son compagnon et sortit de la chambre.

Yvan et Johan poussèrent un rugissement de fureur et essayèrent de briser leurs liens.

Dowpotchine ne s'était pas trompé. Il était impossible de les détruire.

Yvan le terrible, le chef redouté des policiers de la troisième section, était perdu !

CHAPITRE XVII

Les promesses de Dowpotchine

Le lendemain matin, Emeline et Marthe causaient, dans l'appartement de la rue Lamartine, de la situation faite à Ravachol et des promesses faites par Dowpotchine touchant ce dernier.

La sonnette d'entrée, tintée doucement, interrompit cette conversation.

— Qui peut venir me voir? s'écria Marthe; Lamberti est occupé à Saint-Denis, ce pauvre Ravachol ne peut guère... et vous seule, Emeline, connaissez cette adresse.

— Vous oubliez Dowpotchine, Marthe.

La jeune fille eut un frisson involontaire.

— J'oubliais, en effet ; je ne pensais pas à Dowpotchine.

Marthe n'avait pas de domestique, en cet appartement, pour des raisons aisées à comprendre.

Elle se leva vivement et alla ouvrir.

C'était, en effet, Dowpotchine ; la jeune fille s'effaça respectueusement pour laisser passer le mystérieux chef et referma la porte derrière lui.

— Emeline est chez vous, Marthe, je le savais ; c'est pourquoi vous me voyez, car j'ai à lui parler.

Et, sans s'arrêter, il se dirigea vers le salon où Emeline attendait.

— J'ai une excellente nouvelle à vous annoncer, dit-il, nouvelle aussi agréable à Marthe qu'à vous, Emeline ; Yvan le terrible et ses hommes ne sont plus à craindre.

Les deux femmes poussèrent un même cri. Marthe, l'œil sanglant, se redressa, superbe, les narines frémissantes, les lèvres tremblantes, l'œil rempli d'éclairs, les mains crispées.

— Mort! s'écria-t-elle, mort! vous l'avez tué !

Dowpotchine regarda la jeune fille avec une extrême attention, ne se méprenant pas à l'accent de ses paroles.

— Vous avez donc pour lui une haine bien profonde, Marthe ?
— Oui.
— Alors vous êtes heureuse de la nouvelle que j'apporte ?
— Oui, quoique j'eusse préféré le tuer moi-même.

Et, comme Emeline regardait avec étonnement Marthe, qu'elle n'avait pas encore vue sous ce jour :

— Ah ! s'écria-t-elle, c'est une terrible histoire que je vous conterai un jour. Dowpotchine, vous avez tué Yvan, tant pis !

— Non, Marthe. Je suis heureux de vous apprendre qu'il vit encore, à mon entière disposition il est vrai, hors d'état de mordre désormais. Je vous l'abandonne.

Et il conta aux deux femmes tous les détails de la prise d'Yvan et de ses hommes.

— Cette maison, s'écria la jeune fille, vous m'y conduirez !

— Je n'ai pas le temps, Marthe ; il me faut m'occuper de Ravachol, dont le procès va bientôt venir. J'ai à préparer pour la veille de ce jour quelque chose qui donnera certainement à réfléchir à MM. les jurés. Mais voici la clef, agissez à votre aise, à votre fantaisie ; je m'en rapporte à votre vengeance... Vengeance de femme !...

Et il eut un sourire.

Dowpotchine tendit en effet une clef à Marthe qui s'en saisit fébrilement ; après quoi, il fournit à la jeune fille tous les renseignements de nature à la guider.

— Qu'allez-vous faire pour Ravachol ? demanda Emeline à Dowpotchine quand ce dernier eut terminé.

— Je le répète, quelque chose de nature à porter l'effroi au cœur des bourgeois.

— Encore un meurtre !

Dowpotchine haussa les épaules :

— Un acte de justice! un acte de réparation! un acte de vengeance!

— J'ai deviné! s'écria Marthe, vous...

— Silence!... oui, ces misérables qui l'ont livré doivent être punis!

— Encore une explosion, s'écria Émeline, du sang répandu!

— Il le faut!

— Mais ils se sont défendus en livrant Ravachol, ils ont défendu la société!

— Ils se sont substitués à la police, seule chargée de la défense de la société. Écoutez, le seul moyen que j'aie d'empêcher Ravachol d'être condamné à mort à Paris, est de faire sauter le restaurant Véry, la veille du procès, dans la soirée, quelques heures seulement avant l'ouverture des débats. Les esprits seront si effrayés de notre audace, que jamais le jury ne voudra condamner Ravachol à mort. Je veux jeter ce suprême défi à la société et à la justice françaises! Je veux ramasser le gant, en souffleter nos ennemis, alors qu'ils nous croient terrassés par l'arrestation d'un seul! Je veux qu'ils sachent l'existence de notre force, toujours invisible, toujours terrible et sans cesse renouvelée!

— Bravo! s'écria Marthe, voilà qui est parlé!

— Faire sauter le restaurant Véry! Dowpotchine, avez-vous songé aux nombreuses victimes qu'un acte aussi insensé pouvait faire?

— Les morts ne comptent pas quand on gagne la bataille.

— C'est vrai, s'écria Marthe.

— C'est affreux, dit Émeline.

— Voilà pourquoi je vais être très occupé, car il me faut préparer cette opération avec tous les soins qu'elle comporte. Vous n'ignorez pas la surveillance établie au restaurant Véry. Il sera mal aisé d'y déposer une bombe. Et cependant je veux agir ainsi que je l'ai dit.

Ainsi il me faut l'aide de plusieurs. Je dois choisir judicieusement autour de moi et préparer l'attentat de telle façon qu'il déroute absolument la police.

Je vais donc être si occupé que de quelque temps il ne me sera pas possible de vous voir, Émeline. J'ignore même en quelles conditions je vivrai, je ne sais en quels lieux je me trouverai.

C'est pour cela que je voulais vous voir; c'est pour cette raison que je suis venu rue Lamartine. Par la même occasion je vous ai appris la bonne nouvelle de la capture d'Yvan.

Dowpotchine s'était levé et avait pris son chapeau, prêt à s'en aller.

— Dowpotchine, dit Marthe, en tendant la main au mystérieux chef, vous ne craignez pas les traîtres? Songez au côté terrible de votre entreprise.

Dowpotchine haussa les épaules.

— Demandez à Émeline, Marthe, dit-il froidement, s'il peut y avoir chez nous des traîtres. Ravachol ne vous a donc pas conté la mort de celui condamné par moi, exécution à laquelle je l'ai obligé d'assister.

Il n'y a pas de traîtres chez nous, ils meurent! Nul lien de parenté, aucune amitié ne les sauvent. Nous n'hésitons pas à frapper même les plus près de nous, même ceux qui nous ont rendu les plus grands services.

Avons-nous hésité à condamner Gourgourine, le second après moi, cependant?...

Marthe poussa un grand cri et regarda Dowpotchine avec des yeux hagards.

— Quel nom venez-vous de prononcer? s'écria-t-elle.

— Celui de Gourgourine.

— Gourgourine!

— Oui.

— Le professeur de Péterhoff?

— Oui.

— L'ami de Michel Popoff?

— Oui.

— Et c'est vous qui l'avez tué ?

— Je n'exécute pas moi-même ; le grand conseil sous ma présidence a désigné deux hommes chargés de l'exécution de notre jugement. Il m'aurait répugné de frapper Gourgourine que j'avais chéri comme mon fils.

— Et Michel Popoff savait...

— Parbleu !... Mais qu'avez-vous, Marthe ? Quelle est cette émotion ?

— Ce n'est pas Yvan le terrible qui a tué Gourgourine ?

— Non, puisque...

Dowpotchine s'interrompit brusquement et fronça terriblement les sourcils.

Allant droit à la jeune fille, il la prit au poignet et brusquement, presque brutalement, il la tira à lui, la considérant avec des yeux étincelants.

— Marthe ! dit-il d'une voix brève, en la tutoyant subitement, je devine à présent les causes de ton entrée parmi nous et je comprends les raisons de ta haine contre Yvan.

La jeune fille eut un frissonnement.

Dowpotchine lui serrant plus fort le poignet, continua, farouche :

— Cette haine qui emplit si violemment ton cœur, cette haine si grande qu'elle te ferait accomplir les choses les plus difficiles pour la satisfaire, vient de se reporter sur un autre qu'Yvan !

Tu t'appelles Maria Petrovna et non point Marthe Ricard.

Émeline poussa un cri.

— Tu voulais venger Gourgourine, ton fiancé, parce que Michel Popoff t'avait fait croire à sa mort par Yvan ! Aujourd'hui c'est sur moi et les miens que ta vengeance va vouloir s'exercer.

— Eh bien, oui, s'écria Maria Petrovna d'une voix sauvage, oui, assassins, je veux venger mon fiancé ! Qu'avait-il fait pour que vous le tuiez ?

— Il avait trahi !

— Jamais !

— Michel Popoff nous en a donné des preuves.

— Il a menti, je tuerai Michel Popoff.

— Il est mort, frappé hier par Yvan.

— Yvan ! s'écria Maria Petrovna, un éclair dans les yeux.

Dowpotchine surprit cette flamme et eut un sourire terrible.

— Yvan ne te prêtera pas aide, Maria Pétrovna, et tû ne te vengeras pas de nous, car nous ne pouvons, nous ne devons pas mourir ! Nous sommes un principe qu'une simple main comme la tienne ne saurait détruire.

— Crois-tu, Dowpotchine ?

— J'en suis certain, fit ce dernier, d'une voix si grave, que la jeune fille et Emeline en éprouvèrent un profond frémissement. Maria Petrovna, tu sais mes secrets, en partie du moins, tu connais mes projets d'avenir ; penses-tu que je veuille les laisser à ta discrétion ? en vérité, si j'étais seul, peut-être serais-je en droit de le faire. Au nom des intérêts que je représente, ce m'est impossible.

Tu vas mourir !

Maria Petrovna voulut se détacher de l'étreinte de Dowpotchine ; ce fut inutile.

Subitement calmée, par un puissant effort de volonté, la jeune fille redressa la tête et regarda son ennemi. Emeline, les mains jointes, s'approcha alors de Dowpotchine, mais ce dernier l'écarta rudement en disant :

— Arrière, Emeline ! Maria va mourir ! nulle puissance humaine ne peut la sauver !

Et sortant de sa poche un revolver, il le braqua sur la poitrine de la jeune fille.

— Ecoute, Dowpotchine, dit Maria Petrowna, écoute avant de tirer. Puisque ma mort est résolue et que je ne peux m'y soustraire, accorde-moi une suprême faveur.

— S'il est en mon pouvoir de le faire, parle.

— Je vais rejoindre Gourgourine, mon fiancé, que j'ai tant aimé. Je veux le rejoindre dans le costume que j'avais le jour de sa mort. Ce costume est celui de notre pays, je l'ai toujous conservé, il est là, dans ma chambre. Laisse-moi le revêtir. N'aie pas de crainte de me voir m'enfuir, Emeline me surveillera.

Dowpotchine lâcha le poignet de Maria Pétrovna.

— Va, dit-il, qu'il soit fait ainsi que tu le désires. Je connais assez ton appartement pour savoir qu'il t'est impossible de fuir.

Emeline, fort émue, entraîna Marthe dans la chambre de cette dernière.

Quelques instants après, la jeune fille vêtue d'un corsage bariolé à demi ouvert sur la poitrine et retenu par des lacets, et d'une courte jupe rouge recouverte d'un tablier blanc, apparut, suivie d'Emeline.

Maria Petrovna, quoique pâle, semblait fort résolue.

A sa vue Dowpotchine eut un mouvement.

— Rentrons dans ta chambre, Maria Petrovna, dit-il en prenant la jeune fille par le bras et en la ramenant dans la pièce qu'elle venait de quitter.

Puis, lui indiquant un fauteuil, il ajouta:

— Assieds-toi, prends ce flacon. Tu vas en avaler le contenu. Il me répugne de te tuer violemment. La liqueur de ce flacon est agréable à boire. Elle provoquera chez toi le sommeil le plus doux qui te mènera insensiblement à la mort, sans souffrance. Tu ne t'éveilleras plus ; moi seul pourrais te ramener à la vie, mais je crois bien que nul, sur terre, autre que moi ne possède le secret de ton réveil.

Et il tendit à la jeune fille un flacon de cristal fermé par un bouchon de vermeil.

Maria Petrovna prit le flacon, le regarda quelques secondes, d'un regard empreint d'une suprême mélancolie et leva ses beaux yeux une dernière fois sur Dowpotchine et Emeline.

— Grâce ! fit cette dernière.

Dowpotchine sortit son revolver, le braqua sur Maria Petrovna et dit du ton le plus ferme :

— Sur mon âme, si Maria Petrovna n'a pas bu le contenu de ce flacon dans une minute, je la tue de mon arme, et vous tue ensuite, Emeline !

— Merci Emeline, fit la jeune fille, d'une voix douce, adieu !

Et d'un mouvement rapide elle porta le flacon à ses lèvres et en avala d'un trait la liqueur.

Sa tête retomba sur le dossier du fauteuil et la main ayant tenu le flacon, abandonnant ce dernier, vint pendre en dehors des bras du siège.

Maria Petrovna, les yeux fermés, semblait dormir.

Dowpotchine, les bras croisés, la contempla quelques instants, avec une émotion fort extraordinaire chez un pareil homme, puis soudain, haussant les épaules :

— Il le fallait, dit-il, allons donc ! vais-je m'attendrir !

Et prenant le bras d'Emeline il entraina cette dernière et sortit vivement de la chambre sans oser regarder une dernière fois Maria Petrovna.

— Vite, Emeline, sortons, et ne revenons plus ici.

Ils quittèrent en effet l'appartement sans prendre d'autre soin que de fermer purement et simplement la porte en la tirant et se hâtèrent de gagner la rue.

Au moment où ils débouchaient au dehors, Lamberti, arrivant à quelques pas d'eux, les aperçut et fit un mouvement pour les atteindre. Mais soudain il se ravisa et les laissa s'éloigner.

L'Italien, venu à Paris pour affaires particulières, imprévues, venait chez Marthe. Il pensa que mieux valait ne pas se faire voir à Dowpotchine pour éviter d'éveiller son étonnement, de le voir se rendre chez la jeune fille, et échapper ainsi à des questions gênantes.

La vue de Dowpotchine et d'Emeline lui fut des plus agréables car elle l'assura que la jeune fille était chez elle.

Il laissa donc s'éloigner le couple et s'engagea prestement dans l'escalier.

En ne recevant pas de réponse à son coup de sonnette, il éprouva une profonde déception. Marthe était donc absente et ses amis au lieu de la quitter s'en allaient au contraire sans l'avoir rencontrée.

Il sonna à plusieurs reprises et descendit mélancoliquement.

En passant devant la concierge, poussé par une idée bizarre il entra dans la loge, demanda si Mlle Ricard était chez elle, et éprouva une sorte de commotion douloureuse à entendre la concierge lui répondre formellement que la jeune fille n'était point sortie.

Pourquoi n'avait-elle pas ouvert?

Dans un subit accès de jalousie, Lamberti pensa à quelque amant enfermé avec Marthe. Mais aussitôt il chassa cette idée au souvenir de Dowpotchine et d'Emeline.

Ne venaient-ils pas de la quitter?

Alors une étrange idée monta au cerveau du coiffeur pris aussitôt d'un de ces pressentiments bizarres, inexplicables qui sont comme les avant-coureurs d'un fait devant s'accomplir où les annonciers d'un événement terminé auquel on est intimement lié.

Sous l'empire d'une appréhension subite, il grimpa à nouveau l'escalier et sonna à plusieurs reprises chez Marthe. L'oreille collée au trou de la serrure, il écouta; nul bruit ne se faisait entendre.

— Ils sortaient comme j'entrais, murmura-t-il, elle est là!... et elle y est seule!... Que lui ont-ils fait?... Je vais enfoncer... Non, pas de bruit... N'ai-je point toujours mon trousseau.

Lamberti tira de sa poche différents spécimens de rossignols, examina la serrure et choisit parmi ces instruments celui qui lui parut devoir le mieux remplir l'office de fausse clef.

Il vint jeter un regard dans l'escalier, s'assura qu'il était bien seul, et revenu à la porte, son outil en main, eut tôt fait de l'ouvrir après quelques pesées.

Il la referma prestement et s'élança dans l'appartement.

LES COMPAGNONS DE RAVACHOL

Par Pierre Delcourt et J. H.

Un homme en blouse s'avança un bâton à la main.

(Reproduction interdite.)

Liv. 28

RENÉ NOROT, Éditeur, 40, rue Laffitte, Paris.

En entrant dans la chambre de la jeune fille, à la vue de Marthe étendue dans le fauteuil, il poussa un grand cri et vint à elle.

Tout tremblant il posa sa main sur la tête de l'endormie et se prit à examiner, frissonnant, ce visage admirable bien que tout décoloré déjà.

— Morte ! exclama-t-il.

Un léger soulèvement du sein lui apprit que la jeune fille vivait.

Il poussa un cri de joie.

— Non ! évanouie !.. Qu'a-t-elle ?...

Il se précipita sur ses mains, déjà froides, les prit dans les siennes, cherchant à les réchauffer, appelant Marthe de tous les noms, perdant la tête devant cette immobilité constante, et ne sachant quels soins donner à ce corps inanimé.

Soudain son regard tomba sur le flacon demeuré à terre au pied du fauteuil.

Lamberti le ramassa, machinalement, et l'examina banalement. Tout à coup, après l'avoir porté à ses narines, il poussa un grand cri.

— La liqueur du sommeil ! exclama-t-il. Ils la lui ont fait boire !... Par quelle heureuse fatalité suis-je venu à temps !... Ah ! Dowpotchine, tu te crois peut-être le seul propriétaire de ce secret ! mais je connais le moyen de réveiller ceux à qui l'on a fait boire la liqueur du sommeil !... La Zingara m'a laissé son secret en mourant ! Marthe, Marthe, je te sauverai !

Lamberti enveloppa d'un long regard passionné le visage inerte de la jeune fille et bondit hors de la chambre.

Il sortit de l'appartement en prenant le soin de ne pas fermer la porte, descendit vivement et courut chez le plus prochain pharmacien où il se fit faire une potion dont il donna la formule.

Un instant après il était de retour auprès de Marthe.

A l'aide d'un couteau, il desserra lentement les dents de la jeune fille à qui il fit absorber la potion tout entière.

L'effet ne se fit pas attendre. Les pommettes de Marthe se couvrirent bientôt d'une vive rougeur, un long frisson secoua son corps, un soupir souleva son sein. Maria Petrovna ouvrit les yeux.

Elle regarda, d'abord étonnée, autour d'elle et voulut se lever, mais une extrême lassitude la retint sur son siège. Il lui semblait qu'elle n'eût pu se tenir sur ses jambes.

La jeune fille aperçut alors Lamberti et le considéra avec un plus grand étonnement encore, sans pouvoir discerner, dans le trouble de son esprit, les causes de la présence du coiffeur.

Cependant peu à peu ses idées devinrent plus lucides ; enfin la mémoire lui revint.

Maria Petrovna poussa un grand cri et se redressa, quoique vacillante encore, allant droit à Lamberti demeuré immobile.

Elle lui prit la main en disant :

— Vous m'avez sauvée ! merci.

Le coiffeur ne répondit pas, dans son émotion immense.

— Parlez, continua la jeune fille, dites-moi ce qui s'est accompli, comment vous êtes ici, de quelle manière vous m'avez secourue. Que s'est-il passé ?

Lamberti frémissant de bonheur à tenir en ses mains celles de la jeune fille, raconta en balbutiant de quelle manière il était entré dans l'appartement, quels pressentiments l'avaient agité et lui fit connaître le genre de mort à laquelle Dowpotchine l'avait condamnée.

— C'est encore charitable de sa part, dit Maria Petrovna avec un étrange sourire aux lèvres. Cet homme est donc réellement impitoyable ! Je le serai avec lui !

Et comme Lamberti la regardait, étonné, la jeune fille reprit, d'un ton singulier :

— Lamberti, vous m'aimez?...

L'Italien poussa un grand cri et serra convulsivement dans les siennes les mains de Maria Petrovna. Celle-ci, prise de peur, les retira et se recula de quelques pas.

— Marthe ! Marthe ! murmura Lamberti en tendant les bras.

— Écoutez, vous m'aimez, vous m'avez sauvé la vie, voulez-vous être mon allié ?

— Votre esclave plutôt, prêt à obéir à toutes vos volontés.

— Merci. J'ai besoin de votre aide pour me venger.

— Contre qui que ce soit, elle vous est accordée !

— Je ne m'appelle pas Marthe Ricard, mon vrai nom est Maria Petrovna ; des raisons trop longues à vous expliquer m'ont obligée à me transformer ainsi. Je veux me venger de Dowpotchine ; je ne le pourrai mieux que par vos soins...

— Je le tuerai !...

— Non pas, la vengeance est à moi et j'entends l'exercer en des conditions plus complètes. Dowpotchine ignore votre présence ici et ne peut supposer que vous m'avez sauvé la vie. A plus forte raison il ne soupçonnera jamais notre traité d'alliance. Il ne se cachera pas de vous qui serez au cœur de la place et pourrez me prévenir ainsi, à toute heure, quand il me conviendra, des agissements de Dowpotchine, de ses projets. Retournez sans perte de temps à Saint-Denis, partez, mon ami, et attendez de mes nouvelles. Surtout ne revenez plus rôder rue Lamartine. Au surplus, ce serait inutile, je quitte pour toujours cet appartement.

— Mais où ?...

— Une question ! fit en souriant Maria Petrovna. N'êtes-vous déjà plus l'auxiliaire muet, mon esclave ?...

— Oui, vous avez raison... Excusez-moi, mademoiselle... je pars... J'ai compris mon rôle... J'y risque peut-être la vie, mais ce me serait un grand bonheur de mourir pour vous.

— Aucun danger ne vous menace, Lamberti, croyez-en ma parole. Au revoir, mon ami, partez.

Et la jeune fille se rapprochant de l'Italien, lui tendit sa main sur laquelle il déposa un ardent baiser.

Demeurée seule, Maria Petrovna reprit son costume de ville, serra précieusement dans une valise les effets qu'elle venait de quitter, ces vêtements devant lui servir de linceul, alla à son secrétaire, y prit différents papiers et une forte somme d'argent, plaça le tout dans une valise, y ajouta du linge, différents objets de toilette et sortit de cet appartement pour n'y plus rentrer qu'après la défaite de Dowpotchine.

— Au plus pressé, murmura-t-elle, en mettant le pied dans la rue, à Yvan ! Dans son trouble il n'a pas pensé à reprendre la clef, ça m'évitera une perte de temps.

La jeune fille arrêta un cocher et se fit conduire rue Damrémont avec promesse d'un fort pourboire comme récompense d'une course rapide.

L'automédon enleva si bien son cheval qu'en dix minutes il avait conduit la jeune fille à l'endroit indiqué.

Laissant sa valise dans le fiacre, Maria Petrovna descendit prestement et vint au plus vite à la maison mystérieuse dans laquelle elle pénétra à l'aide de la clef de Dowpotchine.

Les renseignements fournis par le mystérieux chef étaient si précis, que la fiancée de Gourgourine n'eut pas à hésiter un instant dans sa marche à travers les pièces ; elle arriva droit à la chambre où Yvan et Johan luttaient impuissants, pour recouvrer leur liberté.

Un double cri de rage et d'espoir à la fois se fit entendre à son entrée. Maria s'arrêta, émue profondément, toute troublée à ce spectacle, et se prit à considérer avec un profond tremblement les deux hommes et le tableau de la lutte horrible présent à ses yeux.

Mais cette faiblesse ne fut que de courte durée. La jeune fille surmontant sa répugnance et reprenant son énergie, s'avança au milieu des meubles brisés, passa par dessus le corps du malheureux Poliakoff et vint s'arrêter devant Yvan tombé à terre avec sa chaise, dans ses efforts pour se délivrer.

— Yvan, dit-elle simplement.

Ce dernier au son de cette voix, éprouva un long frémissement et malgré la position pénible qu'il occupait parvint presque à se redresser, regarda d'un œil ardent cette femme le connaissant et si étrangement survenue.

— Maria Petrovna! exclama-t-il dans un cri de suprême amour.

— Maria Petrovna, répéta Johan dans un écho.

— Oui, moi, Maria Petrovna, ta plus cruelle ennemie jusqu'à ce jour, ton amie désormais.

— Tu sais donc...

— Que tu es innocent? Oui... depuis quelques instants à peine... C'est pourquoi je viens te délivrer, car je sais que tu m'aideras de toutes tes forces à me venger de Dowpotchine et des nihilistes.

— Tu sais encore...

La jeune fille interrompit Yvan, du geste, se pencha vers lui, et trancha les liens l'enserrant; sans attendre qu'Yvan eût fini de délasser ses membres étirés, elle alla rendre le même service à Johan.

Les deux hommes contemplèrent Maria Petrovna, avec un profond sentiment de gratitude, auquel se joignait chez Yvan les sensations plus violentes d'un immense amour.

Soudain le chef des policiers poussa un cri.

— Mes compagnons! exclama-t-il, mes pauvres compagnons!... S'ils vivent encore il faut les sauver! Vite, Johan! aide-nous, Maria Petrovna!

Yvan se précipita sur Poliakoff et par acquit de conscience plaça son oreille sur la poitrine du malheureux; le cœur ne battait plus, le corps était froid.

— Mort! dit Yvan en se relevant. Ah! Dowpotchine tu me payeras la vie de Poliakoff d'abord, celle des autres si le malheur veut qu'ils aient succombé à tes coups! mes griefs viendront après.

Abandonnant cette chambre, les deux hommes et la jeune fille se mirent en quête du lieu où les autres policiers pouvaient se trouver.

Après avoir fouillé les autres pièces inutilement, ils entendirent tout à coup des plaintes étouffées partant de la cave.

— Ils vivent! s'écria Yvan, ou du moins tous ne sont pas morts !

Johan avisant un bougeoir muni de sa bougie, alluma aussitôt celle-ci devant servir à les éclairer et, passant le premier, descendit à la cave, guidé par les plaintes de plus en plus distinctes.

Quelques secondes après, Johan, Yvan et Maria Petrovna se trouvaient en présence des autres policiers réunis dans un caveau où on les avait jetés pêle-mêle après les avoir solidement garrottés.

Ils apprirent à Yvan qu'ils avaient été faits prisonniers de la même façon que ce dernier et que Johan. Seuls, Vladimir et Polïakoff avaient pu résister jusque dans la chambre où gisait le corps du malheureux Polïakoff tué au moment où il allait frapper Dowpotchine.

Après avoir retiré des vêtements de ce dernier toutes les pièces capables de faire connaître son identité, Yvan donna le signal du départ qui eut lieu dans le même ordre qu'à l'arrivée. Les policiers quittèrent la maison par fraction.

Yvan sortit le dernier en fermant la porte de la maison.

Maria Petrovna remonta dans sa voiture en disant au policier :

— A ce soir, Yvan, d'ici là j'aurai muni un plan.

— Et moi aussi, Maria Petrovna, à ce soir !

La jeune fille donna l'ordre au cocher de la conduire rue de Monceau où la voiture s'arrêta à la porte d'un coquet petit hôtel dans lequel Maria Petrovna pénétra après avoir réglé le prix de sa course.

— Dowpotchine ignore ce domicile, dit-elle, en pénétrant dans l'intérieur, nul ne le connaissait que moi ; seul Yvan en a appris l'existence. Ce n'est pas lui qui me trahira.

Et la jeune fille eut un sourire.

— Il m'aime, lui aussi, murmura-t-elle à nouveau, en baissant la tête.

Quelques heures plus tard, un peu avant la tombée du jour, Maria Petrovna était assise dans une causeuse, et réfléchissait profondément, quand la porte s'ouvrant lentement livra passage à un homme à la tournure aristocratique, d'une tenue scrupuleusement correcte, à la figure admirablement belle, ornée d'une fine moustache brune, qui s'avança jusqu'auprès de la jeune fille et s'inclina respectueusement en disant :

— Maria Petrovna, je suis à vos ordres.

Cette dernière leva vivement la tête vers le nouveau venu et le considéra avec une profonde stupéfaction.

— Yvan ! s'écria-t-elle. Vous !

— Moi.

— Il me semblait...

— Que je n'étais pas l'homme que vous voyez en ce moment ? Le véritable Yvan est devant vous, mademoiselle.

Et, comme Maria Petrovna ne pouvait encore cacher son étonnement, il ajouta en souriant :

— Je vous parais jeune sans doute, bien jeune pour la renommée que m'ont acquise mes terribles fonctions ; mon véritable visage, Maria Petrovna, vous seule le connaissez peut-être.

Et, poussant un soupir :

— Vous pouvez me demander, ajouta-t-il, telle chose qu'il vous plaira, je suis prêt à tout accomplir pour la satisfaction de l'un de vos désirs. Et ce n'est pas une vaine promesse que je vous fais ; je possède un pouvoir des plus étendus... Croyez bien, Maria Petrovna, que, si j'eusse été à Peterhoff, Gourgourine n'eût point été assassiné.

— Ah ! les misérables !...

— Savez-vous, Maria Petrovna, que j'ai manqué plusieurs fois à mon devoir, de son **vivant**, en détournant les coups qui lui étaient destinés.

Et, baissant la tête, il ajouta d'une voix plus basse :

— Et, amère ironie ! je sauvais peut-être de la mort mon rival. Mais c'est parce que je vous aimais, Maria Petrovna, que je voulais éviter à vos yeux des larmes, à votre cœur une souffrance ! Hélas ! elles ont coulé, ces larmes, malgré moi ! Ces vêtements de deuil indiquent votre douleur éternelle.

Maria Petrovna, doucement émue, tendit sa main à Yvan.

— Yvan, dit-elle avec un léger tremblement dans la voix, prenez place sur ce siège, près de moi, Yvan, mon ami, mon frère... merci... Ah ! n'est-ce pas que notre devoir est de nous venger ?

— Double devoir, en vérité, car je dois sauver la société des menaces d'un esprit aussi dangereux que celui de Dowpotchine.

Yvan prit place, avec un frémissement de bonheur, aux côtés de Maria Petrovna et écouta avec une extrême attention le long récit que lui fit la jeune fille de tous les événements auxquels elle avait été mêlée, jusqu'à ceux accomplis ce jour même.

Yvan demeura profondément méditatif.

— Ce Lamberti a droit à toute votre reconnaissance, dit-il enfin avec un léger tremblement dans la voix, auquel la jeune fille ne se méprit pas.

— Ma reconnaissance oui, dit-elle en souriant, en tendant sa main à Yvan, mais ma reconnaissance seule. Si mon cœur doit encore battre d'amour...

La jeune fille s'interrompit.

Yvan s'était redressé brusquement, pâle, tremblant, sans lâcher la main que Maria lui avait abandonnée.

— Maria Petrovna ! Maria Petrovna ! oh ! parlez !... achevez !... dites ce nom !...

— Yvan, asseyez-vous... Le nom de celui pour qui mon cœur pourrait battre encore, je vous le dirai, notre vengeance accomplie.

— Dowpotchine succombera lui et les siens, je le jure !...

Et, redevenu calme, froid, par un violent effort de volonté, il ajouta :

— Cette maison de la cité des Bains est son véritable refuge.

— Vous devez vous tromper, Yvan, il ne nous y aurait pas convoqués.

Yvan eut un sourire.

— Croyez-moi, Maria Petrovna, j'ai des raisons pour affirmer ce que j'avance. Nous sommes forts : Dowpotchine nous croit morts, vous, mes agents et moi. Il ne s'inquiète plus de nous et va s'occuper uniquement de mener à bien ses horribles manœuvres en faveur de Ravachol. Il veut faire sauter le restaurant Véry ! j'espère bien que la Préfecture, avisée par moi, prendra toutes précautions à cet égard. A nous deux, Dowpotchine !...

CHAPITRE XVIII

Le restaurant Véry

Ravachol allait bientôt passer devant le jury de la Cour d'assises de la Seine. L'instruction était terminée presque entièrement.

L'opinion publique, toute à cette affaire retentissante, se préoccupait du verdict.

Les esprits se passionnaient fort et l'immense majorité des Parisiens réclamait une condamnation capitale.

Cependant il était aisé de pressentir une sorte d'oscillation chez ceux mêmes de qui le sort de Ravachol allait dépendre. On sentait un je ne sais quoi, sinon de peur du moins d'indécision, et les immenses précautions prises par l'administration, semblaient presque corroborer ce pressentiment général.

On éprouvait, en somme, comme une gêne et on n'entrevoyait pas nettement l'esprit du jury, on semblait douter par avance de son énergie.

Dowpotchine et Émeline, assis à leur table commune de travail dans l'une des chambres de la cité des Bains, causaient précisément de cet état général psychologique.

Le terrible chef du comité central était radieux.

— J'avais prévu ce qui arrive, disait-il à Émeline, la peur s'est étendue, lentement, sur tous ces cerveaux, semblable à une immense tache d'huile, et les a empreints indélébilement.

— Tant mieux, dit Émeline, peut-être alors n'aurez-vous pas besoin d'accomplir votre horrible attentat.

— Peut-être, sans doute même, fit avec un étrange sourire Dowpotchine.

— Merci ! oh ! je suis heureuse à la pensée que vous ne verserez plus de sang humain. Si le jury a peur aujourd'hui, cette défaillance continuera ; n'osera condamner Ravachol.

— Grâce à moi, murmura Dowpotchine d'un ton si bas, qu'Émeline ne put entendre.

Et reprenant à voix haute :

— Émeline, laissez-moi, j'attends certains personnages que vous ne devez voir. A ce soir, mon enfant.

La jeune femme, habituée à obéir passivement à Dowpotchine, vint tendre son front au terrible nihiliste, qui y déposa un paternel baiser, et sortit.

Demeuré seul, Dowpotchine se mit à marcher d'un pas agité.

— C'est justement parce que ce jury est atteint d'une peur inexplicable, murmura-t-il, que je dois frapper le grand coup destiné à l'affoler davantage ! Sotte Émeline, avec ses idées philanthropiques ! J'ai préféré la rassurer pour avoir la paix ; je n'ai pas le temps de discuter... Le fait accompli, elle l'acceptera comme les autres !

Un coup frappé à la porte, interrompit ce monologue.

Dowpotchine alla ouvrir et se trouva en présence de Vanoff, de Constantinewicht et d'Isambert.

LES COMPAGNONS DE RAVACHOL
Par Pierre Delcourt et J. H.

L'homme fut solidement ficelé.

(Reproduction interdite.)

René MOROT, Éditeur, 40, rue Laffitte, Paris.

— Je vous attendais impatiemment, leur dit-il, en les invitant à s'asseoir. Dans trois jours on juge Ravachol, j'ai fixé l'explosion du restaurant Véry pour la veille au soir, entre huit et neuf heures. C'est vous que j'ai chargés de cette exécution.

— Et Lamberti ? demanda Vanoff.

— J'ai réfléchi. Je ne veux pas l'employer, je craindrais quelque maladresse de sa part. Constantinewicht le remplacera. Causons maintenant.

— Il n'est pas fort commode de déposer une bombe dans un établissement aussi surveillé que le restaurant Véry, dit Vanoff.

— Évidemment, ajouta Isambert.

— Bah ! dit Constantinewicht.

— A vous trois, dit Dowpotchine et avec l'aide de deux femmes que je vous indiquerai à la dernière heure...

Pendant que cette conversation avait lieu entre les trois anarchistes et Dowpotchine, Lamberti sorti de sa boutique de Saint-Denis, se dirigeait par le bord de la Seine, vers Saint-Ouen. Arrivé à moitié chemin de cette dernière commune, il aperçut un chiffonnier d'âge avancé qui semblait très fatigué et s'était arrêté, reposant le fond de sa hotte contre un tas de sable assez élevé, destiné aux travaux des cantonniers.

L'Italien biaisa légèrement de façon à passer derrière la hotte, ce qu'il fit, sans paraître prêter la moindre attention au chiffonnier.

Mais au même instant et très naturellement, quoique d'un geste rapide, il laissait tomber dans la hotte une boulette de terre.

Le chiffonnier, sans doute suffisamment reposé, reprit alors sa route, opposée à celle de Lamberti, tourna bientôt à droite et disparut dans les champs.

Il gagna une petite cahute dans laquelle il pénétra et s'enferma avec soin.

Là il se débarrassa prestement de ses vêtements sous lesquels il apparut vêtu en ouvrier tonnelier. Il plongea la main dans la hotte, prit la boulette de terre, l'écrasa entre ses doigts et en retira un papier plié en plusieurs morceaux qu'il s'empressa d'ouvrir et de lire.

— Bon, murmura-t-il, ce n'est pas encore fixé, il hésite. Peut-être a-t-il réfléchi et craint-il au contraire d'exciter la colère des jurés. Il n'osera pas. Je vais transmettre cette note à la Préfecture.

Et l'homme qui n'était autre qu'Yvan, sortit de la cabane et se dirigea vers la route où passait le tramway.

Le lendemain et le surlendemain par le même moyen, il obtint d'identiques réponses de Lamberti, trompé, nous le savons, en cette circonstance, et croyant réelles les prescriptions que lui faisait Dowpotchine.

La Préfecture ainsi trompée ne pouvait deviner le drame terrible minutieusement préparé par Dowpotchine, qui allait s'opérer dans quelques heures.

Cette même veille de l'ouverture des débats, Dowpotchine était enfermé dans son cabinet de travail, et méditait profondément, enfoui au plus bas de son fauteuil.

Par intervalles, un étrange sourire effleurait ses lèvres.

Le terrible chef des nihilistes releva enfin la tête et consulta du regard la pendule surmontant la cheminée.

— Bon, dit-il, l'heure s'avance; il est temps que je me prépare.

Il se leva et se dirigea vers le cabinet de toilette aux différents costumes, où nous l'avons vu déjà, une première fois, opérer une transformation complète de sa personne.

Ce jour, il ne perdit pas de temps à choisir parmi les vêtements; assurément, sa décision était-elle prise déjà.

Il se dévêtit complètement et se livra sur différents endroits de son corps à un tatouage bizarre.

— Il faut tout prévoir, murmura-t-il, en se regardant complaisamment, je peux être arrêté. Il faut donc tromper le service anthropométrique de la Préfecture de police par ces tatouages qui disparaîtront par ma volonté.

Dowpotchine se rhabilla légèrement et alla prendre dans un angle du cabinet de toilette une sorte de cône tronqué en caoutchouc arrondi à sa pointe, de dimension moyenne, muni de bretelles. Il adapta ce cône à son omoplate gauche et l'y fixa par le moyen des bretelles ramenées sur sa poitrine.

Ceci fait, il acheva de s'habiller.

Dowpotchine possédait alors une bosse parfaite, le déformant complètement, il ajouta à l'illusion en se rapetissant subitement d'un bon tiers par un déhanchement et une claudication savants.

— Du diable si on devine Dowpotchine! dit-il dans un sourire. Le pis, si l'on m'arrête, sera la découverte de la fausse bosse. Mais les tatouages restent, sans compter mon visage que je vais quelque peu déformer.

En effet, Dowpotchine revenu à sa toilette, choisit parmi les nombreux ingrédients disposés sur la table de marbre, un flacon renfermant une liqueur groseille avec laquelle il se fit sur la joue gauche une magnifique tache de vin.

— Encore un signe indélébile, murmura-t-il, tant qu'il me conviendra.

Des taches de rousseur et quelques boutons rouges jetés çà et là achevèrent de modifier entièrement le visage de Dowpotchine.

Mais comme si cela n'eût pas suffi, il se teignit les sourcils et les cheveux en rouge carotte et trempa son œil gauche, quelques instants, dans une solution qui eut pour effet d'en diminuer le volume de près de moitié.

— Presque borgne, fit-il dans un éclat de rire. Le plus malin du service anthropométrique est incapable de constater la supercherie, et cependant je redeviendrais Dowpotchine en un tour de main.

Cette opération avait duré une heure.

Dowpotchine prêt à partir, se coiffa d'un mauvais chapeau melon et alla prendre avec précaution un cylindre de carton, d'une longueur de vingt centimètres environ et d'un diamètre de cinq.

Il le considéra minutieusement à l'extérieur et le plaça sous son bras en murmurant :

— Ça n'atteindra que la boutique, la charge n'est pas assez forte pour ébranler la maison, mais je ne pouvais construire un engin plus grand, il ne sera déjà pas commode de placer celui-là devant le monde.

Puis il plaça le cylindre sous son bras et sortit du cabinet de toilette.

Quelques minutes après il était hors de la cité des Bains, et tout rapetissé, très claudicant, il gagnait la station de voitures de l'avenue Trudaine où il montait dans un fiacre.

Celui-ci partit dans la direction de la rue de Dunkerque.

Un homme qui avait assisté à la sortie du bossu de la cité des Bains et l'avait suivi jusqu'à la station de l'avenue Trudaine, prit le numéro du fiacre et revint rue Dancourt rejoindre un deuxième personnage en observation devant l'une des sorties de la cité.

Il rendit compte de ce qu'il venait d'accomplir.

— Ma foi, dit-il en terminant, Yvan ne nous a donné l'ordre que de suivre Dowpotchine qui n'a aucun rapport avec ce bossu rouge à moitié borgne.

Pendant ce temps, Dowpotchine roulait tranquillement, sans se douter du reste qu'on l'avait suivi quelques minutes ; sa voiture le mena rue Saint-Maur. Là il fit arrêter devant une maison à six étages, sorte d'immense caravansérail, paya le cocher et pénétra sous la voûte.

Il demanda un renseignement banal au concierge et sortit quand il jugea le fiacre suffisamment éloigné.

— Il n'y a pas de petites précautions, dit-il. Allons vite, ils m'attendent.

Dowpotchine, quoique claudicant, arpenta vivement le terrain, et arriva bientôt rue de l'Orillon, et s'arrêta en son milieu à peu près devant une maison assez misérable dans laquelle il pénétra.

Au troisième étage, il frappa à l'une des portes d'un large palier et entra dans un petit logement sordide, où attendaient deux hommes et une femme.

Cette dernière était remarquable par son caraco de couleur rouge très voyante.

Dowpotchine fronça le sourcil, l'œil tiré, dès son entrée, par ce caraco.

— Etes-vous folle, Amanda ? dit-il brutalement.

— De quoi ! fit celle-ci, d'un ton aigre.

— Vous n'avez donc pas d'autre vêtement que celui-là, on va vous regarder à quinze pas avec votre caraco.

— Je n'en ai pas d'autre, et puis si vous n'êtes pas content. Moi j'aime cette couleur.

Dowpotchine eut un éclair dans les yeux mais il se contint et se contenta de murmurer assez bas pour qu'on ne l'entendît pas :

— Ma fille, je te réglerai ton compte, plus tard !

Il déposa le cylindre sur une table, le fendit délicatement dans une certaine longueur et y introduisit fort habilement un appareil de petite dimension, sorte d'étui percé à jour dans lequel on apercevait un mouvement d'horlogerie.

— Il est remonté, dit-il à ses compagnons.

Et tirant une montre de son gousset, la consultant :

— Il est huit heures moins un quart, continua-t-il, vers huit heures et demie, à quelques minutes près plus ou moins, le déclanchement aura lieu et le marteau frappera sur le fulminate; nous avons donc le temps d'agir. En route.

Dowpotchine prit à nouveau le cylindre et le replaça, puis s'adressant aux deux hommes.

— Vous savez votre rôle; vous, Albert, vous agissez avec Amanda.

— Oui.

— Vous, Lucien, vous demeurez avec moi.

Quelques minutes après, les personnages étaient hors de la maison et se dirigeaient, par le faubourg du Temple, vers la place de la République. Là, ils tournèrent à droite, dans la direction du boulevard Magenta.

Peu après ils pénétraient au restaurant Véry.

Albert et Amanda, entrés d'abord, s'assirent à la première table de gauche, faisant vis-à-vis au comptoir; Dowpotchine et Lucien, les suivant, vinrent se placer à l'angle de ce même comptoir du côté de la rue. De cette façon il était facile au bossu de placer le cylindre à terre au pied du comptoir, sans qu'on vît le mouvement du dedans ou du dehors. De plus, l'engin reposant entre la devanture et le comptoir, était plus facilement dissimulé; seuls, les consommateurs de la première table de gauche pouvaient l'apercevoir en enfilade.

Or, cette table venait d'être occupée par les complices de Dowpotchine.

Ce dernier, tout en causant avec Lucien, put aisément, sans être aucunement remarqué, se livrer à la manœuvre que nous venons d'indiquer. Après quoi, il acheva de boire sa consommation, regarda l'horloge placée au-dessus du comptoir et paya vivement. Il était huit heures et demie.

En recevant sa monnaie, Dowpotchine eut un fauve regard pour sa victime future, le malheureux Véry, lui rendant son argent à ce moment. Puis, s'arrêtant une seconde, regardant autour de lui, il eut une expression de suprême défi à l'adresse de la société, expression que nul ne remarqua.

Le bossu quitta la place, suivi de son compagnon; aussitôt Albert et Amanda réglèrent le prix de leurs consommations.

A peine quelques minutes s'étaient-elles écoulées après le départ des quatre personnages, qu'une formidable explosion se faisait entendre.

A ce moment, Dowpotchine et ses compagnons étaient déjà rue de la Douane, à l'angle de la rue des Marais.

— Ça y est, fit-il. Tirez au plus loin, vous autres, je file de mon côté, il ne va pas faire bon ici.

Albert, Lucien et Amanda tournèrent à droite pendant que Dowpotchine filait vers le canal.

Mais à peine ce dernier avait-il fait quelques pas qu'il s'arrêta et regarda autour de lui. Il était seul et la rue était fort sombre.

Subitement, Dowpotchine reprit sa haute taille et déboutonnant vivement son vêtement, il eût tôt fait de dégrafer les bretelles de sa bosse factice et d'enlever cette dernière.

Tirant alors, d'une de ses poches, un flacon renfermant une liqueur blanchâtre, en versa quelques gouttes dans le creux de sa main et s'humecta la figure, les sourcils et les cheveux ; la tache de vin, les boutons, les points de rousseur et la teinte capillaire disparurent comme par enchantement.

Dowpotchine remit précieusement le flacon dans sa poche d'où il tira une petite moustache qu'il plaqua sur la lèvre supérieure.

Ces modifications accomplies en moins de temps qu'il n'en faut pour l'écrire, Dowpotchine revint rapidement vers le boulevard Magenta.

Il était curieux de voir les résultats de son œuvre !

En apercevant ce qu'il restait de la boutique du malheureux Véry, le terrible chef de l'anarchie eut tout lieu d'être satisfait.

L'établissement ne présentait plus qu'un amas de débris ; l'explosion avait tout broyé. Plus de devanture, un nettoiement complet à l'intérieur.

Seul, le parquet, bien que soulevé à divers endroits, existait encore. Le comptoir, tordu, haché, était à moitié enfoncé dans le sol.

Dowpotchine, au milieu de la foule immense accourue, jugea du premier coup d'œil l'ensemble du désastre, et ne se souciant pas de demeurer plus longtemps, s'éloigna.

Trois quarts d'heure après il était de retour dans la cité des Bains et avait repris sa forme ordinaire.

Le lendemain matin, à la première heure, Émeline, Isambert, Vanoff, Papaloff, Constantinéwicht, Pultowschi et Lamberti étaient réunis dans le cabinet de Dowpotchine. Tous semblaient fort émus, car ils ignoraient la part réelle que le parti anarchiste avait pu prendre à l'explosion du restaurant Véry, explosion dont ils avaient connaissance.

Seul, le coiffeur savait, et son trouble n'en était que plus grand. Néanmoins il avait cru devoir, par prudence, accourir, car Dowpotchine n'était pas homme à ne pas éprouver de méfiance de tout acte extraordinaire. Et c'eût été bien imprudent à Lamberti que de paraître indifférent à un événement tel que l'explosion du restaurant Véry, alors surtout qu'aux premiers jours il avait été presque désigné pour conduire une aussi terrible opération.

Il est vrai que subitement Dowpotchine avait abandonné ou plutôt parut avoir abandonné son premier projet.

Nous savons du reste que ses complices n'appartenaient point à sa société habituelle.

Dowpotchine ne voulait pas, en effet, que la police parisienne entamât le grand conseil de l'anarchie et il savait bien que cette fois, devant l'indignation publique, la justice tôt ou tard découvrirait les auteurs ou du moins quelques-uns des auteurs de l'explosion.

Il avait donc voulu opérer seul, certain de n'être jamais, lui, retrouvé, et s'était adjoint des anarchistes inférieurs dont l'arrestation future lui importait peu.

A la vue de tout ce monde, Dowpotchine eut un sourire.

— Ravachol ne sera pas condamné à mort, dit-il, l'explosion d'hier m'en est un sûr garant.

CHAPITRE XIX

La grande lutte

A la même heure, un homme descendait vivement d'un fiacre, arrêté devant la porte d'un petit hôtel de la rue de Monceau, et s'élançait, bouleversé, dans l'intérieur.

Cet homme n'était autre qu'Yvan, se rendant chez Maria Petrovna.

La jeune fille à sa vue se leva vivement, et alla à lui la main tendue, un sourire amer aux lèvres.

— Je sais le but de votre visite, dit-elle, j'ai lu.

— C'est épouvantable ! c'est horrible ! et Lamberti qui...

— A été trompé, joué comme un enfant... Cet homme est un démon ! il semble qu'il possède la puissance de lire au plus profond des consciences. Ah ! Yvan ! vous n'avez pas vécu auprès de lui ! vous n'avez pu lire sur sa physionomie ! vous n'avez pu sonder ce cœur !

Yvan eut une imprécation de rage.

— Et ne pouvoir ! s'écria-t-il.

Maria le regarda avec une expression d'inquiétude.

— Ne pouvoir quoi?

— L'annihiler complètement. J'ai reçu des ordres ce matin.

— Mais nous pouvons l'arrêter !... Dans son ignorance de notre existence il ne se cache pas et demeure toujours en cette maison de la cité des Bains ; rien n'est plus facile que de lui fermer toutes les issues et aujourd'hui même ne devriez-vous... Maintenant que nous n'avons plus de ménagements à garder.

— Impossible !

— Comment.

— J'ai des ordres précis touchant Dowpotchine.

— Ainsi il doit vivre !

— Hélas !

— On le laisserait dans l'impunité ! de tels crimes ne seraient pas châtiés !

— Je n'ai pas dit cela, je crois au contraire on un châtiment excessif mais ne comportant pas la privation de la vie.

— Oh ! ma vengeance.

Yvan eut un sourire.

— Qui vous dit, Maria Petrovna, qu'on ne vous la réserve pas plus grande?

— Un coup de poignard au cœur me semblerait plus sûr.

— Vous ne savez pas qui est Dowpotchine, et je n'ai pas le droit de vous le faire connaître. Il ne peut mourir. Mais il m'est permis de l'empêcher de nuire. D'autre part j'ai ordre de m'emparer de lui par certain moyen, mais non autrement. Il faut avant tout agir en grand mystère, éviter le bruit, la moindre indiscrétion. Or tenter d'arrêter Dowpotchine en ce moment qu'il est entouré des siens c'est agir bruyamment, apprendre au public qu'il s'est accompli quelque chose, éveiller l'attention de la presse. Que les journaux parlent et je suis désavoué.

— Mais que faire?

— Agir dans l'ombre et le prendre au moment où il se croira le plus en sûreté; le séparer de sa bande pour le vaincre plus sûrement. Dowpotchine peut faire évader Ravachol. C'est à cette occasion que je le vaincrai. En attendant il faut le laisser vivre dans sa quiétude.

— Et si la police française l'arrête?

Yvan haussa les épaules.

— Impossible.

— Mais s'il est l'auteur direct de l'attentat, ne retrouvera-t-on pas sa piste?

— Assurément il a dû agir par lui-même ; mais avec de telles précautions... Et ne suis-je là pour m'interposer entre la police française et lui?

Yvan s'interrompit, demeurant longuement silencieux, l'esprit troublé profondément.

Par intervalle son regard se portait sur Maria Petrovna et alors un profond soupir s'échappait de sa poitrine.

De son côté la jeune fille était aussi devenue rêveuse.

— Soit, dit-elle à la fin, il faut nous incliner devant la volonté de notre maître à tous.

LES COMPAGNONS DE RAVACHOL
Par Pierre Delcourt et J. H.

Vanoff serra la main de Lamberti.

Yvan eut un profond tressaillement, sa figure s'éclaira.

Il étendit les mains vers Maria Petrovna en s'écriant :

— Ah ! Maria Petrovna, vous me rappelez à la vie !... ainsi vous consentez...

— J'accepte... je me soumets devant une volonté supérieure... J'obéis. Mais, j'espère que vous ne me trompez pas, et qu'à défaut du châtiment par la mort, la punition de Dowpotchine sera exemplaire.

— Oh ! oui, Maria Petrovna, je le jure !

— Et alors, Dowpotchine ne nous échappera pas !

— Il tombera en mes mains ou je mourrai.

— Et je vous aiderai de toutes mes forces, Yvan,

— Merci, Maria Petrovna.

— Et, après, Yvan... n'ai-pas... n'aurai-je pas une promesse à tenir ?

Yvan poussa un cri de joie, se saisit fébrilement de la main de la jeune fille et y déposa un ardent baiser, en murmurant :

— Oh ! Maria Petrovna ! Maria Petrovna !

Huit jours plus tard, Dowpotchine conversait avec Emeline dans ce même cabinet de travail de la cité des Bains.

Le terrible président du comité central anarchiste causait de Ravachol.

Ce dernier, comme l'avait prédit Dowpotchine, n'avait pas été condamné à mort par le jury du département de la Seine.

A quel mobile les jurés avaient-ils obéi ? Il était assez difficile de résoudre cette question, bien que sous l'empire de la première indignation le public parisien eût accolé une singulière épithète au dit jury.

Peut-être le public s'était-il trompé, dans sa première ardeur, et les douze bourgeois chargés de juger les actes de Ravachol, avaient-ils voulu infliger à ce dernier une condamnation qui ne mît pas à son front une sorte d'auréole du martyre.

Toujours est-il, quelle que fût la raison d'agir du jury, le verdict de la cour d'assises avait donné raison à Dowpotchine.

Aussi ce dernier se complaisait-il à répéter à Emeline combien ses prévisions avaient été justifiées.

La jeune femme s'applaudissait d'une pareille justesse, mais elle déplorait, selon sa coutume, le dernier acte de Dowpotchine. Pourquoi ce dernier avait-il détruit le restaurant Véry ?

Le restaurant Véry ! son anéantissement n'eût été rien sans les suites terribles d'un pareil crime, les victimes étaient nombreuses et deux au moins d'entre elles succomberaient.

Emeline se plaignait amèrement.

Dowpotchine raillait doucement sa compagne, traitait d'enfantillages ses regrets et se riait de sa sentimentalité exagérée.

Au surplus, et c'était sa conviction absolue, cette explosion avait influencé l'esprit des jurés. Un pareil acte avait sauvé la tête de Ravachol.

En vain Emeline opposait le sang versé.

Qu'importaient à Dowpotchine, quelques existences brisées pour la sauvegarde des grands principes !

— Oui, fit véhémentement Emeline, vous avez accompli un acte monstrueux ! Oui, vous avez sacrifié des innocents...

— Very avait aidé à l'arrestation de Ravachol.

— Et les malheureux consommateurs blessés grièvement étaient-ils pour quelque chose dans cette arrestation !

— Bast ! on ne gagne pas une bataille sans dégâts !

— Et tout cela en pure perte. Ravachol sera condamné à mort pour ses crimes par la cour d'assises de la Loire.

— D'ici là, je le sauverai.

— Le croyez-vous ?

— J'en suis sûr.

Emeline hocha la tête.

— Le sang versé, dit-elle, retombe toujours sur la tête des coupables.

Croyez-moi, Dowpotchine, vous n'irez pas au bout de votre tâche, vous avez pris une route condamnée.

— Fadaises, fit Dowpotchine en se levant. Excusez-moi, Emeline, de vous quitter, mais j'ai à préparer mon départ et celui de mes compagnons pour Montbrison.

— Pensez-vous quelquefois à Marthe ? demanda Emeline en se levant à son tour.

— A Maria Petrovna ? Non, ma foi ! je l'avais oubliée.

— Une chose m'intrigue : le silence fait sur sa mort. La presse n'a nullement parlé de la découverte d'un cadavre dans cette maison de la rue Lamartine.

— Vous savez que Maria Petrovna, ou Marthe plutôt, était d'humeur voyageuse, son concierge ne se sera nullement étonné de son absence. Et puis que m'importe !

— Au fait, ma question est toute relative.

Sur ces mots, Emeline prit congé de Dowpotchine.

Celui-ci, après avoir procédé à un changement de toilette, sortit à son tour, par la rue Dancourt, sans avoir remarqué un commissionnaire qui prit le pas sur lui et ne le quitta plus d'un instant.

Dowpotchine, sans doute peu pressé, marchait lentement, en flâneur.

En vérité, il n'avait plus personne à craindre depuis l'anéantissement d'Yvan et de ses hommes. Point n'était besoin pour lui désormais, sauf en un cas particulier dans lequel il aurait eu à agir contre la police parisienne, de se métamorphoser.

Il s'en vint ainsi paisiblement jusqu'à l'*Auberge du Clou* et s'assit à la terrasse.

Il y était à peine depuis quelques minutes qu'un personnage nouveau vint l'y rejoindre.

— Bien, Vanoff, tu es exact.

— D'autant plus, maître, dit ce dernier, que j'ai une grave nouvelle à vous annoncer.

Dowpotchine leva les yeux sur Vanoff.

— Laquelle? demanda-t-il paisiblement.

— Vous n'êtes pas retourné à la cité Damrémont depuis le jour?...

— Non.

— Vous n'y avez envoyé personne?

— Non.

— J'en viens, moi.

— Ah !

— Oui, j'ai eu la curiosité d'y retourner, pour voir...

— Eh bien ?

— Ils n'y sont plus.

Contrairement à ce qu'attendait Vanoff, Dowpotchine demeura calme.

— Ah ! dit-il, sans que sa voix eût le moindre tremblement. Eh bien, que conclus-tu ?

— Que... que...

— Qu'ils ont été enlevés, parbleu ! quoi de plus naturel, la maison n'était pas connue d'eux seuls. Les autres de la troisième section les auront trouvés... et enterrés ; que peuvent-ils savoir ?

Soudain, le souvenir des paroles d'Emeline lui vint à l'esprit.

— Diable ! murmura-t-il ; non, je suis fou, la presse aurait parlé ; on ne garde pas un pareil secret ; néanmoins, je veux savoir, je veux m'assurer que son cadavre est toujours là.

Et, se levant brusquement, il appela le garçon et le régla, sans s'occuper de l'étonnement de Vanoff.

— Nous causerons en descendant la rue des Martyrs, dit-il ; nous allons rue Lamartine, au domicile de Marthe. Il faut que je m'y introduise. Tu veilleras à ce que nul ne trouble mon entrée.

Dix minutes après, les deux hommes passaient devant la loge de la concierge et gravissaient l'escalier.

Vanoff mis au courant par Dowpotchine, fit le guet sur le palier pendant que son chef crochetait la serrure à l'aide d'un rossignol.

En constatant l'absence de Maria Petrovna Dowpotchine devint livide.

Disparue ! enlevée ! morte ou vivante ?

Morte évidemment Qui donc aurait pu posséder le secret de la rappeler à la vie ? Mais qui donc aussi l'avait enlevée ?

Y avait-il une corrélation entre cette disparition mystérieuse et la nouvelle que venait de lui apporter Vanoff ?

Peut-être.

Dowpotchine eut un éclair dans les yeux.

Ah ! la lutte allait-elle recommencer avec les policiers russes ? Yvan avait-il un successeur ?

Il le saurait vite et apprendrait tôt s'il fallait prendre garde à ces deux événements connexes.

Dans tous les cas, si la disparition d'Yvan et des siens semblait plausible, l'enlèvement de Marthe n'était pas naturel et il fallait en rechercher la cause.

— Sortons, dit Dowpotchine vivement, il est inutile de demeurer plus longtemps ici.

Un instant après, les deux hommes étaient dehors.

Ils remontèrent hâtivement à Montmartre sans échanger une parole l'esprit tout préoccupé.

Vanoff s'inquiétait de l'émotion de Dowpotchine ; ce dernier réfléchissait profondément à ces événements mystérieux.

Yvan et ces hommes disparus, Maria Petrovna enlevée !

Quels dangers nouveaux une telle découverte présageait-elle ?

Soudain une pensée nouvelle vint au cerveau de Dowpotchine.

Yvan et ses compagnons seraient-ils en vie ?

A cette idée Dowpotchine ne peut réprimer un frisson et sentit une sueur froide perler à ses tempes.

Yvan sauvé ! c'était la lutte à recommencer au moment où il avait besoin de toutes ses forces pour combattre la police française. Yvan échappé à ses mains et ne donnant signe de vie depuis ! C'était l'ennemi le plus terrible à craindre. Il fallait absolument être fixé à cet égard.

Nous savons que Dowpotchine était homme à ne pas s'émotionner outre mesure. Son esprit hardi avait tôt conçu un plan.

Avant d'arriver à la maison de la cité des Bains, Dowpotchine avait déjà préparé toutes ses nouvelles batteries.

— Ecoute, Vanoff, dit-il, je ne peux lutter à la fois pour Ravachol et contre les gens de la troisième section, surtout s'ils sont commandés par cet Yvan que j'ai eu la sottise de ne pas tuer. J'aurais voulu partir au plus tôt pour Montbrison, car chaque jour de retard diminuerait mes chances de sauver Ravachol.

— Il ne sera peut-être pas condamné à mort et alors...

— Erreur ! le jury de la Loire sera sans pitié. D'abord les crimes sont patents; Ravachol ne les nie pas au surplus. Tu n'ignores pas plus que moi les précautions infinies prises par l'administration contre Ravachol... Il me faudrait arriver avant le jugement. Malheureusement je ne peux partir ayant Yvan et ses hommes à mes trousses, nous serions pris entre deux feux. Il faut donc que je sache si réellement Yvan a été sauvé, et, ce fait démontré, il importe avant tout que je me débarrasse de mes ennemis. Forcément ces opérations demanderont un certain temps. Et il est absolument nécessaire que j'agisse en faveur de Ravachol avant sa comparution devant la cour d'assises.

Vanoff n'avait rien à répondre, il ne fit aucune observation.

Au moment où les deux hommes, après avoir franchi le boulevard Rochechouart allaient pénétrer dans la cité des Bains par les escaliers, Dowpotchine poussa Vanoff du coude et dit bas à son oreille :

— On nous surveille de ce côté ; entre par ici, tranquillement, sans paraître te douter de quoi que se soit. Atttends-moi dans mon cabinet. Je te rejoins par la rue Dancourt.

Vanoff obéit pendant que Dowpotchine, obliquant, à droite accomplissait la manœuvre indiquée par lui.

Quelques minutes après, les deux hommes étaient de nouveau en présence dans le cabinet de travail.

— Les trois entrées sont surveillées, Vanoff, dit Dowpotchine, nous allons les laisser se morfondre. Ils nous croient en cage.

Et Dowpotchine haussa les épaules.

— Suis-moi, Vanoff, continua-t-il, je vais t'indiquer un chemin qu'ils ignorent. Emeline était seule à le connaître avec moi ; te l'indiquer, c'est te donner la plus grande marque de confiance. Viens.

Dowpotchine se dirigea vers un placard placé à côté de la cheminée, l'ouvrit et montra à Vanoff son intérieur vide de tablettes. Il était assez large et profond pour que deux hommes puissent y entrer et s'y tenir à l'aise.

Dowpotchine vint se placer dans le placard et fit signe à Vanoff de l'imiter.

A peine ce dernier eut-il obéi que le chef mystérieux, refermant la porte du placard sur eux, s'emprisonna de la sorte avec son compagnon. Il pressa alors un ressort.

Aussitôt le plancher oscilla et descendit.

Quelques secondes après, le mouvement de descente s'interrompait.

— Nous sommes arrivés, dit Dowpotchine, mais attends que j'éclaire, car il fait noir comme dans un four, et au sortir d'ici nous n'y verrions pas davantage, si je ne prenais la précaution d'allumer ma lanterne.

En effet, Vanoff entendit un léger crépitement et vit en même temps Dowpotchine, éclairé par une allumette bougie qu'il venait de frotter, allumer une lanterne de poche.

Le terrible chef poussa alors une porte fermant le réduit dans lequel ils se trouvaient, sorte de placard, en continuation de celui du haut et donnant sur un caveau terminé par un boyau s'éloignant en terre.

Dowpotchine sortit le premier et, suivi de Vanoff, traversa le caveau et s'enfonça dans le boyau.

— Nous sommes dans une carrière abandonnée depuis de longues années, dit-il, je connaissais l'existence de ce but ; tu vois combien j'ai su l'approprier au mieux de mes intérêts. Ce boyau monte au-delà de la rue d'Orsel et aboutit à une maison de la rue Antoinette. Naturellement, j'ai un domicile dans cet immeuble, lequel domicile se trouve au rez-de-chaussée et en communication directe avec le susdit boyau.

En effet, quelques minutes après, Dowpotchine s'arrêtait au pied d'un escalier et gravissait ce dernier jusqu'à une trappe qu'il n'eut qu'à soulever pour pénétrer dans une pièce de son domicile

— Pendant que nos hommes se morfondront, nous allons purement et simplement passer la journée ici et ce soir nous nous rendrons en un endroit de ma connaissance où je sais rencontrer quelqu'un qui, de gré ou de force, nous renseignera sur le sort d'Yvan et peut-être sur celui de Maria Petrovna.

Dans chacun des domiciles de Dowpotchine il y avait, en prévision d'une claustration un peu longue ou d'événements inattendus, tout ce qu'il fallait pour passer le temps agréablement.

Vivres de conserve, liqueurs, vins, livres intéressants, armes, toilette et tout ce qu'il fallait pour un déguisement s'il était nécessaire.

Les deux hommes passèrent la journée sans trop d'ennui et, le soir venu, après s'être munis de cordes et avoir pris un vêtement de circonstance, ils sortirent.

— Où allons-nous ? demanda Vanoff.

— A Auteuil.

— Diable ! c'est un peu loin.

— Oui, rue Lafontaine.

— A pied ?

— Oui, nous avons le temps, il nous faut arriver sur le tard. Devines-tu chez qui nous nous rendons ?

— Non.

— Chez Yvan.

— Vous connaissiez donc...

— Son adresse? oui. Le drôle habite, ou habitait, à cet endroit un hôtel qui, quoique assez petit, est des plus élégants. C'était, c'est toujours, s'il vit, son quartier général. Nous y rencontrerons un de ses hommes.

— Assurément.

— Or, comme il nous faut escalader le mur de clôture de cet hôtel, nous devons attendre une heure assez avancée dans la nuit ; il est vrai que, rue Lafontaine, il ne passe guère de monde le soir venu.

— Pourquoi ne pas ouvrir la porte au moyen de nos clefs ?

— Le cas a été prévu par Yvan ; une sonnerie électrique prévient à l'intérieur de toute tentative sur cette porte.

Il était dix heures et demie quand les deux hommes s'arrêtèrent devant la propriété où nous avons déjà introduit nos lecteurs.

Vanoff, d'un simple coup d'œil, eut vite calculé la hauteur du mur et jugé facile l'escalade ; Dowpotchine était déjà fixé à cet égard.

Sur un signe de ce dernier, son compagnon s'adossa au mur, étendit les deux mains croisées au pied de Dowpotchine qui, à l'aide de cet étrier, se hissa jusqu'au chaperon du mur, sur lequel il s'éleva par un rétablissement des poignets, et s'assit à califourchon.

La rue était absolument déserte.

Dowpotchine, se retenant d'une main à la crête, tendit l'autre à Vanoff qu'il enleva jusqu'à lui comme s'il eût été un enfant, le prit ensuite par la ceinture et le fit passer de l'autre côté du mur, le laissant glisser doucement dans le jardin sur lequel il prit pied sans bruit.

Ce tour de force accompli, Dowpotchine sauta à son tour aux côtés de son compagnon.

Tous deux se dirigèrent alors, en prenant les plus grandes précautions pour étouffer leurs pas, vers le péristyle de la maison, péristyle supporté par des colonnes et formant une avancée gracieuse en demi-cercle.

Tout à coup, Dowpotchine arrêta son compagnon et lui montra du doigt un homme débouchant du péristyle et à moitié caché par une statue.

L'homme semblait incertain dans sa marche, il avançait et s'arrêtait tour à tour, semblant très indécis. Enfin, il s'arrêta contre la dernière colonne du péristyle et s'y adossa, tout réfléchissant.

— Viens, dit Dowpotchine, l'instant est propice, d'autant plus que l'hôtel, privé de lumière, me paraît ne point avoir en ce moment d'autres habitants que celui-ci.

Et ils se dirigèrent à pas de loup vers le personnage si préoccupé.

Les deux nihilistes marchaient si prudemment qu'ils n'éveillèrent pas l'attention de leur victime.

Avant que celle-ci eut pu se douter du danger, Dowpotchine et Vanoff l'avaient terrassée.

L'homme fut solidement ficelé et bâillonné avec la plus grande précaution. Après quoi, Dowpotchine et Vanoff, le jetant sur leurs épaules, l'emportèrent jusqu'au pied du mur par où ils étaient entrés.

— Attends-moi, dit Dowpotchine, et surveille ce gaillard attentivement. Je sifflerai et t'enverrai par-dessus le mur de quoi hisser notre individu.

Et, en s'aidant des mains de Vanoff, Dowpotchine sortit de la propriété de la même manière qu'il y était entré.

Un quart d'heure ne s'était pas écoulé que Vanoff entendit un léger sifflement de l'autre côté du mur ; en même temps, son oreille perçut le bruit d'un choc contre la pierre.

Il s'approcha et vit une corde pendante, à l'extrémité de laquelle était fixé un croc.

Vanoff comprit aussitôt l'utilité de ce croc qu'il passa, sans plus tarder, dans la ceinture de son prisonnier.

LES COMPAGNONS DE RAVACHOL
Par Pierre Delcourt et J. H.

Les deux hommes se serrèrent la main.

(Reproduction interdite.)

René MOROT, Éditeur, 40, rue Laffitte, Paris.

Liv. 31

De l'autre côté du mur, Dowpotchine sentant peser sur sa corde et avisé ainsi que son compagnon en avait deviné l'usage, tira à lui, hissant le prisonnier plus ou moins froissé des chocs de son corps contre la pierre ; il s'arrêta quand la tête eut émergé au-dessus de la crête du mur.

Vanoff, à l'aide des basses branches d'un arbre, atteignit le chaperon, s'y mit à califourchon, empoigna le prisonnier, le retourna du côté de la rue et le laissa filer jusqu'au bas à l'aide de la corde.

Pendant que Vanoff se mettait en mesure de descendre à son tour, Dowpotchine décrochant hâtivement le prisonnier, le plaça, le jeta presque dans un fourgon à bras, dont il referma le couvercle après y avoir déposé la corde.

Vanoff retombait sur ses pieds que cette opération était déjà terminée.

Dowpotchine s'attela aux brancards du fourgon que Vanoff poussa par derrière, et tous deux se dirigèrent vers la partie basse d'Auteuil.

Un quart d'heure après, ils pénétraient dans une petite maison située sur l'avenue de Versailles.

Dowpotchine mit au jour son fardeau et, le jetant sur son épaule, entra avec lui dans une pièce aux volets hermétiquement clos, qu'il éclaira en allumant les bougies d'un lustre.

Le prisonnier put alors, pour la première fois, voir les figures de ses ravisseurs.

A l'aspect de Dowpotchine il ne put réprimer un tressaillement que ce dernier remarqua.

— Ah ! ah ! ricana le terrible nihiliste, tu me reconnais.

L'homme demeura muet.

— Tu ne parles pas, continua Dowpotchine, tu causeras bientôt. Je sais un moyen de délier les langues les plus rebelles.

Et, s'adressant à Vanoff, il lui ordonna d'aller chercher, dans un endroit qu'il lui indiqua, du bois, de l'apporter dans la cheminée et de préparer un grand feu.

L'homme demeura impassible.

— Je n'aime pas à faire souffrir inutilement, dit Dowpotchine en s'adressant au prisonnier. Ainsi donc, s'il te convient de répondre à mes questions, non seulement je te traiterai bien, mais encore je te récompenserai.

L'homme ne parut même pas avoir entendu.

— Veux-tu me dire ton nom?

Le prisonnier ne sourcilla pas.

— Ah! ah! tu préfères... à ton aise.

Cependant, par acquit de conscience, Dowpotchine crut devoir poser deux ou trois questions, toutes sans résultat, le prisonnier restant impassible.

Pendant ce temps, Vanoff avait allumé un grand feu dans la cheminée, après y avoir installé artistement de nombreuses bûches. Bientôt le foyer fut au point désiré par Dowpotchine.

Celui-ci prit alors le prisonnier et, sans le délier, lui enleva ses chaussures.

— Tu devines l'opération qu'on va te faire subir, dit-il en regardant fixement l'homme, veux-tu parler?

Ce dernier demeura farouche.

— Ah! tu y mets de l'entêtement, à ton aise.

Il fit un signe à Vanoff et tous deux approchèrent les pieds du prisonnier au plus près du feu. L'homme resta quelque temps impassible, mais enfin, malgré sa force de volonté, il ne put réprimer la souffrance qu'il ressentait.

Dowpotchine, épiant son visage, surprit ces dernières marques.

— Veux-tu me dire, fit-il, où est Yvan?

L'homme eut un tressaillement et demeura muet. Mais soudain, sous l'empire d'une idée subite et, paraissant se résigner à parler par l'effet de la douleur, il s'écria :

— Yvan est mort.

Malheureusement pour le prisonnier, Dowpotchine était trop fin observateur pour ne pas avoir surpris les différentes phases de cette soudaine détermination ; il comprit que l'homme le jouait. Yvan le jouait et avait intérêt à ce qu'on le crût mort. Pour que le prisonnier résistât de cette façon, il fallait qu'il fût lui-même un puissant aide du policier et eût le plus grand intérêt à ne pas trahir. Cet homme devait donc posséder, lui aussi, d'importants secrets. C'était une raison de plus pour les lui arracher de force.

— Tu mens ! s'écria Dowpotchine, Yvan n'est pas mort.

— J'ai vu son cadavre.

— Où ?

— Dans la maison de la cité Damrémont.

— Tu mens, il n'y est plus.

— On l'a enlevé pour l'enterrer.

— Tu mens.

— Je dis la vérité.

— Connais-tu Maria Petrovna ?

— Non.

— Puisque tu prétends qu'Yvan est mort, qui l'a remplacé ?

— Fédérowich.

— Cet imbécile ! allons, tu veux me donner le change.

Exaspéré, Dowpotchine présenta à nouveau, à la flamme, les pieds du malheureux qui, sous l'horrible souffrance, ne tarda pas à pousser des hurlements de douleur.

— Parle ! s'écriait par intervalle Dowpotchine.

— Non ! répondait sans cesse le prisonnier.

Cette lutte atroce dura si longuement qu'à la fin l'homme s'évanouit.

Mais Dowpotchine le rappela à la vie en lui plaçant sous le nez un minuscule flacon qu'il déboucha avec les plus grandes précautions.

L'homme se tordant sous d'horribles souffrances regarda Dowpotchine avec désespoir.

— Parleras-tu ?

Alors relevant la tête, considérant le chef des nihilistes avec un regard rempli de haine, il dit d'une voix faible :

— Eh bien oui, il vit pour ton châtiment! Je mourrai vengé. Mes souffrances ne sont rien auprès de celles que tu vas endurer de longues années! Va, Dowpotchine, tu es condamné.

— Meurs! chien! s'écria ce dernier dans un subit accès de rage, en enfonçant jusqu'à la garde son poignard dans la poitrine du malheureux.

Celui-ci, le cœur percé, rendit la vie instantanément dans un flot de sang.

Dowpotchine s'était redressé brusquement.

— Il vit! s'écria-t-il, il me guette en silence! ah! je ne pourrai sauver Ravachol! les misérables me tiennent, il nous faut lutter... Quelle est cette punition, ce châtiment dont me parlait cet homme?... Ah! ah! un châtiment à moi!... Moi, le frère de... Ils n'oseraient... seule, la mort... Ecoute, Vanoff, Yvan vit mais je suis plus fort que lui, car il me croit dans la quiétude la plus parfaite.

Je ne peux le vaincre qu'en le faisant tomber dans un piège.

Nous allons feindre la tranquillité la plus absolue, nous allons paraître ne nous occuper que de Ravachol.

Je vais retourner cité des Bains. C'est hors de Paris que nous devons agir. Je vais tout préparer à cette intention.

Connais-tu la maison de Montlhéry ?

— Celle qui se trouve dans la plaine, près des rochers ?

— Oui. Tu vas t'y rendre demain pour y préparer l'anéantissement d'Yvan et de sa bande. Je ne sais encore de quelle manière je procéderai, mais d'ici à demain j'aurai trouvé.

Comme nous devons agir avec la plus grande prudence, nous allons nous séparer. Tu vas aller passer la nuit dans un hôtel près de la gare d'Orléans. Tu prendras le train de deux heures.

Jusque-là tu ne sortiras pas. Tu vas trouver ici ce qu'il faut pour t'habiller en paysan, cotte, blouse, chapeau de feutre, gros souliers, chemise de toile écrue ; tu emporteras même un fouet. Tu vas te raser.

A deux heures tu te promèneras devant ton wagon ; tu verras arriver Lamberti qui te remettra mes instructions.

Aide-moi à descendre ce cadavre dans le caveau.

Cette dernière opération terminée, Dowpotchine indiqua à Vanoff l'endroit où il trouverait les vêtements devant servir à le déguiser, et prit congé de ce dernier.

Le lendemain, Lamberti recevait un mot de Dowpotchine l'invitant à venir le joindre immédiatement

Le coiffeur s'habilla prestement, ferma sa boutique, et prit le train.

Dowpotchine ne pouvait avoir aucune méfiance de l'Italien, et n'en avait pas du reste.

Sans entrer dans de grands détails, il lui conta sa situation nouvelle et lui fit part de l'absolue nécessité qu'il y avait d'en finir une fois pour toute avec Yvan et ses gens.

Lamberti était aux ordres entiers de Dowpotchine ; il se tenait prêt à accomplir quelque mission que ce fût.

Dowpotchine lui apprit alors que Vanoff déguisé en paysan l'attendrait à deux heures sur le quai de la gare d'Orléans.

Et remettant un pli volumineux à Lamberti, il ajouta :

— Ceci renferme les instructions que Vanoff doit suivre, elles sont des plus importantes. Je ne peux les porter moi-même, pressé que je suis par d'autres occupations de la plus haute gravité.

Je te les confie.

On ne se méfie pas de toi, j'ignore même si on te connaît.

Il n'importe. Tu vas passer dans mon cabinet de toilette ; je vais t'habiller. On ne saurait trop prendre de précautions.

Dowpotchine se leva, fit signe à Lamberti de le suivre et vint à l'armoire aux costumes.

Il choisit un complet de satin noir, redingote ouverte, gilet à châle et pantalon, une chemise à faux-col haut et évasé, une cravate de soie noire, un chapeau de feutre de même couleur et des bottines vernies, ainsi qu'une paire de gants.

En un tour de main Lamberti eut endossé ces nouveaux vêtements à la place des siens.

Après quoi Dowpotchine l'asseyant devant la toilette, lui rasa soigneusement la figure, lui frisa artistement sa moustache et lui rogna les cheveux.

— Ce n'est plus toi, dit-il, tu peux passer n'importe où, on ne reconnaîtrait pas Lamberti, le coiffeur de Saint-Denis.

Et lui tendant une couverture de voyage serrée entre deux courroies, il ajouta :

— Voilà pour compléter ton déguisement, et maintenant suis-moi par le passage secret. Si tu sortais par le passage ordinaire, les gardes d'Yvan n'auraient garde de te manquer.

C'était prendre un nouveau confident de cette sortie mystérieuse, mais Dowpotchine n'avait pas le choix dans ses actions, et puis, nous le répétons, il n'avait aucun soupçon contre Lamberti.

En prenant congé de ce dernier dans la maison de la rue Antoinette, il lui recommanda de se rendre immédiatement à la gare d'Orléans jusqu'à l'heure où il devait rencontrer Vanoff.

— Et maintenant écoute-moi, je t'ai gardé cela pour la fin : tu prendras le même train que Vanoff mais dans un autre compartiment; tu descendras à Saint-Michel et tu suivras notre ami sans paraître le connaître. Va, je sais certaine récompense.. Au revoir.

Lamberti sortit et Dowpotchine revint à la cité des Bains sans se douter que Lamberti allait porter à Yvan le terrible, ces instructions destinées à le vaincre.

L'Italien avait éprouvé un frémissement aux premières paroles du mystérieux chef des nihilistes, et à mesure que Dowpotchine l'initiait davantage à ses projets, son émotion s'était augmentée.

En effet maintenant que tout à sa passion pour Marthe, il trahissait sans scrupule ses anciens amis, il sentait combien était importante, suprême la situation dont on lui confiait le secret.

Le coiffeur avait eu les plus grandes peines à maîtriser son émotion.

Enfin Marthe allait pouvoir se venger !

Enfin Dowpotchine se livrait !

Enfin ce côté vulnérable si impatiemment recherché par Yvan, on l'avait découvert désormais !

Et c'est lui, Lamberti, qui allait servir d'instrument vengeur !

C'est à lui que Dowpotchine confiait son secret !

Ne semblait-il pas, et l'Italien fort superstitieux le croyait réellement, qu'une puissance surnaturelle poussât Dowpotchine à sa perte en ayant choisi justement Lamberti pour l'exécution de ses projets ?

Toutes ces réflexions, Lamberti se les faisait à nouveau, en marchant hâtivement.

Son cœur battait à tout rompre dans sa poitrine, à la pensée de voir les lèvres de Marthe sourire de bonheur à la nouvelle apportée.

Il ne doutait pas un instant de l'affection de la jeune fille pour lui, et ne pouvait soupçonner sa duplicité.

Au surplus, son orgueil eût toujours empêché son esprit d'imaginer que Marthe Ricard s'était servi de lui comme d'un simple jouet.

Il n'avait aucune jalousie d'Yvan, seul Ravachol l'avait inquiété ; mais maintenant l'anarchiste n'était plus à craindre.

C'est dans ces conditions d'esprit qu'il arriva rue de Monceau.

Le suisse ne le reconnaissant pas s'opposa à ce qu'il pénétrât à l'intérieur et force lui fut d'écrire quelques mots à Maria Petrovna.

A la vue du coiffeur sous cet accoutrement, la jeune fille fut très étonnée et lui en demanda aussitôt l'explication.

Lamberti sourit.

— C'est Dowpotchine lui-même qui m'a ainsi modifié, dit-il.

Et d'une voix tremblante d'émotion il rendit compte à la jeune fille de ce qui s'était passé entre lui et le chef des nihilistes.

— Ses instructions ! dit-elle d'une voix haletante, vous les avez... vite donnez-les-moi.

Le coiffeur tendit à Maria Petrovna l'enveloppe.

La jeune fille s'en saisit fébrilement. Mais au moment où elle allait briser le cachet, Lamberti l'arrêta en lui disant :

— Mademoiselle, qu'allez-vous faire ?

— Eh quoi ! ouvrir cette enveloppe.

— Il faut prendre les plus grandes précautions, autrement Vanoff s'apercevrait de l'indiscrétion et tout serait compromis.

— Vous avez raison. Il faut prévenir Yvan et le charger de ce soin ; son habileté est assurément supérieure à la nôtre en ce genre d'exercice.

— D'autant plus vite que nous n'avons pas grand temps devant nous et qu'assurément il est important de prendre connaissance de ces instructions.

— Allons le trouver, fit Maria Petrovna en se levant vivement. Certes nous n'avons pas de temps à perdre.

Mais à l'instant même la porte s'ouvrant brusquement livra passage à Yvan.

Celui-ci avait les traits bouleversés.

Un triple cri se fit entendre.

Maria Petrovna alla vivement au-devant du policier, l'interrogeant du regard.

— Dowpotchine sait tout, s'écria Yvan, il faut prendre garde à nous. Hier, cette nuit, il s'est introduit chez moi rue Lafontaine.

— Comment l'avez-vous su ?

— J'ai remarqué les traces d'escalade, j'ai suivi les empreintes des pas ; il y avait deux hommes. Ils m'ont enlevé Johan ! Qu'est-il devenu ?

— Yvan, dit la jeune fille, calmez-vous. Nous tenons enfin notre vengeance.

Et en peu de mots elle mit le policier au courant des événements accomplis.

— Cette lettre ! exclama-t-il.

— La voici, dit Maria Petrovna en présentant le pli cacheté.

Le policier s'en saisit fébrilement, tourna et retourna l'enveloppe, examina attentivement le cachet et haussa légèrement les épaules.

Tirant de sa poche un canif à la lame effilée comme celle d'un rasoir, il découpa, sous le cachet, le papier avec une telle dextérité, qu'il eût été impossible, à l'œil le plus exercé, de reconnaître trace d'une pareille opération, puis il retira de l'enveloppe les papiers qu'elle contenait.

Il en prit lecture avec une joie si évidente que Maria Petrovna et Lamberti durent se convaincre de l'énorme importance de ces pièces.

Enfin il replia les papiers, les remit dans l'enveloppe, cacheta cette dernière de telle façon qu'il ne pouvait paraître qu'on l'eût ouverte.

En même temps il se fit répéter, par Lamberti, toute sa conversation avec Dowpotchine.

— Ainsi, dit-il, quand l'Italien eût terminé, il ne vous a rien dit touchant le malheureux Johan ?

— Non.

— Qu'a-t-il pu en faire ?

— Je l'ignore. Il ne m'a pas pris pour confident autant que vous pourriez le croire.

Yvan demeura quelques instants songeur.

Enfin il releva la tête et tirant de sa poche sa montre, la consulta.

— Il est temps que vous partiez, dit-il. Puisque vous vous rendez à Montlhéry, vous allez participer directement, avec Vanoff, aux préparatifs de l'action dirigée contre moi.

Vous les ignorez; je les sais déjà. Ils sont contenus dans cette lettre. Je n'ai pas le temps de vous les faire connaître et au surplus c'est inutile. Si je pouvais vous accompagner à la gare, nous aurions tout le loisir de causer. Je n'ose le faire tant il faut de prudence en ce moment. Car, sachez-le bien, la lutte finale est prochaine, il vaut donc mieux que vous partiez seul. Au surplus, les circonstances dicteront votre conduite. Je vais me borner à vous indiquer le nom et l'adresse qu'il vous faudra mettre sur les enveloppes des lettres que vous m'adresserez chaque jour :

Titine Panthéon, poste restante, bureau de la place Clichy.

Moi je vous écrirai à Montlhéry, poste restante, au nom de Joseph Tournemol. Nous nous tiendrons au courant de notre situation respective; surtout n'omettez aucun détail. Au revoir.

Yvan rendit à Lamberti sa lettre que ce dernier replaça dans la poche de son vêtement avec précaution.

Ceci fait, il prit congé d'Yvan et de Maria Petrovna non sans pousser un profond soupir à la pensée de rester peut-être éloigné de la jeune fille un temps long.

Maria Petrovna devinant ce qui se passait dans l'esprit du coiffeur, eut un admirable sourire à l'adresse de l'Italien et voulut reconduire Lamberti jusqu'au bas.

Là, tendant une dernière fois la main à l'ex-nihiliste, elle lui dit de sa voix la plus harmonieuse :

— Au revoir, Lamberti. Allez, mon ami, c'est la dernière preuve d'amour que vous me donnerez, c'est aussi la dernière épreuve à laquelle je veux vous soumettre. Prenez ma main... Dowpotchine vaincu, comptez sur ma reconnaissance.

LES COMPAGNONS DE RAVACHOL

Par Pierre Delcourt et J. H.

L'homme masqué donna l'ordre d'emmener Dowpo:chine.

(Reproduction interdite.)

Lamberti déposa un ardent baiser sur cette main, poussa un cri de joie et s'élança au dehors.

Maria Petrovna revint toute rêveuse, auprès d'Yvan qui l'attendait impatiemment.

Celui-ci l'interrogea du regard.

— J'ai versé dans son cœur le courage suprême, dit-elle dans un étrange sourire, je me suis assurée pour la dernière fois qu'il ne défaillerait pas. J'ai voulu affirmer ses forces par un encouragement dont il avait peut-être besoin.

Yvan haussa les épaules et eut un sourire méprisant.

— Le malheureux ! dit-il.

— Son sort vous regarde, Yvan, dit-elle, Dowpotchine vaincu, Lamberti ne peut plus m'être utile. Ne pensez-vous pas même qu'il deviendrait gênant?

— Je l'ai toujours cru.

— Alors ?

— Il mourra.

Lamberti était bien loin de soupçonner le genre de conversation que tenaient en ce moment Marthe et Yvan.

Mis en retard par sa visite à l'hôtel de la rue de Monceau et la conversation que nous venons de raconter, il lui fallait regagner le temps perdu.

Aussi s'empressa-t-il de sauter dans un fiacre pour arriver au plus tôt à la gare d'Orléans.

A l'heure fixée par Dowpotchine, il rencontrait Vanoff sur le quai du départ et lui remettait le pli.

Vanoff le prit, l'examina d'un coup d'œil rapide, et le mit dans sa poche.

— Au revoir, Lamberti, dit-il, assurez Dowpotchine que ses ordres seront fidèlement exécutés.

Le coiffeur eut un sourire.

— Je ne sais quand je pourrai transmettre vos paroles à Dowpotchine, dit-il, car je vous accompagne.

Et il fit part au nihiliste des instructions de Dowpotchine.

A ce moment l'heure du départ sonnait.

Vanoff serra la main de Lamberti, échangea avec lui un sourire et monta dans son compartiment, pendant que l'Italien s'installait dans une autre voiture.

Les deux hommes descendirent à Saint-Michel, la station la plus rapprochée de Montlhéry, sans paraître se connaître, et se dirigèrent, séparés l'un de l'autre par une légère distance, vers la ville.

Vanoff tourna à gauche la colline surmontée de la fameuse tour et se dirigea vers la route d'Arpajon. Il s'arrêta enfin devant une maison assez belle, solitaire, établie au milieu d'un fourré, et y pénétra.

Quelques minutes plus tard Lamberti entrait à son tour dans la maison.

Dowpotchine, pendant ce temps, préparait ses dernières armes contre Yvan.

Installé à sa table de travail, il achevait d'écrire une lettre assez longue.

Quand il eut terminé, il la relut avec un sourire de satisfaction, en murmurant :

— Le piège est grossier ; malgré cela Yvan s'y laissera prendre. Cette façon d'agir est la plus naturelle, la plus simple. On croit toujours à la trahison.

Dowpotchine était tout vêtu déjà d'un costume de commissionnaire.

Il se leva, sa lettre cachetée, et se dirigea vers la sortie secrète.

Rue Antoinette il prit sa course vers l'intérieur de Paris.

Une demi-heure après il s'arrêtait rue de Rivoli devant une des premières maisons et remettait au concierge, sa lettre, portant comme suscription le nom de M. Retz.

Ce dernier était celui pris par un des agents d'Yvan, policier subalterne à qui Dowpotchine s'adressait tout naturellement puisqu'il devait paraître croire à la mort du terrible chef et de ses principaux compagnons.

— Voilà qui est fait, murmura-t-il en s'éloignant et se frottant les mains joyeusement. A cette heure Vanoff et Lamberti travaillent activement. Ce soir la maison sera prête. Cette fois aucun n'échappera. Allons, en route !

Au lieu de remonter à Montmartre, Dowpotchine se dirigea vers la place de la Bastille.

Rue Saint-Antoine, un peu après la rue Beautreillis, il pénétra dans une maison où il possédait un logement, un de ses innombrables refuges connus de lui seul.

En un tour de main il eut procédé à une nouvelle transformation de son être. Monté commissionnaire dans l'appartement, il en descendit en conducteur de bestiaux, c'est-à-dire recouvert d'une longue blouse de toile bleue lui descendant jusqu'aux pieds, la casquette de soie sur la tête, un bâton solide retenu au poignet par une tresse de cuir.

Vers sept heures il se dirigeait à son tour vers la gare d'Orléans, y prenait un billet pour Saint-Michel et montait dans un compartiment de troisième classe.

Le nombre des voyageurs descendus à cette station sembla être plus grand que d'habitude au chef de gare, qui cependant n'y prêta pas autrement d'attention.

Et de fait, les habitants du pays, assurément habitués à débarquer toujours les mêmes à cette heure, eussent pu également s'étonner d'apercevoir mêlés à eux un certain nombre de visages parfaitement inconnus.

Dowpotchine était descendu sans paraître se préoccuper le moins du monde des autres voyageurs. Il avait pris la route de Montlhery et la suivait d'un pas rapide.

Mais sans doute, ce soir, la petite ville devait-elle recevoir un nombre inusité de visiteurs, car une quinzaine de personnes, semblant étrangères les unes aux autres, marchaient dans la même direction.

Un observateur suivant le dernier eût été certainement surpris de les voir tout à coup contourner par la gauche la colline au lieu d'entrer en ville. Le même observateur eût vu son étonnement s'augmenter davantage, en continuant à marcher derrière ces hommes, à constater leur réunion progressive après un certain temps de marche, et leur entrée dans la maison située sur la route d'Arpajon.

Les hommes de Dowpotchine, ceux que nous connaissons, auxquels il s'était adjoint des compagnons les plus énergiques, obéissant aux ordres de leur chef, avaient pris comme lui le train à la gare d'Orléans, et sans paraître se connaître, l'avaient suivi jusqu'à la maison où Vanoff et Lamberti se trouvaient déjà.

Retz était en son logement au moment où Dowpotchine y avait porté la lettre, circonstance que ce dernier n'ignorait sans doute pas.

Aux premiers mots, il éprouva un profond étonnement, et poussa un cri.

La lettre, écrite en russe, était ainsi conçue :

« Bourbourroff,

» Si tu veux prendre Dowpotchine et les siens, rends-toi ce soir, en nombreuse compagnie, à la maison du crime que tu connais bien, route d'Arpajon, derrière Montlhéry.

» Dowpotchine et ses hommes y seront sans défiance.

» Ils prépareront à cet endroit leurs derniers moyens d'exécution pour sauver Ravachol.

» Ne manque pas cette nuit, car demain nous partons tous pour Montbrison.

» ALEXANDER. »

Bourbourroff mit fébrilement la lettre dans sa poche et sortit précipitamment à la recherche d'Yvan.

Ce dernier, pour toute réponse, sourit.

Mais comme Bourbourroff s'ébahissait :

— Il est quatre heures et demie, dit-il en tirant sa montre, à cette heure mes dispositions sont déjà prises. Aussi bien que toi, mieux que toi, je connais la maison du crime. Tu vas aller prendre le déguisement numéro 5; tu m'attendras à six heures à la gare d'Orléans.

Bourbourroff s'inclina et prit congé de son chef, qu'en effet à l'heure convenue il rencontra dans la salle des Pas-Perdus en compagnie d'une femme qui n'était autre que Maria Petrovna.

A ce train de six heures, le nombre des voyageurs pour Saint-Michel fut augmenté d'une vingtaine, sur le chiffre ordinaire.

. . . .

Dowpotchine avait pénétré le premier dans la maison de la route d'Arpajon.

Contrairement à son attente, Vanoff ni Lamberti n'apparurent. Pour quelle raison ?

Le sourcil froncé, il traversa les premières pièces, suivi de ses compagnons et arriva dans une sorte de rotonde, située presqu'au milieu de la maison.

Mais à peine lui et les siens y avaient-ils pénétré, qu'il poussa un grand cri et bondissant, écartant avec une puissance miraculeuse les hommes placés entre lui et la porte, il parvint à celle-ci avec la rapidité d'un éclair, l'enfonça d'un coup d'épaule et s'enfuit.

Ce mouvement avait été si promptement exécuté que Dowpotchine était hors de la rotonde avant qu'aucun des quinze hommes fût revenu de son ébahissement.

Mais en même temps, une profonde stupéfaction se peignit sur tous les visages et presque aussitôt un cri unique s'échappa des quinze poitrines, exclamation lugubre de terreur folle.

Brusquement, d'un seul coup, avec un mouvement de grande rapidité, le plancher s'était effondré.

C'est la première oscillation de ce mouvement, oscillation dont Dowpotchine avait aussitôt deviné la cause, qui avait provoqué la fuite aussi étrange qu'extraordinaire de rapidité du chef des nihilistes.

En se sentant brusquement descendre, les quinze compagnons de Dowpotchine éprouvèrent une angoisse terrible. Soudain, le mouvement s'arrêta.

Mais, plongés dans l'obscurité, nihilistes et anarchistes ne pouvaient savoir où ils se trouvaient, ni de quelle manière ils sortiraient de cette étrange prison si inopinément ouverte pour eux.

Ce fut alors un affolement épouvantable.

Ces hommes, transformés en bêtes fauves, engagèrent entre eux une horrible lutte pour la vie, se déchirant au hasard dans cette obscurité, combattant sans raisonnement et cherchant bestialement une issue impraticable dans une tuerie sauvage.

Ce fut une mêlée ignoble de brutes exaspérées, transformées en fous furieux par une sorte d'exaspération délirante.

Tous, hurlant à la mort en de fauves exclamations inintelligibles, s'entr'égorgèrent dans une tuerie ignoble, se déchiquetèrent du poignard, se dépecèrent du couteau, s'arrachèrent des ongles, se mangèrent des dents, s'assommèrent de coups de crosses de revolvers.

Des imprécations sortirent de ce trou béant en un long hurlement aux terribles échos.

Là, dans cette fosse, grouillèrent, en un écœurant pêle-mêle, quinze hommes s'entre-dévorant dans un carnage de suprême sauvagerie.

— Je ne puis entendre plus longtemps ce bruit odieux, dit une voix féminine. Yvan, je vous en supplie, achevez leurs souffrances. Dieu ! je ne vois pas !... Mais je devine !... Quelle boucherie horrible !... Ces hommes !...

— N'étaient pas des hommes, mais des bêtes fauves ! Maria Petrovna. Ils meurent en bêtes fauves ! Je m'incline devant votre désir ; je vais hâter leur agonie.

Yvan, qu'on ne pouvait apercevoir dans l'obscurité, se pencha, quelques secondes.

On entendit alors comme un choc formidable ; c'était toute l'eau d'un immense réservoir, placé juste au-dessus du trou béant, tombant d'un seul coup dans la fosse et la remplissant.

Les quinze compagnons de Dowpotchine, assommés par la chute d'un tel poids de ce liquide, étaient morts, sans avoir pu se débattre autrement contre l'eau venant les asphyxier avec une telle violence.

— Venez, Maria Petrovna, dit Yvan. A Dowpotchine !

Prenant le bras de sa compagne, le terrible policier entraîna cette dernière hors de la maison.

La jeune fille aperçut alors, à la lueur de la lune, qu'Yvan était masqué.

— Où allons-nous ? demanda-t-elle.

— Là.

Et Yvan indiqua de la main, le bord de la route, toute dénudée au milieu des champs.

— Pourquoi ce masque ?

C'est l'ordre du chef de la troisième section. Venez, mais suivez-moi à distance. Dowpotchine ne pouvait échapper. Au sortir de la rotonde il est tombé aux mains de mes hommes.

— Mais, s'il était descendu avec le plancher, il aurait été mêlé à cette atroce tuerie. Comment alors auriez-vous exécuté les ordres de la troisième section et sauvegardé les jours de Dowpotchine ?

— Je l'aurais pu, par un moyen qu'il est inutile maintenant de vous indiquer. Venez.

Quelques minutes après, Yvan le terrible suivi de Maria Pétrovna, arrivait à l'endroit de la route d'Arpajon qu'il venait d'indiquer.

A terre, Dowpotchine solidement ligotté, était maintenu par deux hommes masqués également.

— Dowpotchine, dit Yvan, tu vas être puni de tes crimes. A cette heure tes compagnons gisent morts au fond de la rotonde de la maison du crime ; Vanoff et Lamberti avaient déjà succombé sous nos coups.

Celui que tu sais ne veut pas t'enlever la vie. Mais il a décidé de t'arracher dents et ongles.

Pour toujours, entends-tu, Dowpotchine, tu vivras enfermé avec les fous.

Et Yvan fit signe qu'on emportât Dowpotchine.

Ce dernier, impassible, se laissa emmener jusqu'à une voiture attendant à quelques pas de là et devant le conduire par des chemins détournés à un yacht à vapeur attendant en Seine au Bas-Meudon.

Ce yacht devait rejoindre un navire de guerre russe stationnant en rade du Havre.

En se sentant emmener, Dowpotchine eut une dernière pensée pour Ravachol, cette fois définitivement perdu.

En effet, rien ne pouvait désormais sauver le comdamné à mort de Montbrison. Qui sait même si Dowpotchine, malgré ses terribles moyens d'action, eût pu réussir.

Yvan regarda le cortège s'éloigner.

Quand il se fut perdu dans l'obscurité, le terrible policier s'approcha de Maria Petrovna.

— Vous êtes vengée, Maria Petrovna, dit-il.

Celle-ci tendit la main à Yvan qui la pressa.

— Oui, merci, Yvan.

— Je retourne en Russie, Maria Petrovna. Me suivrez-vous ?

— Non, Yvan. Adieu ! ma tâche est accomplie, Gourgourine est vengé.

Et avant qu'Yvan eût pu faire un mouvement, la jeune fille s'enfonça la lame de son poignard dans la poitrine.

Maria Petrovna tomba morte en exhalant le nom de son bien-aimé Gourgourine.

Yvan tomba à genoux dans un sanglot et pria longuement.

Pierre Delcourt et J. H.

FIN

www.ingramcontent.com/pod-product-compliance
Lightning Source LLC
Chambersburg PA
CBHW060609170426
43201CB00009B/951